LA REFORMA DE LAS ADMINISTRACIONES Y POLÍTICAS PÚBLICAS ANTE EL RETO DEMOGRÁFICO EN EXTREMADURA

GABRIEL MORENO GONZÁLEZ
Director

LA REFORMA DE LAS ADMINISTRACIONES Y POLÍTICAS PÚBLICAS ANTE EL RETO DEMOGRÁFICO EN EXTREMADURA

ARANZADI

Primera edición, 2024

Incluye soporte electrónico

La presente obra se ha realizado en el marco de un proyecto de investigación regional «La necesaria reforma de las administraciones públicas y del modelo territorial español ante el reto demográfico en Extremadura» (Referencia: IB20117). Este cuenta con una de las ayudas destinadas a la realización de proyectos de investigación en los centros públicos de I+D+i de la Comunidad Autónoma de Extremadura. La ayuda fue concedida en la RESOLUCIÓN de 2 de junio 2021, de la Secretaría General de la Consejería de Economía, Ciencia y Agenda Digital de la Comunidad de Extremadura. Su cuantía es de 94.283,20 €.

Editorial Aranzadi, S.A.U.
C/ Collado Mediano, 9
28231 Las Rozas (Madrid)
ISBN versión impresa: 978-84-1162-720-7
ISBN versión electrónica: 978-84-1162-721-4
DL M 4001-2024
Printed in Spain. Impreso en España
Fotocomposición: Editorial Aranzadi, S.A.U.
Impresión: Rodona Industria Gráfica, SL
Polígono Agustinos, Calle A, Nave D-11
31013 – Pamplona

Índice General

Página

Página

El problema territorial en Extremadura: una visión desde el Derecho y el reformismo [1]

GABRIEL MORENO GONZÁLEZ
Profesor de Derecho Constitucional
Universidad de Extremadura

I. LO TERRITORIAL, MÁS ALLÁ DE LO NACIONAL(ISTA)

El debate territorial en España ha venido siendo opacado por la cuestión nacional en torno al llamado «encaje» de aquellas regiones con aspiraciones nacionalistas de mayor autogobierno o, directamente, independencia. Como si el problema territorial de España se agotase en el de su articulación nacional interna, ha habido y hay poco espacio para que aquel se proyecte también sobre la cohesión del país, aquejada de múltiples carencias, o sobre el olvido que sufren extensísimas zonas de España, amenazadas por la despoblación, la falta de inversiones e infraestructuras y la desatención en la

1. Este trabajo se ha desarrollado en el marco del Proyecto regional I+D+i de investigación IB20117 «La necesaria reforma de las administraciones públicas y del modelo territorial español ante el reto demográfico en Extremadura» (IP: Gabriel Moreno González), cofinanciado por el Fondo Europeo de Desarrollo Regional y la Consejería de Economía, Ciencia y Agenda Digital de la Junta de Extremadura.

prestación de los servicios públicos más básicos[2]. Desde el proyecto de investigación que lidero y que da cobertura a esta obra colectiva hemos intentado, desde el inicio, hacer ver la complejidad del problema territorial español y desviar su foco de atención de las cuestiones identitarias o nacionalistas respecto al País Vasco o Cataluña para centrarnos, con mayor mesura, en las aristas que despliega sobre el medio rural, las regiones periféricas o el reto demográfico. Porque este último es también, y sobre todo, un reto territorial y democrático, que afecta directamente a la integración constitucional de millones de ciudadanos que, progresivamente, van sintiéndose cada vez más excluidos del proyecto político de España[3].

La conformación histórica de nuestro país como un Estado moderno, decantado inicialmente del esquema de la monarquía del Antiguo Régimen, unido a la necesidad liberal decimonónica de crear un sólido mercado nacional, imprimieron en aquel un profundo sesgo centralista, común por lo demás al resto de estados de nuestro entorno europeo. Ahora bien, a diferencia de muchos de estos, en España sí logró sobrevivir y mantenerse en el tiempo una especial diversidad cultural, lingüística y socioeconómica muy vinculada a la propia diversidad territorial, ahondada a su vez por la complejidad intrínseca de la geografía peninsular y la dificultad de sus comunicaciones internas[4]. La pervivencia de tales elementos diferenciales constituyó la base sobre la que se articularon los proyectos políticos regionalistas y nacionalistas, sobre la que las tendencias centrífugas comenzaron a tensionar el carácter centrípeto del Estado desde la segunda mitad del XIX. Y ya desde entonces, también, comenzó a identificarse el problema territorial con dicha tensión, obviándose que la diversidad territorial a la que hacíamos referencia implicaba además una diferenciación, muy notable, en niveles de renta, de bienestar, de industrialización, de acceso a los servicios públicos y de, en fin, desarrollo socioeconómico. A lo largo del siglo XX, y con el efecto catalizador del refuerzo centrípeto de la dictadura franquista, la identificación entre lo territorial y lo nacional llegó al salto cualitativo de la confusión, excluyéndose de aquel el resto de elementos diferenciadores. Paradójico, además, por cuanto la propia dictadura había ahondado las diferencias sociodemográficas y económicas entre los distintos territorios, con un proceso de «modernización» muy concentrado en el tiempo que

2. Así lo hemos puesto de referencia en Moreno González, Gabriel y Torrecillas Martínez, Ana, «La cohesión territorial como mandato constitucional y exigencia democrática en España», en Moreno González, Gabriel (dir.), *Reformas para la cohesión territorial de España*, Barcelona: Marcial Pons, 2022, pp. 13-34.
3. Moreno González, Gabriel, «España, cuestión de integración constitucional», en *El Cronista del Estado social y democrático de Derecho*, n.º 80, 2019, pp. 68-75.
4. Álvarez Junco, José, *Mater dolorosa: la idea de España en el siglo XIX*, Barcelona: Taurus, 2001.

supuso la intensificación del éxodo rural y el vaciamiento de regiones enteras, del oeste e interior peninsular, hacia los polos industriales, Madrid, la costa mediterránea o, directamente, el resto de Europa. España pasó en poco tiempo de ser un país eminentemente rural a uno de los más urbanizados del mundo; de un país agrario, a uno volcado en el sector servicios y en el turismo. Las regiones que siguieron opacando el problema territorial fueron asimismo algunas de las más beneficiadas del proceso «modernizador», pues País Vasco y Cataluña no solo se industrializaron con rapidez, sino que fueron receptoras netas de capital y fuerza de trabajo, de cientos de miles de inmigrantes de otras partes de España. La Transición y la construcción de la nueva democracia mantuvieron sin embargo la confusión entre problema territorial y problema nacional, canalizándose las demandas de resolución en la fórmula de descentralización política de la España autonómica («Libertad, amnistía y *Estatuto de Autonomía*») y en el reconocimiento de la diversidad cultural y lingüística de, sobre todo, aquellas regiones que protagonizaban la tensión centrífuga desde sus demandas nacionalistas o regionalistas. Sin embargo, no hubo un debate serio y decidido sobre la cohesión territorial de España, sobre las diferencias socioeconómicas y demográficas que había venido profundizando la «modernización» (aunque históricamente ya existieran), y sobre la excesiva concentración urbana de la población en unas pocas ciudades. La «España vacía» quedó relegada como problema a formulaciones culturales o literarias, tan ávidamente exploradas por autores como Julio Llamazares o Miguel Delibes, pero no encontró asidero en reflexiones políticas y, ni mucho menos, en expedientes jurídico-institucionales que la trataran como un verdadero (quizá, el verdadero) problema territorial.

Este olvido y confusión se agravó como consecuencia del monopolio que ejercieron sobre el debate territorial las inconclusas demandas nacionalistas y la centralidad que en el discurso ocuparon estas y sus réplicas centrípetas, formuladas a su vez desde la atalaya madrileña. La indeterminación y apertura del Estado autonómico y la proyección del principio dispositivo más allá de lo razonable, temporal y jurídicamente, nutrieron los planteamientos nacionalistas, de uno y otro signo, en lo territorial. El malogrado «Plan Ibarretxe» primero y, sobre todo, el también malogrado y aún más disparatado «procés» independentista catatán, después, terminaron por desalentar cualquier posición que pretendiera ampliar el problema territorial al conjunto del país y llevar sus elementos conflictuales a la ausencia de una correcta vertebración del conjunto. Los más perjudicados por esta realidad fueron las regiones que, al no tener articulados discursos «nacionales» propios, no fueron vistas como parte del problema territorial, las mismas que más habían sufrido y estaban sufriendo las peores consecuencias de la falta de vertebración. Las dos Castillas, Aragón, Asturias,

Extremadura... o amplias zonas dentro de regiones más dinámicas y con más población, como el interior de la Comunidad Valenciana o provincias enteras de Andalucía (Jaén...), han asistido en ocasiones como convidadas de piedra al debate territorial español, centrado en exceso en el problema nacional y nacionalista, pretendidamente identitario y, más pragmáticamente, esencialmente económico.

La popularización y difusión del término-concepto «España vacía»[5] y sus correlatos, como el de «vaciada», junto a la expresión política de algunas de sus demandas («Teruel Existe», v. g.)[6], han venido en los últimos años llevando al tablero mediático esta otra realidad. Empero, el tratamiento adolece de múltiples defectos. Primero, el problema parece centrarse únicamente en el elemento demográfico, aislándolo del contexto y de las causas contingentes que han determinado el descenso, significativo, de población. Segundo, espacialmente se suele poner la mirada con casi exclusividad en el fenómeno de los pequeños municipios rurales e incluso de las aldeas, algo que ni refleja la totalidad del problema ni constituye, *per se*, la esencia del mismo. Históricamente, desde siempre, ha habido en España pueblos pequeños, minúsculos o aldeas dispersas. El reto demográfico y territorial de la España vacía no interpela tanto la existencia de estos núcleos de población como un problema mayor, integral, que afecta a las posibilidades mismas de supervivencia de comarcas y provincias enteras y que, en consecuencia, abarca también (y sobre todo) a municipios que sí podrían tener o llegar a tener una masa crítica suficiente como para poder mantener población en sus entornos. Tercero, existe una auténtica y cada vez más lamentable «culturalización» del fenómeno, donde se hace hincapié en las formas de vida rurales como más «saludables», «ecológicas», «sostenibles» etc., en un marco de romantización de lo rural que esconde los verdaderos problemas, materiales, que existen. Generalmente, en cuarto y último lugar, se hace un análisis de la problemática desde una óptica «urbanocéntrica» y al servicio de las inquietudes, demandas y hasta complejos freudianos de la ciudadanía urbana, sin tener en cuenta las necesidades y perspectivas de la población rural afectada y protagonista.

Las soluciones que se han ido desplegando, tanto por parte de las diversas estrategias autonómicas y estatales de reto demográfico como por los esfuerzos de algunas administraciones y gestores públicos, se han centrado en la determinación de una serie de medidas tendentes a la diferenciación

5. Del Molino, Sergio, *La España vacía: viaje por un país que nunca fue*, Barcelona: Turner, 2016.
6. Dueñas Castrillo, Andrés Iván, «Hacia modelos de representación política que integren la diversidad territorial: el caso de la España vacía», en Moreno González, Gabriel (dir.), *Reformas para la cohesión territorial de España*, *op. cit.*, pp. 79-94.

del medio rural en las políticas públicas circunstanciales. Empero, no se ha elaborado aún un plan integral y holístico que aborde directamente el problema de la desvertebración territorial de España desde la solución de sus elementos estructurales, no circunstanciales. Ha habido y hay medidas económicas, fiscales, administrativas... pero no una determinación decidida en el cambio radical (por ir a la raíz) de las causas estructurales y permanentes que facilitan y hasta promueven la falta de cohesión territorial entre regiones españolas y la consiguiente pérdida o traslado de población de unas áreas, sobre todo rurales, a otras de hiperconcentración urbana. La fragmentación de la planta local, el inframunicipalismo, el inadecuado diseño de los instrumentos de financiación, la ausencia del principio de diferenciación local y de una perspectiva rural en las leyes y políticas públicas, o el poco atrevimiento de los mecanismos de solidaridad interterritorial, son algunas de las cuestiones que afectan a las causas mismas de un reto que no puede abordarse solamente, o al menos no con eficacia, desde medidas coyunturales, circunstanciales o aisladas, por muy bienintencionadas que sean y bienvenidas que deban serlo.

Desde el proyecto de investigación IB20117 «La necesaria reforma de las administraciones públicas y del modelo territorial español ante el reto demográfico en Extremadura», que tengo el honor de dirigir y que promueve la presente obra colectiva, lo que intentamos es poner de manifiesto esas carencias y plantear soluciones integrales que, desde el Derecho Público y el estudio de los marcos jurídicos e institucionales, supongan un cambio real de paradigma en cuanto a la potencialidad que tanto administraciones como políticas públicas puedan desplegar para hacer frente a la despoblación, al despoblamiento, al abandono de lo rural y a la desvertebración territorial de un país ya de por sí «invertebrado». Y lo hacemos desde la afirmación, rotunda, de que el problema territorial español no se agota en el problema nacional y que constituye, por sí mismo, uno de los grandes retos a los que debe enfrentarse España como proyecto político inacabado.

II. EXTREMADURA: DE LA PERIFERIA AL CENTRO DEL DEBATE TERRITORIAL

El nombre de Extremadura procede de la denominación con la que solía llamarse, en la Edad Media, a las tierras de frontera entre los reinos cristianos y el islán, y que se caracterizaban por su escaso poblamiento y la incertidumbre permanente del conflicto bélico. Siglos después, el término sigue connotando algo de su significado original en una región que se mantiene, año tras año, en la cola de las Comunidades Autónomas en cuanto a nivel de renta y de riqueza. La democracia del 78 y la propia autonomía, es innegable, han cambiado la faz de la región, superando las históricas carencias que presentaba y que la situaban en algunos parámetros propios del subdesarrollo. Pero esa última posición relativa, a pesar de los avances absolutos alcanzados, no ha parado de perseguirla, y ello muestra una vez más la falta de ambición verdadera de los instrumentos y mecanismos de solidaridad interterritorial que tanto la Constitución como los poderes constituidos han venido articulando en las últimas décadas.

La situación es sobre todo preocupante en lo que al reto demográfico se refiere. Extremadura fue la región que, en términos proporcionales, más población perdió durante el desarrollismo franquista (circa 1960-1975), emigrando prácticamente la mitad de la población total, tanto a otras partes de España como al extranjero[7]. La pérdida de población no fue solo cuantitativa, sino también cualitativa, puesto que marcharon los elementos más jóvenes y dinámicos con los que contaban ambas provincias. La sangría fue tan grande que Extremadura tiene hoy 1.052.523 habitantes, prácticamente la misma población que en 1920, a pesar de que España pasó en esas décadas de 21.388.551 a los 47,2 millones de habitantes actuales. Es más, Extremadura es la región donde más población se ha seguido perdiendo, en términos relativos, en los últimos años, como si el aumento poblacional general del país no afectara a este territorio. Las previsiones no son nada halagüeñas: se calcula que el crecimiento vegetativo negativo y la ausencia de inmigración deparará una pérdida de unos 50.000 habitantes en la próxima década, bajando posiblemente del millón de personas. El verdadero punto de inflexión, como apunta el profesor y compañero José Luis Gurría, sería en torno a 2040, cuando se produzca el gran salto generacional para el que, de momento, no tenemos relevo alguno. El panorama no es homogéneo en toda la región, pues los grandes municipios (Badajoz, Cáceres, Mérida, Don Benito y Villanueva de la Serena, Almendralejo, Navalmoral...) resisten mucho mejor que algunas zonas rurales, siendo especialmente preocupantes los casos de las comarcas del norte y oeste de la provincia de Cáceres o del este de la provincia de Badajoz. A nivel provincial, también, la situación es diferente, ya que el reto demográfico es más acusado en la provincia cacereña que en la pacense, contando esta última con una mejor vertebración territorial, con menos municipios y más densamente poblados y, en general, con más población y mejor repartida. Esto se debe al poblamiento histórico, más fragmentado en el norte y más concentrado en el sur, algo que tiene su fiel reflejo en Extremadura, como vemos. El minifundismo local de la provincia de Cáceres se manifiesta de manera notable en el norte, en

7. Cayetano Rosado, Moisés, *Movimientos migratorios extremeños en el «desarrollismo español» (1960-75)*, Mérida: Centro Regional de Extremadura de la Universidad Nacional de Educación a Distancia, 1986.

la comarca de Villuercas/Ibores/Jara y en todo el extenso territorio de la raya con Portugal (tierras de Alcántara, Tajo Internacional...). Asimismo, en esta provincia contamos con dos comarcas acéfalas, sin un claro referente municipal como población tractora, cuales son las Hurdes y las mentadas Villuercas. En total, Extremadura cuenta con 388 municipios (más que todo Portugal), repartidos en los 223 de la provincia de Cáceres (con menos población) y los 165 de la de Badajoz. De ese total, 333 municipios han perdido población entre 2000 y 2023, de los cuales 218 tienen menos de 1000 habitantes. Los núcleos más pequeños pierden más que proporcionalmente que los grandes, y lo que tenemos en Extremadura son, fundamentalmente, municipios pequeños o muy pequeños.

Más allá de las actuales causas estructurales, no podemos obviar en el análisis de esta realidad los condicionamientos históricos singulares que han operado en Extremadura. Entre ellos cabe destacar el desigual poblamiento llevado a cabo durante la reconquista cristiana, con predominio del régimen latifundista y una separación excesiva entre núcleos poblacionales; la ausencia de una clase media o protoburguesa debido a la prevalencia de los intereses ganaderos (la Mesta) sobre los agrarios, que impidió la conformación de una clase de pequeños propietarios; las continuas guerras con Portugal, libradas en territorio extremeño o rayano, aunque decididas desde Madrid o Lisboa, que lastraron las posibilidades económicas de la región y de ambos lados de frontera; la desamortización liberal, que conllevó un empobrecimiento mayor de las clases campesinas y, de nuevo, la imposibilidad de crear un estrato burgués, al no cambiarse el régimen de propiedad de la tierra; la división provincial de Javier de Burgos, que reforzó los condicionamientos anteriores al crear dos grandes provincias, difíciles de articular internamente desde el parámetro territorial; y, en fin, el largo período dictatorial durante el franquismo en nada ayudó a cambiar las bases estructurales de la economía regional, condenada durante décadas a la emigración y la desindustrialización.

Ante esta realidad no es infrecuente escuchar el nombre de la región en los debates que a nivel nacional se dan en cuanto a la solidaridad territorial o la vertebración del país, generalmente, además, como ejemplo o referencia de receptor nato, tanto para bien como para mal, de los instrumentos de redistribución existentes. Empero, generalmente se queda ahí la discusión y no se adentra a la reflexión integral sobre la necesidad de otro modelo territorial que contribuya no solo a la mejora del bienestar de Extremadura y de las regiones de similares características y circunstancias, sino del conjunto global de España para cumplir con la equidad territorial, mandato constitucional establecido en el artículo 138 de nuestra Norma Fundamental.

Por ello, creo que desde la periferia del debate territorial actual puede trasladarse la que debería ser la verdadera centralidad del mismo y que se refiere al conjunto de problemas que le otorgan un alcance integral, de país. Frente a la retórica que busca reducir lo territorial al problema nacional(ista) de Cataluña o Euskadi, hace falta una visión general que se enriquezca por los aportes teóricos y las preocupaciones de regiones como Extremadura, que tienen tanto que decir, o más, que las posturas nacionalistas en liza. Primero, porque son igual de protagonistas de la España de las Autonomías como aquellas. Segundo, porque, al tener una visión más global y no tan reducida a lo cultural/identitario, podrán contribuir con aportes que vayan dirigidos, directamente, a la resolución o superación de las causas estructurales que subyacen a la desvertebración y a la falta de cohesión territoriales. La ambición en las propuestas debería venir, de este modo, más de la España periférica o excluida de la discusión de lo territorial, que de aquellas regiones que, por estar en su centro, tienden a focalizar sus problemáticas y a descontextualizarlas del marco integral en el que se desenvuelven como unas más, y no como únicas.

En el debate territorial español tendría que cobrar más importancia los criterios de reparto de la financiación autonómica en función del envejecimiento o dispersión de la población, por ejemplo, que el modelo lingüístico de las escuelas catalanas. Y no porque este no sea relevante, que posiblemente lo sea, sino porque el mismo debería quedar circunscrito al debate regional que se produzca allí y no ser un elemento más, a veces central, de la cuestión territorial. Desnacionalizar lo territorial para territorializar de verdad el tratamiento de los problemas que afectan al conjunto de la Nación política, al conjunto de una España desigual, mal cohesionada y peor vertebrada. Y en este aporte ha de gozar de especial importancia la visión jurídica e institucional, por cuanto la mejora en la solidaridad, en la redistribución territorial o en los mecanismos para hacer frente al reto demográfico, suele casi siempre pasar por la formulación en normas jurídicas o en políticas públicas de respuestas que, más o menos acertadas, se elaboran a tal fin.

Leyes como la 3/2022, de 17 de marzo, de medidas ante el reto demográfico y territorial de Extremadura, o el Decreto 32/2022, de 30 de marzo, por el que se aprueba la estrategia ante el reto demográfico y territorial de Extremadura, son ejemplo de ese esfuerzo por hacer frente a la problemática aludida desde los poderes públicos, a través de políticas públicas y canalizado mediante normativa jurídica que tiene, a su vez, una dimensión institucional clara analizable por el Derecho y sus categorías. Como toda respuesta, en un Estado de Derecho como el que intentamos disfrutar en España, ha de canalizarse jurídicamente, las propias disciplinas del Derecho no pueden obviar la posibilidad de aportar ellas mismas contribuciones de calado al debate territorial, desde el conocimiento de los instrumentos que lo atraviesan a las propuestas más preceptivas o normativas que puedan realizarse desde lo académico. He aquí, por ello, más necesario que nunca un «giro espacial» (*spatial turn*) en las Ciencias Sociales, que lleve sus reflexiones a términos aplicados mediante su acercamiento a las necesidades específicas, concretas, que presentan los territorios en las que aquellas se desarrollan. La Universidad de Extremadura, como única universidad de la región y centro de investigación especialmente volcado en la misma, es un buen ejemplo de cómo una institución de educación superior pone todos sus medios al servicio del interés general del territorio en el que se desenvuelve, con decenas de proyectos y grupos de investigación aplicados desde diferentes y muy variadas perspectivas. En la rama jurídica de las Ciencias Sociales no podemos quedarnos atrás, de ahí la existencia del proyecto de investigación que lidero, y que supone una novedad sustancial en el tratamiento del reto demográfico al analizarlo desde el prisma jurídico-positivo e institucional, o de los proyectos que otras compañeras, como Silvia Soriano Moreno[8] o Lorea Arenas García[9], han desarrollado y que tan bien se complementan con los objetivos blandidos en el que aquí se despliega.

La doctrina del «desarrollo territorial rural» puede sernos, a esta altura, de gran utilidad, pues en la misma el territorio no es visto como espacio, sino como resignificación humana con sus necesidades singulares que han de ser tratadas de forma también particular. La Ciencia Social aplicada al territorio que se produzca en regiones como Extremadura debe partir de esas especificidades que, en nuestro caso, se refieren a las causas esenciales de la despoblación y la desvertebración territorial. A superar las mismas se dedican las siguientes páginas.

III. PROPUESTAS DESDE EL DERECHO ANTE EL RETO DEMOGRÁFICO Y TERRITORIAL

1. SUPERAR EL INFRAMUNICIPALISMO: HACIA UN MODELO DE MUNICIPIOS FUNCIONALES

Tal y como hemos apuntado, Extremadura cuenta con 388 municipios, es decir, tiene un número de municipios más elevado que todo Portugal (308). España, por su parte, tiene 8.131 municipios, cifra igualmente dispa-

8. Proyecto IB18128 «Igualdad de género en el entorno rural y municipal de Extremadura: diagnóstico y propuestas» (2019-2022). Las conclusiones e informe del proyecto pueden consultarse en el siguiente enlace: https://www.igualdadrural.es/
9. Proyecto IB20050 «Teledetección y análisis ambiental de vertederos ilegales» (2021-2024).

ratada y que constituye uno de los principales problemas de nuestro país. La ultrafragmentación de la planta local, que hemos estudiado con cierto grado de detalle en otras contribuciones[10], procede del constituyente de Cádiz y de la conformación liberal de nuestro Estado, y nunca ha querido o podido ser afrontada con decisión a pesar de identificarse claramente como un obstáculo para la correcta vertebración de España.

En los países del norte y centro de Europa, o en Portugal sin ir más lejos, la fragmentación local propia del XIX fue corregida radicalmente, sobre todo tras la Segunda Guerra Mundial, con la pretensión de crear municipios realmente funcionales que pudieran hacer frente a las competencias interventoras y prestacionales propias del Estado Social que se estaba desplegando. Se abandonó así el modelo de la concepción naturalista, que identificaba núcleo de población diferenciado y municipio con autogobierno, por cuanto este último no se daba realmente en aquellas localidades con muy poca población. La reducida escala, la ausencia de medios personales y materiales o, en fin, la escasa relevancia política del ente, desaconsejaron su mantenimiento y se potenciaron las fusiones y agregaciones municipales. Primero, con una invitación a la unión voluntaria y, después, con un programa coactivo de fusiones que, en el caso de los países del norte de Europa, fue especialmente intenso, con una reducción media del 62% del número de municipios[11]. En Alemania, por ejemplo, se pasó de más de 24.000 entidades locales a unas 8500 actuales. Portugal constituye una referencia «avant la lettre», por cuanto su estrategia de fusión municipal se adelantó unos cien años a la del resto de Europa y sin el paraguas justificativo del Estado Social, aunque con la misma finalidad: crear municipios lo suficientemente sólidos por su tamaño como para ser verdaderamente autónomos[12]. Abandonar la mera autonomía formal para, garantizando esta, asegurar también su autonomía real, material. Algo que nunca, repetimos, se ha propuesto seriamente en España y ni, mucho menos, en Extremadura.

La ausencia aquí de una concepción funcional del municipio, entendido como ente administrativo y dotado de autogobierno democrático para la realización de un conjunto de atribuciones directamente vinculadas a los intereses locales, ha reforzado la concepción naturalista del mismo, caracterizada por la identificación antedicha, automática, entre núcleo de pobla-

---

10. Moreno González, Gabriel, «Hacia una renovada planta local en España: autonomía local y calidad democrática desde el municipalismo», en Castellanos Claramunt, Jorge (dir.), *Participación ciudadana y calidad democrática*, Valencia: Tirant lo Blanch, 2022, pp. 159-198.
11. Durán García, Francisco Javier, *La fusión de municipios como estrategia*, Madrid: Dykinson, 2016.
12. De Oliveira, António Cândido, *O mapa municipal português (1820-2020)*, Braga: AEDREL, 2020.

ción diferenciado y ayuntamiento propio, sin importar la masa crítica existente o las capacidades reales de autogobierno. Ello constituye un problema esencial para afrontar el reto territorial y demográfico, puesto que lastra las posibilidades y potencialidades de una vertebración más adecuada del país en la medida en que, la pervivencia del minifundismo local y de la minoría de edad de los ayuntamientos impide, claramente, que estos puedan operar en el territorio con la suficiente intensidad como para poder dinamizarlos social, económica o culturalmente. La debilidad de nuestra administración local, correlato en primer lugar de la ultrafragmentación de su planta, es uno de los obstáculos principales para mejorar la cohesión territorial del país, y más en regiones como Extremadura, eminentemente rurales y donde el peso de los municipios es esencial en cualquiera estrategia de políticas públicas que quiera proyectarse. Recordemos que, además, en el caso extremeño tenemos un tamaño medio de municipios muy pequeño, sobre todo en la provincia de Cáceres, y en general un número elevado de entidades municipales, la mayoría de las cuales no supera el umbral de los 10.000 habitantes.

Lo óptimo teóricamente, para superar el inframunicipalismo en la región, sería llevar a cabo una política decidida de fusiones municipales, estableciendo previamente un criterio objetivo para fomentar las mismas o, llegado el caso, realizarlas de forma obligatoria. Empero, esto se vislumbra como algo hartamente improbable, si no imposible, dada la pervivencia de la concepción naturalista del municipio y la poca ambición, en general, de las reformas políticas. Consciente de estas limitaciones, la Comunidad Autónoma ha venido en las últimas décadas apostando fuertemente por las entidades de cooperación intermunicipal, como las mancomunidades, siguiendo la llamada Estrategia del Sur de Europa[13]. La principal virtualidad de estas estructuras instrumentales es que, conservando la autonomía formal de los municipios y su representatividad, tanto simbólica como política, crea escalas superiores desde la que prestar servicios de manera más eficaz y centralizada. Al tiempo, las Diputaciones Provinciales desempeñan un papel esencial en esta misma tarea, aunque de manera más vertical y para competencias distintas, como la asistencia técnica a los municipios, las obras e infraestructuras o el apoyo financiero al resto de entidades locales, incluidas las propias mancomunidades. Con todo, esta estrategia no logra superar las carencias de origen al no modificar las causas estructurales del inframunicipalismo. Y aun siendo un remiendo el mismo podría perfeccio-

13. Doncel Luego, Juan Antonio, y Camisón Yagüe, José Ángel, «¿Son las mancomunidades órganos de participación política?: Algunas reflexiones sobre la naturaleza político-constitucional de las mancomunidades con especial referencia a la Comunidad Autónoma de Extremadura», en *Anuario de la Facultad de Derecho de la Universidad de Extremadura,* n.º 31, 2014, pp. 105-123.

narse, aumentando la transparencia y rendición de cuentas de las entidades inter y supramunicipales o democratizando más sus órganos de gobierno. Debajo sigue latiendo el débil corazón municipal, que es el que formalmente continúa siendo el titular de la representatividad, de la responsabilidad política y, sobre todo, de las competencias y atribuciones legalmente establecidas.

Por ello, creo que una estrategia mixta, que combinara los elementos más positivos de la del Norte y la del Sur de Europa, sería la que mejor se adecuaría tanto a las condiciones de posibilidad realmente existentes como a las necesidades identificadas. De este modo, se tendría que aclarar el marco jurídico para facilitar las fusiones voluntarias de municipios, potenciándose además los beneficios fiscales y financieros para aquellas entidades que decidieran seguir ese camino. Actualmente, los beneficios introducidos por la «Ley de racionalización y sostenibilidad de administración local» (LRSAL) son abiertamente insuficientes. Las CCAA tienen, por otro lado, un margen bastante amplio de desarrollo y de exploración normativa que podrían aprovechar y que, a día de hoy, no hacen. Si las fusiones voluntarias no se dieran (lo cual es lo más probable) se tendrían que establecer en sede legal unos criterios objetivos de fusión obligatoria (por población, cercanía, medios y capacidades), algo que contempla nuestro Estatuto de Autonomía (art. 54.2), y que no afectarían a la totalidad de municipios. Sería únicamente para aquellos cuya fusión, por la cercanía y demás criterios, no solo sería lógica, sino relativamente fácil. Pensamos en ejemplos como Santiago de Alcántara y Carbajo (menos de 6 kms y poblaciones inferiores a los 500 habitantes) o Montijo y Puebla de la Calzada, que apenas están separados por unos metros. Desde luego, allá donde exista continuidad urbana, como en este último caso, la fusión debería ser perentoria. El caso paradigmático, por lo demás, es el de Don Benito y Villanueva de la Serena, cuyo intento propio de fusión voluntaria, consulta ciudadana mediante, parece haberse frenado por motivos políticos variopintos[14].

En segundo lugar, deberían fortalecerse las estructuras de cooperación intermunicipal y supramunicipal para complementar la política de refuerzo municipal. En cuanto a las mancomunidades, habría que fijar de una vez su mapa de forma estable y democratizar su funcionamiento, obligando por ejemplo a que los representantes municipales en sus órganos de deliberación y gestión fuesen los alcaldes o viendo la posibilidad de que los presidentes fueran, directamente, elegidos por la ciudadanía. Al mismo tiempo,

14. Torrecillas Martínez, Ana, «La fusión de Don Benito y Villanueva de la Serena: una referencia para el municipalismo y la garantía constitucional de la autonomía local», *Anuario de la Facultad de Derecho de la Universidad de Extremadura*, n.º 38, 2022, pp. 617-646.

se podría explorar la conversión de las mancomunidades en comarcas, siendo la diferencia fundamental entre ambas categorías la mayor estabilidad de estas últimas al venir establecidas por ley y no depender de la voluntariedad de sus municipios integrantes. Con ello se acabaría también con uno de los principales problemas del funcionamiento actual de las mancomunidades, cual es la tendencia centrífuga que presentan los municipios más poblados, quienes no desean o no les conviene seguir aportando a la solidaridad intermunicipal con las localidades más pequeñas. El Estatuto de Autonomía de Extremadura prevé la comarcalización, mediante ley de mayoría absoluta de la Asamblea, por lo que no habría impedimento jurídico alguno en su materialización. La comarcalización debería venir acompañada por una racionalización de los diferentes mapas de prestación de servicios y de niveles competenciales que hoy existen. Áreas de salud, mancomunidades, grupos de acción local, partidos judiciales, servicios territoriales de las diputaciones, consorcios, etc., se solapan a veces y no coinciden, dejando espacios intermedios de descoordinación manifiesta. Las Directrices de Ordenación Territorial de Extremadura (DOTEX) son al respecto una excelente referencia que habría que tener en cuenta, y máxime cuando se quiera apostar por las cabeceras de comarca como municipios tractores del resto de su territorio de influencia.

En cuanto a las Diputaciones Provinciales, habría que reconducir todas sus competencias a la asistencia de los municipios y mancomunidades/comarcas para aquellas funciones que precisen de una escala mayor, viéndose igualmente las posibilidades de modificar su sistema de representación, indirecto y de segundo grado, más propio del liberalismo doctrinario que de una democracia constitucional que se pretende avanzada. Aumentar la relación binómica entre dominio y responsabilidad, entre poder político y rendición de cuentas, es una necesidad insoslayable para estas instituciones.

Fusionando municipios allí donde se cumplan determinados parámetros objetivos, perfeccionando los mecanismos de cooperación intermunicipal y las instituciones supramunicipales o comarcalizando Extremadura con un mapa verdaderamente racional se conseguiría, al menos en algunos elementos esenciales, superar parte del inframunicipalismo que actualmente aqueja al conjunto de la Comunidad Autónoma. Reformas necesarias, pero, con todo, no suficientes.

2. MEJORAS EN LA FINANCIACIÓN LOCAL, PROVINCIAL Y AUTONÓMICA

Aunque mejorásemos la eficiencia y eficacia de la planta municipal y de las diferentes estructuras locales que alrededor de ella convergen, de nada nos serviría si no adecuáramos y mejorásemos la financiación de sus distintos niveles. La autonomía puede proclamarse formalmente en la Constitución y en las leyes, pero sin soporte material no puede desplegar su potencialidad y, por ende, puede simplemente quedarse en algo inane e insustancial. Ese soporte material lo concede la financiación, de la que se nutren los medios con los que cuentan los municipios y demás entes. Pues bien, en el ámbito de la financiación local se da uno de los pocos consensos políticos y académicos que hoy puedan encontrarse, y es que nadie duda o pone en cuestión la, a todas luces, precaria e insuficiente financiación de las entidades locales. Para empezar, porque sus tributos propios son escasos y dependen en muchos casos del ciclo económico y del propio dinamismo que pueda darse en el término del municipio, por lo que en nada se adaptan a las necesidades reales de este cuando ese dinamismo se frene o directamente no exista. Valga como ejemplo la dependencia del ICIO del boom anterior de la construcción y las consecuencias perniciosas que para lo local tuvo la burbuja inmobiliaria. Segundo, porque la obligación de financiar los entes locales desde las CCAA y el Estado central, establecida en la Constitución, no se cumple adecuadamente. La Norma Fundamental parte del principio de suficiencia financiera de nuestros municipios, y para que el mismo se alcance determina obligaciones de financiación al Estado y a las CCAA. Las primeras se vehiculan a través de las PIE, la Participación en los Ingresos del Estado, que actualmente suponen un porcentaje nada desdeñable de ingresos en nuestros ayuntamientos. Las segundas deberían hacerlo a través de las PICAs, la Participación en los Ingresos de las Comunidades Autónomas, pero a día de hoy solo Andalucía parece haberlas desarrollado íntegramente[15]. Los mecanismos de financiación incondicionada no son exactamente lo mismo que las PICAs, puesto que estas suponen una participación automática mientras que aquellos suelen depender de la voluntad autonómica en torno a la determinación exacta de la cuantía y de los fondos de los que se parte.

En este ámbito las reformas, como puede intuirse, deben ser amplias. En los tributos propios deberían explorarse nuevas figuras tributarias o la imposición de recargos municipales sobre impuestos ya existentes que nutran mejor las arcas locales (siguiendo el ejemplo de Cataluña, STC 125/2021), así como aplicar más y mejor la figura de las contribuciones especiales. Tributos como el Impuesto sobre Actividades Económicas (IAE) apenas nutren las arcas municipales de los ayuntamientos pequeños y medianos, puesto que su umbral de contribución está en el millón de euros,

15. Ramos Prieto, Jesús, «Situación de la participación en los tributos de las comunidades autónomas como recurso de las haciendas locales: ¿avance, retroceso o estancamiento?», *Tributos Locales*, n.º 152, 2021, pp. 149-173.

una cifra de facturación/beneficios disparatada para la mayoría de las empresas que están en el medio rural. Hace falta su modulación, pues, para que sea efectivo y pueda aportar recursos más adecuados. La poca o nula progresividad de los impuestos propios locales es otra cuestión denunciada por la academia y que debiera resolverse, entre otros motivos, por razón de la propia Constitución[16].

En la financiación estatal, las PIE deberían reflejar las tendencias demográficas y la dispersión de la población, pues actualmente el criterio casi único de reparto es la población de derecho. Ello supone que, cuando un municipio entra en declive demográfico, pierde igualmente financiación, entrando en un círculo vicioso de menos población, menos financiación y, por ende, menos capacidad operativa de frenar la tendencia. Los criterios pueden afinarse más; pueden, bajo parámetros objetivos, adaptarse con mayor flexibilidad a las necesidades reales de los municipios y de los territorios de geometría variable. Por ejemplo, se podría introducir un criterio de «tendencia demográfica», en el que, una vez constatada la pérdida continuada de población en una serie histórica o temporal, se incremente la financiación mediante una fórmula de ponderación. En este sentido carece de toda razonabilidad que la Ley de Haciendas Locales prime la financiación de los municipios de más de 75.000 habitantes, de las ciudades, que reciben más que proporcionalmente dinero comparado con los municipios de menor tamaño, favoreciéndose así, aún más, la concentración urbana.

En cuanto a la financiación autonómica de los entes locales, se haría necesario generalizar el modelo de PICAs, tal y como prevé y mandata la Constitución, para abandonar progresivamente el modelo de fondos de financiación, tanto incondicionados como, especialmente, condicionados. Hay que tener en cuenta que, como establece la Carta Europea de la Autonomía Local (CEAL), para que la financiación sea respetuosa con la autonomía local debería ser, igualmente, incondicionada como regla general. En la medida en que otra administración u otro nivel competencial impone como financiación de un ente local ya depauperado en sus medios una serie de condiciones o de finalidades, le está privando al mismo de la capacidad de autogobierno y, por ende, de la materialización democrática de las opciones electorales y representativas de su ciudadanía. El condicionamiento de fondos no es solo un problema financiero, sino también, en este sentido, democrático. Las PICAs, de generalizarse, supondrían una participación automática en los ingresos autonómicos, no solo en los provenien-

16. Pablos Mateos, Fátima, *Autonomía y suficiencia financiera de la Hacienda municipal*, Aranzadi, 2016; Checa González, Clemente, «La reforma en la hacienda local para mejorar su suficiencia financiera», *Revista Tributaria de las Oficinas Liquidadoras*, n.º 77, 2012, pp. 82-105.

tes de tributos propios, y con ello se ganaría en certeza financiera, en autonomía local y en democracia municipal, liberando a los ayuntamientos de la tutela permanente que supone la dependencia a fondos condicionados y finalistas.

Respecto a la financiación de las Diputaciones Provinciales, la Ley de Haciendas Locales debería contemplar otros criterios, diferentes de los de población de derecho, en el reparto del Fondo Complementario de Financiación. Por ejemplo, llama la atención el nulo efecto que la producción de energía tiene en la asignación de financiación, a pesar del altísimo coste visual y para el territorio que se produce. ¿No se podría compensar a las provincias de los costes que se derivan de la producción de energía?

En materia de financiación de las propias CCAA, con la LOFCA aún por actualizar y con un modelo a todas luces desfasado, son muchas las voces que vienen demandando una mejor adaptación de aquella a un criterio de verdadera «población ajustada», donde en la determinación de esta sean relevantes parámetros como el envejecimiento, la dispersión, la lejanía de los núcleos poblaciones, el nivel medio de renta y las propias tendencias demográficas negativas[17]. Hoy la población de derecho es el factor predominante (en torno al 97% ¡!), y así debe permanecer por un criterio de mínima equidad, pero las ponderaciones antedichas relacionadas con la «población ajustada» deberían aumentar su porcentaje y perfilarse mejor para acercarse más al coste real de los servicios. Si queremos de verdad que se introduzca una perspectiva territorial y de reto demográfico en una política integral de país debemos hacerlo también en la financiación autonómica y en los mecanismos de redistribución, territorial, de la riqueza.

3. MEDIDAS EN MATERIA DE FISCALIDAD DIFERENCIADA

Aunque la Constitución proclama la igualdad de todos los españoles sin distinción del territorio en el que habiten, lo cierto y verdad es que no todos tenemos un mismo acceso a servicios públicos de calidad, ya que los condicionamientos geográficos son difíciles, cuando no imposibles, de sortear. El medio rural carece de las mismas oportunidades que el urbano por razones obvias, muchas de las cuales están tan insertadas en las lógicas del sistema económico hegemónico que sería improbable que se abandonaran. En lo rural las bases fiscales son menores pero los gastos, en algunas áreas, mayores que en el ámbito urbano debido, entre otras cuestiones, al envejecimiento de la población, las distancias o la dispersión.

17. Checa González, Clemente, «Consideraciones acerca de la forma de cómputo de la variable población en el sistema de financiación autonómica», *Quincena Fiscal*, n.º 5, 2022.

Ahora bien, si al mismo tiempo se quiere mantener la población en el territorio, si se quiere afrontar el reto demográfico y frenar la sangría poblacional para mejorar la cohesión entre las diversas partes de una España invertebrada, sería igualmente necesario y oportuno que la fiscalidad se adaptase para atraer capitales y población en el medio rural. La fiscalidad diferenciada es una técnica que puede tener recorrido efectivo para cumplir ese objetivo de equidad territorial, y tenemos ya, en el ámbito comparado, ejemplos de realización. En Francia (Zonas de Revitalización Rural, ZRR) o Portugal (programa «Regresa»)[18], sin ir más lejos, países de nuestro entorno, se han llevado a cabo estrategias nacionales de fiscalidad diferenciada para sus municipios en riesgo de despoblación o para sus zonas rurales. En algunas Comunidades Autónomas, como Castilla-La Mancha, Asturias, Cantabria, Castilla y León y la propia Extremadura, sus leyes de reto demográfico contemplan también determinadas deducciones y bonificaciones fiscales para quienes habiten en el medio rural o impulsen en él sus actividades económicas. Aquí sería conveniente seguir el ejemplo castellano-manchego y articular el concepto de «residencia efectiva» para poder acogerse a las ayudas y bonificaciones establecidas, abandonándose de una vez el antiguo criterio del padrón municipal por ineficaz y desactualizado. La «residencia efectiva» contempla no solo el empadronamiento, sino también otros criterios que demuestren claramente la morada real en un determinado municipio, como la asistencia sanitaria, la escolarización de los menores o la presentación de facturas domiciliadas (art. 5g de la Ley 2/2021, de 7 de mayo, de medidas económicas, sociales y tributarias frente a la despoblación y para el desarrollo del medio rural en Castilla-La Mancha).

Para que medidas más ambiciosas en materia de fiscalidad diferenciada tengan cabida en el ordenamiento europeo, habrá que estudiar a fondo las previsiones del Tratado de Funcionamiento de la Unión Europea, sobre todo las del artículo 174 y 107 referidas a las ayudas de Estado y a la permisividad de las mismas en áreas escasamente pobladas.

No obstante, aunque estas medidas son positivas para los fines perseguidos, de poco servirían si no vienen acompañadas de un esfuerzo por parte de las administraciones y políticas públicas en la vertiente del gasto y de su eficiencia. Las inversiones territorializadas son tan necesarias, o más, como la posibilidad de marcos fiscales diferenciados que faciliten la atracción de empresas y de nuevos habitantes.

18. Pablos Mateos, Fátima, «Los beneficios fiscales en el marco del reto demográfico: el caso de Portugal», *Quincena Fiscal*, n.º 17, 2021, pp. 79-108.

4. INTRODUCCIÓN DEL PRINCIPIO DE DIFERENCIACIÓN LOCAL Y DEL «RURAL PROOFING»

La centralidad de la ley en la construcción y consolidación del Estado moderno, sobre todo en su etapa liberal, implicó también su homogeneidad tras el principio de generalidad legal, que impedía diferenciar los contenidos, preceptos y previsiones en función de sus destinatarios. Algo que se agravó especialmente con el Estado Social, en tanto el mismo suponía la ampliación de los ámbitos normados y de los campos de intervención de las políticas públicas. El Estado legislador ahora lo ocupaba todo, y la administración se convertía en un tentáculo enorme que llegaba hasta el más oscuro rincón de la vida social. Pero la homogeneidad seguía inalterada, en la creencia liberal ilustrada de que la igualdad de los ciudadanos era también la ficción que debía esperar tras la consecución de los objetivos de las leyes, de la misma manera iguales y homogéneas en sus previsiones. Tomemos un ejemplo a modo de ilustración. La Ley de Contratos del Sector Público, esencial para cualquier administración, apenas hace distinciones entre la misma categoría de sujetos destinatarios. Si son ayuntamientos, a todos trata por igual, sin tener en cuenta las diferentes (¡muy diferentes!) capacidades reales y efectivas de los municipios. De tal suerte que los mismos requisitos, procedimientos y exigencias debe seguir un ayuntamiento como Salorino (581 habitantes) que uno como Madrid (3,23 millones de personas).

Si queremos unas administraciones funcionales de verdad para con el territorio, que puedan ser operativas y tener margen de mejora desde las políticas públicas para dinamizar sus ámbitos de influencia, necesitamos que la legislación no sea un corsé que impida toda flexibilidad y que, muy al contrario, se adapte a las necesidades reales de sus destinatarios. El principio de diferenciación local, recogido en Estatutos como el de Cataluña (art. 88), apunta en este sentido a la introducción de distintos requisitos y procedimientos de acuerdo con las escalas de los destinatarios de la legislación, pudiéndose crear graduaciones en función de la población o de las capacidades materiales de los sujetos pasivos. Así, en el ejemplo seguido, sería recomendable suavizar las exigencias legales en materia de contratación pública para los municipios pequeños, sobre todo en lo que a trabas burocráticas y procedimentales se refiere, sin menoscabar, por supuesto, las precauciones en materia de transparencia y control financiero. En general, existe una excesiva densidad normativa, tanto estatal como autonómica, que afecta a los gobiernos locales y ante la cual los mismos se ven muchas veces inermes.

En este sentido, para poder conseguir ese grado de diferenciación, sería conveniente que en la propia producción de las normas se tuviera en cuenta una perspectiva rural o «rural proofing», también llamado «mecanismo rural de garantía», que exigiera del legislador o del titular de la potestad reglamentaria la asunción de informes que atiendan a la diversa realidad territorial sobre la que van a operar las normas. Al igual que ocurre con la igualdad de género, se podría contar con informes específicos que analizaran, *ex ante*, el impacto rural y municipal de las normas, con especial incidencia en la vertiente demográfica, y que podrían ser expelidos por los consejos económicos y sociales o por los departamentos de reto demográfico del Estado (Secretaría General de Reto Demográfico) o de las Comunidades Autónomas (en Extremadura, Consejería de Mundo Rural y Dirección General de Desarrollo Rural, vg.), en los que también podrían participar entidades privadas o asociativas, como la Red Española de Desarrollo Rural. Por supuesto, para que estos informes no se queden en papel mojado, habría que avanzar en la evaluación de las políticas públicas y del resultado de las leyes, incorporando a los diversos observatorios el grado de cumplimiento de aquellos una vez aprobadas y desplegadas las leyes de referencia.

5. REFUERZO DE LA COOPERACIÓN TRANSFRONTERIZA CON PORTUGAL

Una de las singularidades con las que cuenta Extremadura es su cercanía a Portugal, con quien comparte su extensa frontera occidental y una serie de características comunes. Así, el reto demográfico y democrático que supone la desvertebración territorial es común a ambos lados de la raya, como las propias causas que están en su base: despoblación, envejecimiento, predominancia de lo rural, dispersión y alejamiento de los núcleos poblacionales, ausencia de industrialización, pésima distribución de la tierra y de la riqueza, condicionamientos históricos muy intensos, etc. Es más, el interior de Portugal (Alentejo y Centro) presenta características sociodemográficas aún más preocupantes que las que encontramos en la Extremadura rural.

La posibilidad de articular estrategias comunes y compartidas de reto demográfico, de políticas públicas encaminadas a frenar la despoblación y a atraer nuevas inversiones e inversores, está siempre encima de la mesa y debería ser aprovechada por los operadores institucionales, políticos y privados, de un lado y otro de la frontera. Existen ya dos grandes estructuras de cooperación transfronteriza, la Euro-región Alentejo-Centro-Extremadura (EUROACE) y la Euro-ciudad Badajoz-Elvas-Campo Mayor (EUROBEC). Las mismas son comunidades de trabajo, creadas al amparo del Consejo de Europa, pero podrían potenciarse mediante su conversión en Agrupaciones Europeas de Cooperación Territorial (AECTs), figuras del derecho de la Unión Europea y que cuentan con múltiples ventajas operativas, comenzando por la personalidad jurídica propia que podrían disfrutar. El ejemplo del buen funcionamiento de algunas AECTs ya entre España y Portugal, como la Eurociudad Chaves-Verín («Eurociudad del agua»), debería ser una referencia para reforzar la cooperación transfronteriza con Portugal y para, en consecuencia, poder llevar a cabo políticas conjuntas que a su vez mejorasen la cohesión territorial del suroeste peninsular. Al fin y al cabo, la cooperación con Portugal es un mandato expreso del Estatuto de Autonomía de Extremadura (art. 71) y un objetivo de nuestro régimen de autogobierno.

....

En la presente obra, los miembros del proyecto de investigación que tengo el placer de liderar y que cuenta con una línea de financiación por parte de la Junta de Extremadura, despliegan algunos de los resultados y conclusiones de sus investigaciones, coordinadas en el seno de aquel y que tienen como objetivo común la determinación de un conjunto de reformas jurídicas, institucionales, normativas y económicas a fin de mejorar la cohesión territorial de España y de Extremadura, hacer frente al reto demográfico que afecta a esta región y, en definitiva, solventar las deficiencias estructurales que lastran las posibilidades de un mayor desarrollo económico y social. Las propuestas se hacen todas desde una perspectiva municipalista y reformista, y vienen precedidas por desarrollos teóricos que les otorgan la suficiente cobertura académica. Cada investigador e investigadora es especialista en la respectiva temática asignada (despoblación histórica, municipalismo, solidaridad territorial, políticas públicas locales, seguridad y justicia rurales, igualdad de género en el ámbito municipal, economías de escala y aglomeración desde lo rural...) y pertenecen, por igual, a la Universidad de Extremadura, institución que acaba de cumplir medio siglo de vida al servicio de una región y de una ciudadanía que deberían estar en el centro del siempre inacabado y rico debate territorial español.

BIBLIOGRAFÍA

Álvarez Junco, José, *Mater dolorosa: la idea de España en el siglo XIX*, Barcelona: Taurus, 2001.

Cayetano Rosado, Moisés, *Movimientos migratorios extremeños en el «desarrollismo español» (1960-75)*, Mérida: Centro Regional de Extremadura de la Universidad Nacional de Educación a Distancia, 1986.

Checa González, Clemente, «Consideraciones acerca de la forma de cómputo de la variable población en el sistema de financiación autonómica», *Quincena Fiscal*, n.º 5, 2022.

De Oliveira, António Cândido, *O mapa municipal português (1820-2020)*, Braga: AEDREL, 2020.

Del Molino, Sergio, *La España vacía: viaje por un país que nunca fue*, Barcelona: Turner, 2016.

Doncel Luego, Juan Antonio, y Camisón Yagüe, José Ángel, «¿Son las mancomunidades órganos de participación política?: Algunas reflexiones sobre la naturaleza político-constitucional de las mancomunidades con especial referencia a la Comunidad Autónoma de Extremadura», en *Anuario de la Facultad de Derecho de la Universidad de Extremadura*, n.º 31, 2014, pp. 105-123.

Dueñas Castrillo, Andrés Iván, «Hacia modelos de representación política que integren la diversidad territorial: el caso de la España vacía», en Moreno González, Gabriel (dir.), *Reformas para la cohesión territorial de España, op. cit.*, pp. 79-94.

Durán García, Francisco Javier, *La fusión de municipios como estrategia*, Madrid: Dykinson, 2016.

Moreno González, Gabriel y Torrecillas Martínez, Ana, «La cohesión territorial como mandato constitucional y exigencia democrática en España», en Moreno González, Gabriel (dir.), *Reformas para la cohesión territorial de España*, Barcelona: Marcial Pons, 2022, pp. 13-34.

Moreno González, Gabriel, «España, cuestión de integración constitucional», en *El Cronista del Estado social y democrático de Derecho*, n.º 80, 2019, pp. 68-75.

Moreno González, Gabriel, «Hacia una renovada planta local en España: autonomía local y calidad democrática desde el municipalismo», en Castellanos Claramunt, Jorge (dir.), *Participación ciudadana y calidad democrática*, Valencia: Tirant lo Blanch, 2022, pp. 159-198.

Pablos Mateos, Fátima, «Los beneficios fiscales en el marco del reto demográfico: el caso de Portugal», *Quincena Fiscal*, n.º 17, 2021, pp. 79-108.

Pablos Mateos, Fátima, *Autonomía y suficiencia financiera de la Hacienda municipal*, Aranzadi, 2016; Checa González, Clemente, «La reforma en la hacienda local para mejorar su suficiencia financiera», *Revista Tributaria de las Oficinas Liquidadoras*, n.º 77, 2012, pp. 82-105.

Ramos Prieto, Jesús, «Situación de la participación en los tributos de las comunidades autónomas como recurso de las haciendas locales: ¿avance, retroceso o estancamiento?», *Tributos Locales*, n.º 152, 2021, pp. 149-173.

Torrecillas Martínez, Ana, «La fusión de Don Benito y Villanueva de la Serena: una referencia para el municipalismo y la garantía constitucional de la autonomía local», *Anuario de la Facultad de Derecho de la Universidad de Extremadura*, n.º 38, 2022, pp. 617-646.

La influencia de las administraciones públicas e instituciones educativas históricas en la despoblación rural en la provincia de Cáceres (siglos XIX-XXI): estudio de caso de las comarcas de Tajo-Salor y Sierra de Montánchez [1]

RAQUEL TOVAR PULIDO
Profesora del Área de Historia del Derecho y de las Instituciones
Universidad de Extremadura

I. INTRODUCCIÓN

Para plantear la cuestión de la despoblación rural hemos de tener en cuenta las causas que han favorecido la concentración de población en unos lugares y no en otros, dando lugar a una distribución desequilibrada de los

1. Este trabajo se ha desarrollado en el marco del Proyecto regional I+D+i de investigación IB20117 «La necesaria reforma de las administraciones públicas y del modelo territorial español ante el reto demográfico en Extremadura» (IP: Gabriel Moreno González), cofinanciado por el Fondo Europeo de Desarrollo Regional y la Consejería de Economía, Ciencia y Agenda Digital de la Junta de Extremadura.

efectivos humanos[2]. Se trata de una problemática actual en determinadas zonas de la denominada «España vaciada» y a la que se han achacado factores económicos que dieron lugar a procesos migratorios de difícil retorno. Si bien esta realidad ya la analizamos en anteriores trabajos, donde se pone de manifiesto la desigualdad provocada por la falta de industrialización existente en las zonas más despobladas y dependientes del campo, cada vez más empobrecido, así como de la terciarización de la economía[3].

No obstante, más allá del factor económico puesto de manifiesto en otros estudios, lo que queremos presentar en este es una aproximación a cómo el factor educativo está íntimamente relacionado con la despoblación rural, es decir, la influencia que las políticas llevadas a cabo por las administraciones públicas han tenido en la formación de la población, a través de la creación o, en el caso que nos ocupa, de la tardía creación de instituciones educativas en las áreas geográficas más deprimidas de España, como Extremadura. Precisamente según los datos del Instituto Nacional de Estadística (INE), desde 1996 hasta 2020, Extremadura se ha convertido en una de las cuatro Comunidades Autónomas españolas que ha perdido población en términos absolutos, junto con Galicia, Castilla-León y el Principado de Asturias.

El «Reto Demográfico» en nuestro país tiene como frentes la lucha contra la despoblación del territorio, pero también contra el envejecimiento de sus habitantes, cada vez más ancianos, ante la reducción del número de nacimientos y la escasez de jóvenes en los pueblos, que deciden marcharse a las ciudades, continuando así con un éxodo rural que no cesa. Ello no solo se debe a la escasez de empleo en las zonas rurales, sino también a la falta de infraestructuras que permitan lo que lo angloparlantes denominan «commute», que es el tránsito entre el lugar de residencia y el lugar de trabajo, tan habitual en otros países europeos, pero que en España parece convertirse en una pesadilla en aquellas zonas que carecen de vías de comunicación eficientes y transporte público con una frecuencia horaria suficiente como para hacer viable la movilidad entre distintas localidades, sin necesidad de cambiar de residencia. ¿Qué responsabilidad tienen en esta cuestión las instituciones educativas?

2. Pinilla Navarro, Vicente José Árbol. «El reto demográfico: políticas frente a la despoblación rural en España», *Papeles de economía española,* N.º 176, 2023, pp. 146-161; p. 147.

3. Tovar Pulido, Raquel. «El Decreto-Ley de ordenación económica de 21 de julio de 1959 y los antecedentes históricos de la despoblación rural en Extremadura: Estudio de caso de la provincia de Cáceres (Arroyomolinos-Sierra de Montánchez)», en Gabriel Moreno González y Fátima Pablos Mateos (dirs.), *Las políticas de solidaridad ante el reto demográfico y territorial,* Aranzadi, 2023, pp. 13-32.

Tras el freno a la inmigración que supuso la Gran Recesión del año 2008, asistimos a una «segunda oleada de despoblación», que supone el trasvase intraprovincial de personas, que ha dado lugar al despoblamiento de los pequeños municipios en favor de las grandes urbes provinciales. Lo interesante de este fenómeno es que está protagonizado en mayor medida por jóvenes universitarios[4]. Pero, paradójicamente, el atraso educativo que venía arrastrando Extremadura durante los siglos XIX y XX no finalizó con el Estado de las Autonomías, sino que se ha visto continuado y es observable especialmente entre las cohortes de edad más avanzadas de la pirámide de población. ¿Por qué razón? A tenor de la celebración del 50 aniversario en el presente año 2023 de la creación de la Universidad de Extremadura, en 1973, cabe hacer referencia a la ausencia de estudios superiores en la región en las fechas anteriores, salvo por la existencia de algunos centros educativos en Cáceres, que pertenecían a la Universidad de Salamanca, y otros en Badajoz vinculados a la Universidad de Sevilla. En ese momento era la única región que no contaba con universidad. Esto explica que, salvo excepciones de alumnos y alumnas becados por sus méritos académicos, únicamente los hijos de las familias más adineradas pudieran cursar estudios universitarios, debido a los gastos que conllevaba el traslado del estudiante a otra región.

¿Por qué la tardía implantación de la Universidad de Extremadura ha perjudicado a la población extremeña? Diferentes estudios ponen de manifiesto que hay una relación directa entre la inversión en universidades regionales y el crecimiento regional a través del desarrollo de infraestructuras y la concesión de subvenciones y/o ayudas económicas a empresas o sectores de forma selectiva, en colaboración con las universidades. Hablaríamos para explicar esta cuestión del «Modelo de la Triple Hélice», acuñado por Leydesdorff y Etzkowitz en el año 1996, que se fundamentaba en la convergencia de las Administraciones Públicas, las Empresas Privadas y la Universidad para llevar a cabo los procesos de I+D+i; así como el «Modelo de la Quíntuple Hélice», que además de lo anterior es un modelo de desarrollo económico sostenible y respetuoso con el entorno[5].

4. «Las crecientes dificultades de los jóvenes para acceder a un empleo de calidad que les permita tener historiales de cotización estables y el constante deterioro de sus condiciones laborales están aumentando notablemente su riesgo de vulnerabilidad y de pobreza». Cantó Sánchez, Olga. «Desigualdad, redistribución y políticas públicas: ¿hay una brecha generacional?», *Información Comercial Española, ICE: Revista de economía*, N.º 908, 2019 (Ejemplar dedicado a: España ante el reto demográfico), pp. 65-79; p. 79.

5. Negrín de la Peña, José Antonio y Ramírez Carrera, Dionisio. «Economías públicas frente a la despoblación: el papel de la educación y el reto de la Universidad. Una propuesta», *e-pública: revista electrónica sobre la enseñanza de la economía pública*, N.º 28, 2021, pp. 48-70; pp. 48-53.

II. HISTORIA DE LA ADMINISTRACIÓN EDUCATIVA EN EXTREMADURA: EL EJEMPLO DE LA PROVINCIA DE CÁCERES

Han sido numerosas las investigaciones que han abordado el estudio de la historia de la educación en Extremadura, recopilando el número de escuelas, de maestros y maestras y las diferencias salariales entre los sexos, los niños y niñas, junto con la legislación educativa, si bien lo que tratamos de plantear en este trabajo es la forma en la que las administraciones públicas han tenido responsabilidad en el atraso educativo en la región[6].

En un inicio la educación reglada y obligatoria en Extremadura se llevó a cabo cumpliendo con el Plan de Instrucción Primaria, de 21 de julio de 1838. Durante el siglo XIX fueron creciendo el número de escuelas en Extremadura de manera proporcional al tamaño de la población y de acuerdo a los bienes de los ayuntamientos, pues eran quienes pagaban la enseñanza primaria y la dotación de los maestros y maestras[7]. Todo ello en un contexto en el que el 84% de la población activa se dedicaba a la agricultura y la industria suponía el 11%, con un 1,8% de comercio[8].

En cuanto a la educación secundaria, de acuerdo con el Plan Pidal de 1845, se implantaron en la región dos Institutos provinciales de Segunda Enseñanza, uno en Cáceres y otro en Badajoz. Posteriormente proliferaron los colegios de segunda enseñanza y estaban extendidos a finales de la centuria[9]. No obstante, pese a los avances acaecidos en las primeras décadas del siglo XX, en la II República más de la mitad de la población extremeña era analfabeta y había un predominio de la enseñanza en centros privados frente a los públicos. Los Institutos de Segunda Enseñanza pasaron a denominarse Institutos Generales y Técnicos, por lo que en Cáceres se procedió a la realización de un conjunto de transformaciones para poder adaptarse

6. Pérez Parejo, R., Soto Vázquez, J., Pantoja Chaves, A., Fraile Prieto, T. *Catálogo para el estudio de la educación primaria en la provincia de Cáceres en la segunda mitad del siglo XIX*. Cáceres: Universidad de Extremadura, 2013; España Fuentes, Rafael. «La educación en Extremadura en el s. XIX. Reformas introducidas durante el sexenio democrático (1868-1874)». *Revista de estudios extremeños,* Vol. 57, N.º 1, 2001, pp. 131-180; Tovar Pulido, Raquel, «Las leyes de educación españolas y la desigualdad en la formación de las mujeres (1743-1857)», *Ius fugit: Revista interdisciplinar de estudios histórico-jurídicos,* N. º25, 2022, pp. 259-277.
7. Sánchez Pascua, Felicidad. «Los orígenes de la Educación reglada Obligatoria en Extremadura», *Revista de estudios extremeños,* Vol. 61, N.º 3, 2005, pp. 883-920; p. 919.
8. García Pérez, J.; Sánchez Marroyo, F. y Merino Martín, M.ª: *H.ª de Extremadura. Los tiempos actuales*. T. IV. Badajoz, Universitas editorial, 1985, pp. 933 y ss.
9. Sánchez Pascua, Felicidad. «La enseñanza secundaria extremeña en el tránsito del siglo XIX al XX. Regeneracionismo», *Revista de estudios extremeños,* Vol. 54, N.º 2, 1998 (Ejemplar dedicado a: El tránsito del siglo XIX al XX en Extremadura), pp. 557-588; p. 566 y pp. 576 y ss.

a las exigencias de la nueva normativa. Aun así, el acceso a las instituciones educativas de segunda enseñanza no estaba al alcance de todos pues los institutos estaban en las capitales de provincia y ello daba lugar a que concentraran alumnado principalmente de las propias ciudades y algunos de los núcleos rurales pero por lo general pertenecientes a familias con un nivel económico alto. Pese a este carácter elitista de los estudios secundarios cabe mencionar el acceso de la mujer a estos y la igualdad entre los sexos por el acceso al mismo nivel educativo, si bien también procedían de clases acomodadas[10].

En la década de 1960, se aplicó en Extremadura y a nivel nacional una campaña de alfabetización. La propuesta fue impulsada por la UNESCO y partía de la afirmación de que la educación elevaba el nivel de vida de la población, pues el saber hacía más activas a las personas en aras al conocimiento que podían aportar en el ámbito laboral. En el Congreso Mundial de ministros de Educación celebrado en Teherán en 1965 se planteó el nuevo concepto de «educación funcional», que estaba orientada a la mejora profesional.

En Extremadura las nuevas generaciones están escolarizadas al 100 % desde la década de los ochenta, pero como hándicap del medio rural extremeño hemos de hacer referencia a que la economía agroganadera provoca abandono escolar temprano dada la entrada de las personas al mercado de trabajo en edades muy tempranas. Ello unido al difícil acceso a la educación superior ha dado lugar a una falta de cualificación en el medio rural, que ha facilitado los fenómenos migratorios, pero que también persisten entre la población que no se ha marchado de los pueblos. Es precisamente el nivel de educación y formación bajos de los extremeños lo que explica el atraso económico de la región, pues tener la formación adecuada es imprescindible para dotar a la población de recursos suficientes con los que hacer frente al desarrollo industrial[11].

También alcanzó importancia la Enseñanza Media y Profesional desde mediados de la centuria (1949-1967) a través de los Institutos Laborales en Extremadura, como la Universidad Laboral de Cáceres, que comenzó a funcionar en 1967. También se ofertaban cursos de formación profesional que estaban orientados a formar a población que vivía próxima a los pueblos cabeza de comarca de Extremadura. Supone un giro en la política edu-

10. Redondo Castro, Cristina. *La segunda enseñanza pública en Extremadura (1900-1936)*, Tesis doctoral. Universidad de Málaga, 2018; pp. 251-255.
11. Domínguez Rodríguez, Emilia. «Políticas educativas en el siglo XX y su incidencia en Extremadura», *Revista de estudios extremeños*, Vol. 61, N.º 3, 2005, pp. 921-984; pp. 925-926.

cativa clasista de la época, donde el acceso a la educación no estaba al alcance de todos[12].

La Ley General de Educación (LGE, 1970) es importante porque educó a gran parte de los actuales responsables del país y ha estado vigente hasta la entrada en vigor de la Ley Orgánica General del Sistema Educativo (LOGSE, 1990). Se planteó con un carácter meramente técnico para adaptar la educación al sistema productivo. Destacan las siguientes medidas:

1) Extensión de la enseñanza obligatoria hasta los 14 años. En Extremadura extendió la educación en las zonas rurales.

2) Creación de un doble tronco en las Enseñanzas Medias.

    a. El BUP preparaba para el acceso a la Universidad.

    b. Creación de una Formación Profesional orientada a la formación de la mano de obra.

3) Los centros educativos de enseñanza superior pasaron como en el resto de España a integrarse en la Universidad, en el caso de nuestra región, en la de Extremadura, creada tres años después (1973): dichos centros eran las Escuelas Normales de Cáceres (creada en 1842) y la de Badajoz (creada en 1845), así como las de Comercio (Badajoz), posteriormente Empresariales, y las de Enfermería (Badajoz, Cáceres y Mérida). Las Escuelas Universitarias de Formación de Profesorado de EGB en Extremadura fueron los centros universitarios que desde el primer curso de funcionamiento de la UEX (1973-74) y hasta el curso 1988-89 tuvieron la mayor cifra absoluta de matriculados. La inserción profesional de aquellos titulados era prácticamente automática en Extremadura y además supuso la salida de profesionales de la región para trabajar en otras zonas de España.

Cabe resaltar, no obstante, que a pesar de las mejoras, en la década de los ochenta la tasa de analfabetismo en la región duplicaba la nacional entre la población de 10 y más años. Además, la proporción de extremeños sin estudios ha sido históricamente superior a la media española. Según las aportaciones de Emilia Domínguez, en 1997, la proporción de población española que había completado estudios primarios o de EGB ascendía al 45 % entre los mayores de 25 años y menores de 65 y descendía al 15% en el grupo de edades entre 25 y 34 años. Lo más sorprendente es que

12. Borrego Domínguez, Claudio. *La enseñanza media y profesional (1949-1967): Institutos laborales en Extremadura*, Diputación Provincial de Badajoz, Servicio de Publicaciones, 2014.

actualmente los niveles de Enseñanza Secundaria Obligatoria de los extremeños siguen siendo inferiores a los del resto de regiones[13]. En cuanto a la universidad, los alumnos de la UEX durante veinte años, entre 1973-1974 y 1993-1994, pasaron de ser el 0,29% de la población extremeña al 1,66%; mientras que en el resto de universidades españolas en las mismas fechas se elevaron del 1,05% al 3,46%.

III. LA INFLUENCIA DE LA LEGISLACIÓN EDUCATIVA EN LA DESPOBLACIÓN ACTUAL

La Constitución de 1978 reconoce el derecho a la educación y a una enseñanza básica obligatoria y gratuita. Desde la década de los años ochenta se ha incentivado la escolarización de la población comprendida entre los doce y los dieciséis años, dentro de la Enseñanza Secundaria Obligatoria (ESO) de carácter gratuito[14].

Teniendo en cuenta los precedentes históricos sintetizados, vamos a analizar en este trabajo el nivel educativo de la población de la provincia de Cáceres en la actualidad. Para ello, hemos optado por elegir dos comarcas que se caracterizan por un perfil distinto, en aras a establecer una comparativa: por un lado se analizará la comarca de Sierra de Montánchez, afectada por una gran despoblación; y, por otro lado, hemos optado por analizar la comarca de Tajo-Salor. Nos interesa realizar esta comparativa porque la comarca de Tajo-Salor limita en algunos de sus pueblos con la capital provincial y ello explica que los municipios más poblados de la comarca sean precisamente los más próximos a Cáceres, como Casar de Cáceres, Arroyo de la Luz y Malpartida, mientras que va a haber pueblos con menor número de habitantes que se encuentran a una mayor distancia de la ciudad. Esto es interesante porque en los municipios que están a 10-15 kilómetros de Cáceres la población no ve la necesidad de marcharse a vivir a la capital provincial, pues puede desplazarse cómodamente entre ambas localidades (la de residencia y la de trabajo).

En lo que atañe al nivel educativo de dichas comarcas, resulta sintomático el hecho de que la mayor parte de la población en la totalidad de los 30 municipios analizados cuenta con estudios primarios únicamente, siendo bajos los valores de educación superior comparados con los de la capital provincial y otras ciudades más pobladas de la provincia, como Plasencia, Coria y Trujillo, así como tampoco son elevados los porcentajes en relación a los estudios de Bachillerato y Formación Profesional.

---

13. Domínguez Rodríguez, Emilia. «Políticas educativas...», *art. cit.*, pp. 927 y 931.
14. López Batalla, Ramón. *Las necesidades educativas individuales en la educación secundaria obligatoria desde las disposiciones legales*. Tesis doctoral. Universidad de Zaragoza, 2015.

Hemos analizado cuatro niveles en algunos de los municipios más habitados de la provincia. Al observar los porcentajes en los niveles de estudios indicados en el párrafo anterior, observamos que es Cáceres la localidad donde hay un mayor número de población con estudios superiores (38,3%), mientras que descienden los valores a medida que se reduce el tamaño de la población: 26,7% en Plasencia; 19,9% en Coria y 23,8% en Trujillo. También se dan valores más altos de FP en Cáceres, si bien en este caso no hay tanta diferencia con respecto al resto de ciudades, dado el tipo de salida profesional de dicha formación, menos academicista que la universitaria y con más opciones en el ámbito rural. Lo mismo sucede pero a la inversa entre la población que únicamente ha cursado la ESO o estudios primarios, pues el valor más bajo lo encontramos también en Cáceres, con un 31,7%; mientras que los valores oscilan entre el 46,1% y el 55,7% en las tres ciudades restantes mencionadas. Ello nos permite afirmar que el nivel educativo de la población de los municipios está directamente relacionado con el número de habitantes (Tabla 1 y Gráfico 1).

Tabla 1. Nivel de estudios de las ciudades más pobladas de la Provincia de Cáceres. Porcentajes (%)

Localidad	Habitantes	Estudios superiores	FP	Bachillerato	ESO e inferior	Total
Cáceres	**95.456**	**38,3**	**17,4**	**12,4**	**31,7**	*100*
Plasencia	**40.141**	**26,7**	**15,7**	**8,8**	**49**	*100*
Coria	**12.308**	**18,9**	**15,2**	**10,2**	**55,7**	*100*
Trujillo	**9.193**	**23,8**	**15,4**	**14,2**	**46,1**	*99,5*

Fuente: INE. Años 2019-2022. Elaboración propia.

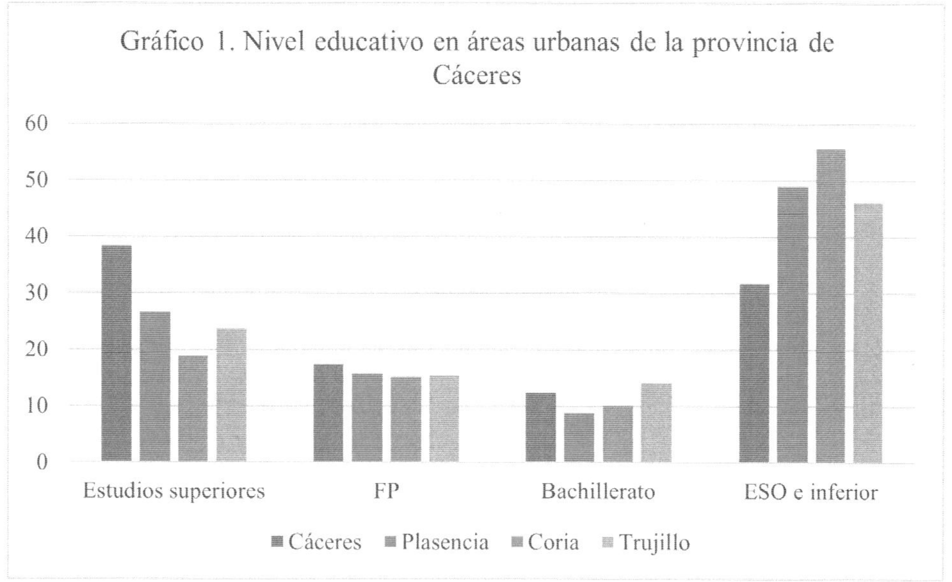

Fuente: INE. Años 2019-2022. Elaboración propia.

Entre los factores posibles, por un lado, nos encontramos con población joven con estudios superiores que se marcha del mundo rural a la ciudad, pero, entre la población adulta y anciana, es indudable la influencia de la educación que recibieron en su etapa de juventud en sus lugares de origen, donde no había institutos de enseñanza secundaria y bachillerato y menos aún universidad, de ahí que el nivel de estudios de la población sea más bajo. Observamos este hecho en los dos apartados siguientes, al analizar la población que habita en las dos comarcas objeto de estudio.

1. NIVELES EDUCATIVOS Y DESPOBLACIÓN EN LA COMARCA DE TAJO-SALOR

Cuando pasamos a estudiar el ámbito rural observamos que la población con estudios primarios y ESO se duplica, llegando a alcanzar dos tercios de la población. De promedio los quince municipios pertenecientes a la comarca de Tajo-Salor dan un valor del 67,6%, pero hay localidades donde supera el 76% y 77%, como en Monroy y Aliseda. El otro valor que llama la atención es el nivel de estudios superiores, que pone de manifiesto que tan solo 1 de cada 10 habitantes ha ido a la universidad (11%). Los valores del bachillerato también son inferiores a los de las grandes ciudades (7,23%), mientras que la FP es adquirida por el 13,56% de la población, si bien los valores en este caso son ligeramente inferiores a los de la ciudad por los motivos alegados en el apartado anterior. Entendemos que la FP ha encontrado una mayor salida profesional en los pueblos con respecto a los estudios universitarios, pero sigue siendo escasa a rasgos generales (Tabla 2 y Gráfico 2).

Tabla 2. Nivel de estudios de la población de la comarca Tajo-Salor. Porcentajes (%)

Localidad	Habitantes	Estudios superiores	FP	Bachillerato	ESO e inferior	Total
Cáceres	**95.456**	**38,3**	**17,4**	**12,4**	**31,7**	*100*
Casar de Cáceres	**4.879**	12,1	15,8	10,1	62	*100*
Arroyo de la Luz	**6.477**	13,2	12,5	8,6	65,3	*99,6*
Malpartida de Cáceres	**4.445**	14,8	15,4	7,1	62,7	*100*
Brozas	**1.826**	11,8	8,6	6,1	72,5	*99*
Aliseda	**2.011**	7,1	10,9	4,5	77,1	*99,6*
Alcántara	**1.684**	17	15,6	10,9	55,8	*99,3*
Garrovillas de Alconétar	**2.034**	8,5	11	8,5	71,4	*99,4*
Hinojal	**432**	8,8	15,2	8,8	67,2	*100*
Mata de Alcántara	**347**	19,1	14,6	10,1	57,3	*100*
Monroy	**994**	6,4	10,7	5,7	76,2	*99*
Navas del Madroño	**1.487**	8,4	13,1	5	73,5	*100*
Piedras Albas	**211**	6,7	17,8	6,7	68,9	*100*
Santiago del Campo	**307**	11	13,7	5,5	69,9	*100*
Talaván	**912**	8,1	14	5,9	71,6	*100*
Villa del rey	**132**	12,5	15	5	65	*97,5*

Localidad	Habitantes	Estudios superiores	FP	Bachillerato	ESO e inferior	Total
Promedio Tajo-Salor (sin contar Cáceres)	**28.178**	**11,03**	**13,59**	**7,23**	**67,76**	**99,56**

Fuente: INE. Años 2019-2022. Elaboración propia.

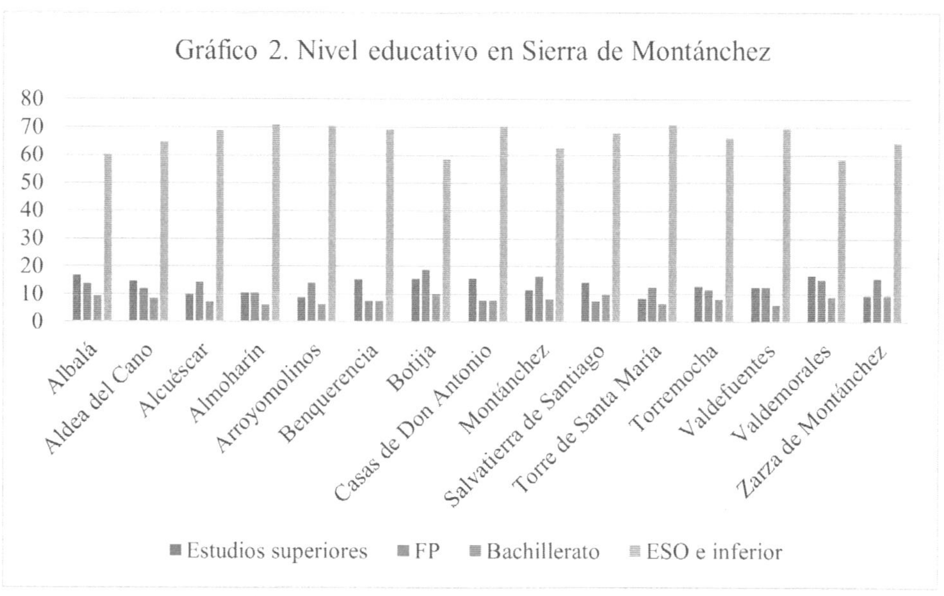

Fuente: INE. Años 2019-2022. Elaboración propia.

2. NIVELES EDUCATIVOS Y DESPOBLACIÓN EN LA COMARCA DE SIERRA DE MONTÁNCHEZ

En cuanto a Sierra de Montánchez observamos que la población con estudios primarios y ESO también se duplica, llegando a alcanzar dos tercios de la población. De promedio los quince municipios que integran la comarca dan un valor del 66,28% (frente al 67,6% en Tajo-Salor), pero hay localidades donde supera el 70%, como Almoharín, Arroyomolinos, Casas de Don Antonio y Torre de Santa María. El otro valor que llama la atención es el nivel de estudios superiores, que pone de manifiesto que poco más de 1 de cada 10 habitantes ha ido a la universidad (12,91% frente al 11% de Tajo-Salor). Los valores del bachillerato también son inferiores a los de las grandes ciudades (8,11% frente al 7,23% de Tajo-Salor), mientras que tiene estudios de FP el 12,82% de la población (frente al 13,56% en Tajo-Salor).

Observamos, por tanto, valores muy similares en ambas comarcas en lo que respecta a los cuatro niveles educativos analizados. Además, no se producen grandes diferencias entre las poblaciones de mayor y de menor tamaño como para sacar unas conclusiones que diferencien unos municipios de otros en cuanto a habitantes o distancia de la capital provincial. De manera que los resultados obtenidos lo que sí nos permiten afirmar es el gran desequilibrio que existe a nivel educativo entre el ámbito rural y el urbano (Tabla 3 y Gráfico 3).

Tabla 3. Nivel de estudios de la población de la comarca Sierra de Montánchez. Porcentajes (%)

Localidad	Habitantes (2022)	Estudios superiores	FP	Bachillerato	ESO e inferior	Total
Albalá	665	16,8	14	9,3	60,3	*100*
Aldea del Cano	617	14,7	12,1	8,4	64,7	*99,9*
Alcuéscar	2.470	9,9	14,4	7,2	68,8	*100*
Almoharín	1.782	10,6	10,6	6,3	70,9	*98,4*
Arroyomolinos	827	8,8	14,1	6,5	70,6	*100*
Benquerencia	79	15,4	7,7	7,7	69,2	*100*
Botija	185	15,5	19	10,3	58,6	*100*
Casas de Don Antonio	184	15,7	7,8	7,8	70,6	*100*
Montánchez	1.628	11,6	16,6	8,3	62,8	*100*
Salvatierra de Santiago	264	14,3	7,7	9,9	68,1	*100*
Torre de Santa María	531	8,5	12,7	6,7	70,9	*98,8*
Torremocha	763	12,8	11,9	8,2	66,3	*99,2*
Valdefuentes	1.122	12,6	12,6	6,3	69,4	*100*

Localidad	Habitantes (2022)	Estudios superiores	FP	Bachillerato	ESO e inferior	Total
Valdemorales	210	16,9	15,4	9,2	58,5	*100*
Zarza de Montánchez	516	9,6	15,7	9,6	64,5	*100*
TOTAL	**11.843**	12,91	12,82	8,11	66,28	99,75

Fuente: INE. Años 2019-2022. Elaboración propia.

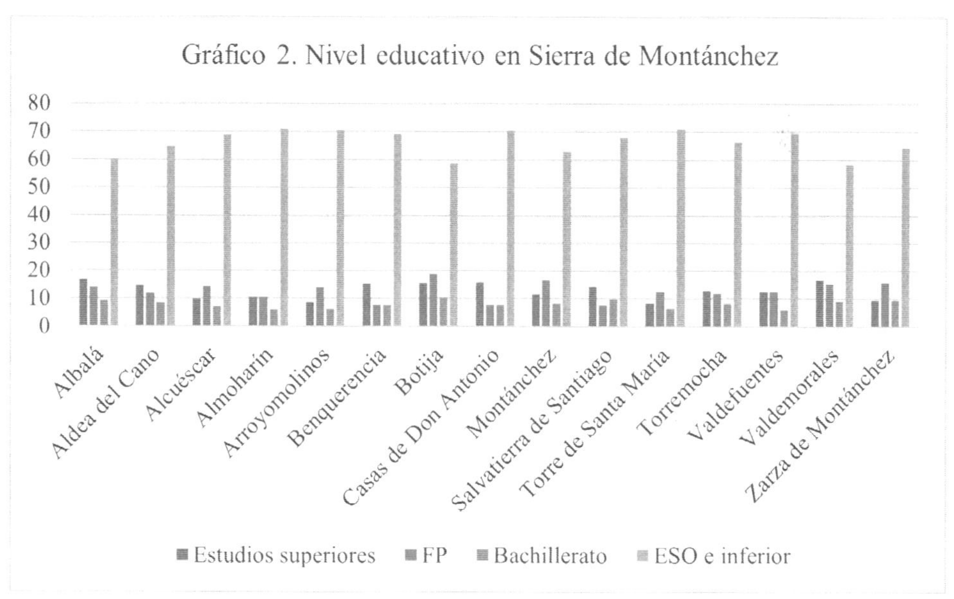

Fuente: INE. Años 2019-2022. Elaboración propia.

3. COMPARATIVA CON EL NIVEL EDUCATIVO EN ESPAÑA

El INE nos ofrece datos sobre los niveles educativos nacionales de la población adulta (de 25 a 64 años). La Agenda 2030, pretende aumentar considerablemente el número de jóvenes y adultos con estudios con la intención de que disminuya la tasa de desempleo.

Si comparamos el nivel educativo de la Provincia de Cáceres con el resto de España observamos que el porcentaje de personas con estudios universitarios a nivel nacional se sitúa en el 44,7% entre mujeres y el 37,5%

entre hombres, de modo que de promedio superan a los de la capital cacereña. Los valores recogidos sobre estudios primarios y ESO se sitúan en el 32,6% entre mujeres y el 39,1% entre hombres. En este caso en conjunto son equiparables a los de la capital cacereña. Mientras que los estudios de Bachillerato y FP también son equiparables a los de Extremadura. En el ámbito nacional, al disponer de los datos desglosados por sexos, es interesante resaltar la mejor preparación de las mujeres en general y en especial en el ámbito universitario, siendo la Formación Profesional donde están más igualados. Además, teniendo en cuenta las cohortes de edad, es importante hacer referencia a que ha sido en los últimos cuarenta años cuando ha comenzado a mejorar el nivel educativo de la población, coincidiendo los mayores porcentajes de estudios superiores con los grupos de edad más jóvenes.

En definitiva, en conjunto observamos que la población rural extremeña se encuentra en una situación educativa considerablemente inferior a la del resto de España, ello se pone de manifiesto especialmente por una gran mayoría de población con estudios básicos frente a una minoría con estudios universitarios. Además, la propia capital de provincia, también se sitúa por debajo de la media nacional.

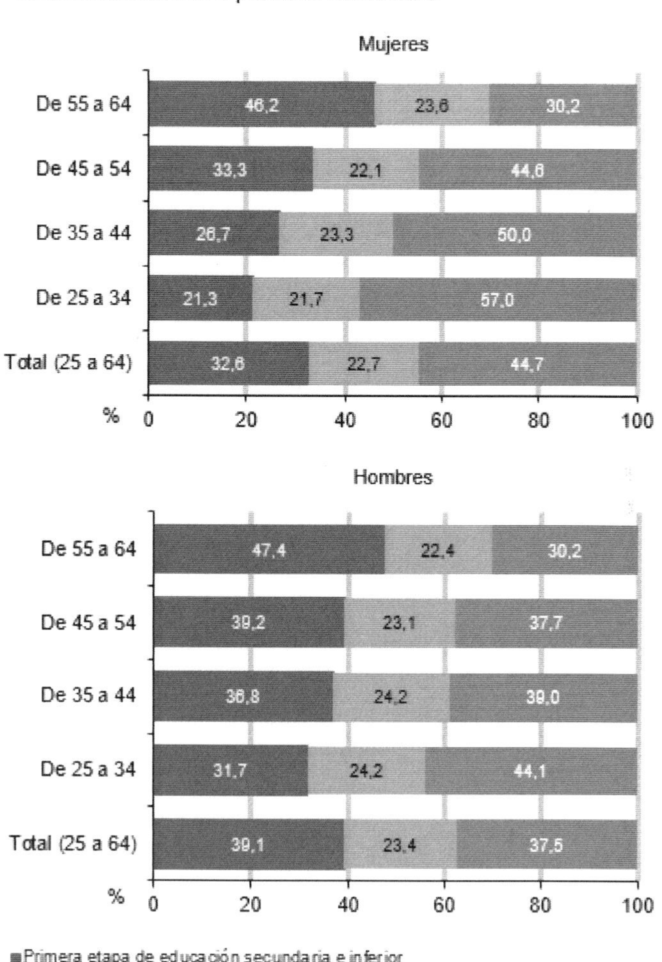

Fuente: INE. Año 2022.

IV. CONCLUSIONES

Si nos preguntamos si Extremadura se ha caracterizado históricamente por una mayor despoblación que el resto de España la respuesta es sí, pero es que también ha sido mayor el atraso económico y cultural. Culpabilizar a las administraciones públicas del olvido que ha sufrido Extremadura cobra sentido si hacemos referencia a factores históricos como la falta de industrialización e inversiones de distinto tipo, así como las redes de comunicación, un tema muy actual si pensamos en las reivindicaciones recientes por un «Tren digno». Por ejemplo, si Extremadura contara con AVE, podría haber cacereños que fueran diariamente a Madrid, por no hablar de la ausencia de aeropuerto.

Volviendo al tema objeto de análisis en este trabajo, observamos que la despoblación rural está directamente relacionada con el menor nivel educativo, pues la población que cuenta con un mayor nivel de estudios se concentra en las ciudades. La clave estaría en retener a esa población formada que se marcha a la ciudad, generar mecanismos de empleo en las zonas rurales (servicios educativos, sanitarios, transporte para la movilidad entre el lugar de residencia y el de trabajo, comercio, recursos turísticos etc.).

Destacamos el predominio de población con estudios primarios o ESO en los pueblos, en más de dos de cada tres habitantes. Sin una preparación específica es habitual el rol de ama de casa para las mujeres o la ocupación temporal en tareas asistenciales de ayuda a domicilio, mientras que es frecuente la dedicación del hombre a tareas del campo, sobre todo entre la población de más de 60 años, que son el grueso del envejecido mundo rural. Tengamos en cuenta que se criaron en una España donde todavía era obligatorio el Servicio Militar para los hombres y se generalizó el Servicio Social Femenino para las mujeres. Las instituciones educativas tardaron en desarrollarse con fuerza en la región en lo que respecta a la enseñanza secundaria, pero también en lo que atañe a la creación de la Universidad de Extremadura en los años setenta del siglo XX.

BIBLIOGRAFÍA

Borrego Domínguez, Claudio. *La enseñanza media y profesional (1949-1967): Institutos laborales en Extremadura,* Diputación Provincial de Badajoz, Servicio de Publicaciones, 2014.

Cantó Sánchez, Olga. «Desigualdad, redistribución y políticas públicas: ¿hay una brecha generacional?», *Información Comercial Española, ICE: Revista de economía,* N.º 908, 2019 (Ejemplar dedicado a: España ante el reto demográfico), pp. 65-79.

Domínguez Rodríguez, Emilia. «Políticas educativas en el siglo XX y su incidencia en Extremadura», *Revista de estudios extremeños,* Vol. 61, N.º 3, 2005, pp. 921-984.

España Fuentes, Rafael. «La educación en Extremadura en el s. XIX. Reformas introducidas durante el sexenio democrático (1868-1874)». *Revista de estudios extremeños* Vol. 57, N.º 1, 2001, pp. 131-180.

García Pérez, J.; Sánchez Marroyo, F. y Merino Martín, M.ª: *H.ª de Extremadura. Los tiempos actuales*. T. IV. Badajoz, Universitas editorial, 1985.

López Batalla, Ramón. *Las necesidades educativas individuales en la educación secundaria obligatoria desde las disposiciones legales.* Tesis doctoral. Universidad de Zaragoza, 2015.

Negrín de la Peña, José Antonio y Ramírez Carrera, Dionisio. «Economías públicas frente a la despoblación: el papel de la educación y el reto de la Universidad. Una propuesta», *e-pública: revista electrónica sobre la enseñanza de la economía públic*a, N.º. 28, 2021, pp. 48-70.

Pérez Parejo, R., Soto Vázquez, J., Pantoja Chaves, A., Fraile Prieto, T. *Catálogo para el estudio de la educación primaria en la provincia de Cáceres en la segunda mitad del siglo XIX.* Cáceres: Universidad de Extremadura, 2013.

Pinilla Navarro, Vicente José Árbol. «El reto demográfico: políticas frente a la despoblación rural en España», *Papeles de economía española,* N.º 176, 2023, pp. 146-161.

Redondo Castro, Cristina. *La segunda enseñanza pública en Extremadura (1900-1936),* Tesis doctoral. Universidad de Málaga, 2018.

Sánchez Pascua, Felicidad. «Los orígenes de la Educación reglada Obligatoria en Extremadura», *Revista de estudios extremeños,* Vol. 61, N.º 3, 2005, pp. 883-920.

– «La enseñanza secundaria extremeña en el tránsito del siglo XIX al XX. Regeneracionismo», *Revista de estudios extremeños,* Vol. 54, N.º 2, 1998 (Ejemplar dedicado a: El tránsito del siglo XIX al XX en Extremadura), pp. 557-588.

Tovar Pulido, Raquel. «El Decreto-Ley de ordenación económica de 21 de julio de 1959 y los antecedentes históricos de la despoblación rural en Extremadura: Estudio de caso de la provincia de Cáceres (Arroyomolinos-Sierra de Montánchez)», en Gabriel Moreno González y Fátima Pablos Mateos (dir.), *Las políticas de solidaridad ante el reto demográfico y territorial,* Aranzadi, 2023, pp. 13-32.

– «Las leyes de educación españolas y la desigualdad en la formación de las *mujeres (1743-1857)», Ius fugit: Revista interdisciplinar de estudios histórico-jurídicos,* N.º 25, 2022, pp. 259-277.

Comarcalizar Extremadura: posibilidades desde la actual regulación jurídica [1]

ANA TORRECILLAS MARTÍNEZ
Universidad de Extremadura

«El autogobierno ha dejado en nuestras manos el rumbo del destino colectivo de la región y, en la convicción de que poseemos la pericia para conducir este proyecto, somos las actuales generaciones las que debemos dirigirla a nuevas metas, dejando a las futuras una Extremadura más próspera y más libre».

(Preámbulo del Estatuto de Autonomía de Extremadura)

I. INFRAMUNICIPALISMO EN EXTREMADURA

El 80% de los municipios españoles se encuentran actualmente afectados por el inframunicipalismo. Ese porcentaje viene determinado por el número

1. Este trabajo se ha desarrollado en el marco del Proyecto regional I+D+i de investigación IB20117 «La necesaria reforma de las administraciones públicas y del modelo territorial español ante el reto demográfico en Extremadura» (IP: Gabriel Moreno González), cofinanciado por el Fondo Europeo de Desarrollo Regional y la Consejería de Economía, Ciencia y Agenda Digital de la Junta de Extremadura.

de pequeños municipios (de menos de 5000 habitantes) situados en las áreas rurales del país. El resto del territorio, coincidente con los espacios urbanos, es un afectado indirecto, aunque no permanece al margen del problema del inframunicipalismo porque éste es, en realidad, a escala nacional. Los problemas de las ciudades sólo conseguirán entenderse desde un punto de vista integral si también se contemplan, de forma paralela, los problemas del pequeño municipio rural. Ambos espacios, los rurales y los urbanos, cohabitan en un mismo proyecto de país.

La falta de medios técnicos y materiales a disposición de los ayuntamientos, especialmente en el plano hacendístico (142 CE); el minifundismo local típico de la planta local española que dispone de 8131 municipios; la ya casi ausente autonomía local (137 y 140 CE) de los pequeños municipios rurales; la despoblación e insuficiencia de masa crítica para la prosperidad de numerosas áreas del territorio español; los pocos y defectuosos servicios a disposición de la ciudadanía en los municipios de pequeñas dimensiones y el cada vez más acusado adelgazamiento de la democracia local desembocan en que la mayoría de nuestros municipios se encuentren en una situación de inframunicipalismo. Extremadura no es una excepción a esta realidad. Es, de hecho, una de las regiones españolas donde el inframuncipalismo, la falta de medios y el reto demográfico están causando efectos más graves.

La *Ley 45/2007, de 13 de diciembre, para el desarrollo sostenible del medio rural* considera por medio rural «el espacio geográfico formado por la agregación de municipios o entidades locales menores definido por las administraciones competentes que posean una población inferior a 30.000 habitantes y una densidad inferior a los 100 habitantes por km^2» (art. 3.a.). El *Decreto 115/2010, de 14 de mayo, por el que se crean y establecen las funciones de los órganos de gobernanza para la aplicación de la Ley de Desarrollo Sostenible del Medio Rural y se determina la delimitación y calificación de las zonas rurales de Extremadura* establece en su artículo 19 que «el medio rural en Extremadura será el espacio geográfico formado por la agregación de todos los municipios que integran la Comunidad Autónoma, a excepción de los correspondientes a Almendralejo, Badajoz, Cáceres, Don Benito, Mérida, Plasencia y Villanueva de la Serena». La Ley 45/2007 a la que acabamos de hacer mención también contiene en su artículo 3 una definición sobre el «municipio rural de pequeño tamaño». Según ésta, serán pequeños municipios rurales los que posean una población residente inferior a los 5000 habitantes y estén integrados en el medio rural. De acuerdo con lo anterior, la región extremeña es, junto con Castilla-La Mancha, Castilla y León y Aragón, una de las Comunidades Autónomas con más municipios rurales[2] de toda España.

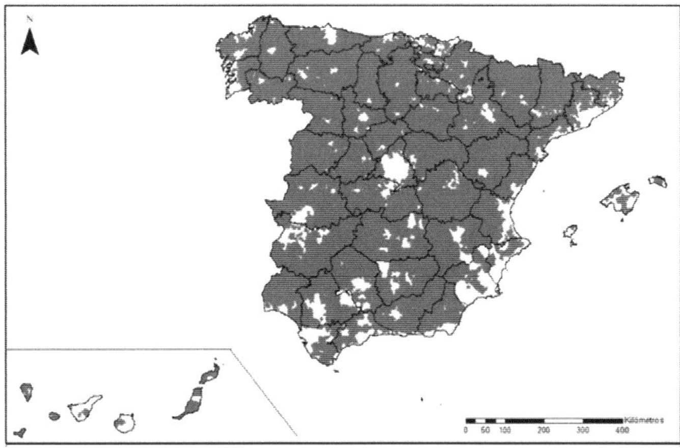

Distribución geográfica del medio rural en España (Gobierno de España, p. 17)[3]

Los pequeños municipios rurales son los que más pérdida de población han experimentado en estos últimos años, a diferencia de los municipios de mayor tamaño cuya población aumenta de forma correlativa. De acuerdo con los datos ofrecidos por el Ministerio de Agricultura, Pesca y Alimentación[4], Extremadura es una de las cuatro Comunidades Autónomas con un mayor número de población censada en municipios rurales. La provincia de Cáceres dispone de una población total de 387.805 habitantes, que se reparten en 219 municipios. La media de habitantes por municipio ronda los 1770, pero esta media está distorsionada por los vecinos censados en algunos municipios, que superan considerable y excepcionalmente la

2. En el artículo 3 de la *Ley 45/2007, de 13 de diciembre, para el desarrollo sostenible del medio rural*, encontramos varias definiciones que afectan a la calificación como rural de varias delimitaciones geográficas españolas, entre las que se encuentra el pequeño municipio rural. De este modo, se considera pequeño municipio rural aquel que «posea una población residente inferior a los 5.000 habitantes y esté integrado en el medio rural».
3. Ministerio de Agricultura, Pesca y Alimentación, *Diagnóstico de la igualdad de género en el medio rural* 2021. Disponible en https://www.mapa.gob.es/es/desarrollo-rural/temas/igualdad_genero_y_des_sostenible/diagnostico_igualdad_mediorural_2021_tcm30-615197.pdf [Fecha de consulta: 06/09/2023].
4. Ministerio de Agricultura, Pesca y Alimentación, «Demografía de la población rural en 2020», octubre 2021. Disponible en el siguiente enlace: https://www. mapa.gob.es/es/ministerio/servicios/analisis-y-prospectiva/ayp_demografiaenlapoblacionrural2020_tcm30-583987.pdf [Fecha de consulta: 06/09/2023].

media de la provincia cacereña, como son Cáceres (95.456 hab.), Coria (12.308 hab.), Navalmoral de la Mata (16.784 hab.) o Plasencia (39.247 hab.). El resto de los municipios cacereños raramente superan los 1.000 habitantes. Los más numerosos son los que disponen menos de 500 habitantes. La población de la provincia de Cáceres ha descendido notablemente desde el año 2010, en el que contaba con 416.000 habitantes.

La provincia de Badajoz cuenta con un total de 666.971 habitantes repartidos en 161 municipios. La media por habitante es de 4142 por municipio aproximadamente, sustancialmente mayor que la de la provincia de Cáceres. Además, pese a que en la provincia de Badajoz también existan algunos municipios que aumenten más la media de habitantes, en esta provincia lo extraño es que los municipios no superen los 1.000 vecinos. Los más abundantes son aquellos cuya población supera los 2000 habitantes. La provincia de Badajoz también ha perdido población, aunque menos, pues en 2010 contaba con 695.000 habitantes.

De lo anterior se deduce que, en el caso de Cáceres, el minifundismo local es más acusado. Haremos hincapié en estas diferencias provinciales a lo largo de todo el capítulo porque son verdaderamente determinantes para nuestro objeto de estudio. Pese a que la extensión geográfica de la provincia cacereña es más reducida que la de la provincia pacense, Cáceres cuenta con 58 municipios más. Sin embargo, como muestran los datos, cuenta también con menores cifras de población. Sus municipios son generalmente más pequeños, en extensión y en población, y las consecuencias del inframunicipalismo son más patentes, sobre todo al norte de la provincia de Cáceres. Sirva como botón de muestra el caso de Belvís de Monroy, al noreste de la provincia cacereña, donde el cierre de la última tienda que quedaba en la localidad ha llevado a su ayuntamiento a «municipalizar» el comercio de pan en fechas recientes[5]. En el caso de Badajoz el minifundismo local no es tan acusado. Sus municipios son más grandes, tanto en extensión como en población, y están más separados que los de la provincia de Cáceres[6].

Otro de los aspectos característicos de Extremadura es que sus provincias son las dos más extensas de España. A esa extensión se suma que la ubicación de las capitales provinciales no consigue vertebrar el territorio. Ni Cáceres, ni Badajoz se sitúan en el centro de la provincia. En el caso de

5. La noticia sobre la municipalización del pan en Belvís de Monroy puede leerse en el siguiente enlace: https://navalmoral.hoy.es/belvis-municipaliza-pan-20230830120904-nt.html [Fecha de consulta: 06/09/2023].

6. Véase, en este sentido, Ana Nieto Masot, Ángela Engelmo Moriche y Gema Cárdenas Alonso, «Análisis espacial de la división comarcal en áreas rurales de baja densidad demográfica: el caso de Extremadura», *Papeles de Geografía* 63 (2017): 113-132.

Cáceres, la capital provincial se encuentra situada en la zona sur. Esto supone que el teórico centro de referencia en términos administrativos se encuentre demasiado alejado de algunos de los municipios que están más al norte de la provincia. Esta falta de vertebración es todavía más acusada en la provincia de Badajoz, pues a sus grandes dimensiones se suma la ubicación de la capital provincial en el extremo noroeste de la geografía pacense, en la frontera con Portugal. Lo cual provoca que haya menos distancia entre Badajoz y Lisboa, la capital de otro Estado, que entre Badajoz y Helechosa de los Montes, municipio situado en su misma provincia[7].

El tamaño de los municipios extremeños, el acuciante reto demográfico, la extensión de las áreas rurales por todo el territorio o la distribución del mapa local extremeño son algunos factores que nos muestran la necesidad de realizar esfuerzos para vertebrar la región y trazar una planta local más coherente y adaptada a las necesidades específicas de sus habitantes.

II. REGULACIÓN JURÍDICA DE LA COMARCA

De acuerdo con el artículo 137 CE, España se organiza territorialmente en municipios, provincias y Comunidades Autónomas. Sin perjuicio de lo anterior, la Constitución permite la posibilidad de «crear agrupaciones de municipios diferentes de la provincia» (art. 141.3 CE). Esto significa que la planta local española, expresamente compuesta por el nivel provincial y el municipal, podrá completarse con otras entidades que sirvan como un nivel intermedio entre el municipio y la provincia. El artículo 141.3 CE no explicita el nombre de tales entidades. Entendemos, por tanto, que bajo esta tipología enunciada en el texto constitucional como agrupación de municipios podrán englobarse dos estructuras de cooperación intermunicipal que han proliferado especialmente en nuestro país para hacer frente al inframunicipalismo: las mancomunidades y las comarcas[8].

Esta misma posibilidad está prevista en el artículo 10.1 CEAL. En él se dispone que «las Entidades locales tienen el derecho, en el ejercicio de sus competencias, de cooperar y, en el ámbito de la Ley, asociarse con otras Entidades locales para la realización de tareas de interés común». En la CEAL se realiza una distinción relevante entre el derecho de cooperar y el

7. Badajoz y Lisboa están separadas por 228,2 km, lo cual equivale a 2 horas y 28 minutos en vehículo particular. Para llegar desde Helechosa de los Montes a Badajoz deben recorrerse 230,8 km, cuya ruta más rápida equivale a un tiempo mínimo de 2 horas y 40 minutos en vehículo propio.

8. Beatriz Tomás Mallén, «Artículo 141» en *Comentario a la Constitución Española: 40 aniversario 1978-2018: Libro-homenaje a Luis López Guerra*, Carmen Montesinos Padilla (coord.), Pablo Pérez Tremps (dir.) y Alejandro Sáiz Arnaiz (dir.), Vol. 2, Tomo II (Valencia: Tirant lo Blanch, 2018): 1949-1961.

derecho de asociarse. En España, a diferencia de las mancomunidades que son entes asociativos, es decir, que se constituyen por voluntad de los municipios mancomunados, la decisión sobre la creación de las comarcas corresponde a las Comunidades Autónomas y, en concreto, a sus asambleas legislativas. Es cierto que la iniciativa para la comarcalización puede partir de los propios municipios interesados. Y que, «en cualquier caso, no podrá crearse la comarca si a ello se oponen expresamente las dos quintas partes de los Municipios que debieran agruparse en ella, siempre que, en este caso, tales Municipios representen al menos la mitad del censo electoral del territorio correspondiente» (art. 42.2 LRBRL). Pero, de todos modos, son las Comunidades Autónomas, de acuerdo con sus propios Estatutos de Autonomía, las que crearán tales agrupaciones de municipios distintos a la provincia (art. 42.1 LRBRL), en la línea establecida por el artículo 141.3 CE.

Este detalle también ofrece una clave importante sobre la regulación jurídico constitucional de las entidades locales. La creación de entidades supramunicipales normalmente responde a una falta de autonomía real de la mayor parte de los municipios que vayan a agregarse bajo tal entidad. Dicho de otro modo, el hecho de que un municipio necesite una entidad supramunicipal para prestar unos servicios o desempeñar sus competencias más básicas deriva de su falta de autonomía efectiva pergeñada en el texto constitucional de 1978 (arts. 137, 140 y 142 CE). Por eso, los municipios que reúnen las condiciones óptimas para autogestión de sus intereses (población idónea, suficiente financiación, considerable número de competencias, etc.) no precisan de una mancomunidad o de una comarca para prestar las competencias que les asigna el ordenamiento jurídico. Madrid, Valencia o Zaragoza no necesitan pertenecer a una comarca o una mancomunidad para desempeñar sus competencias. Sus problemas de gobernanza municipal son otros muy distintos[9], aunque también están relacionados con las carencias del medio rural que les rodea.

En el caso de las mancomunidades, y dado que es de los propios municipios de donde parte la iniciativa y también el acuerdo constitutivo de la creación de la mancomunidad, la autonomía local de los municipios mancomunados estará mucho más presente que en el proceso de creación de las comarcas. Aunque un municipio decida mancomunarse por su falta de autonomía administrativa o financiera desde un punto de vista material, la

9. A este respecto resulta especialmente clarificador y completo el estudio realizado por el Ministerio de Hacienda, «Desequilibrios Territoriales y Políticas Públicas», *Instituto de Estudios Fiscales*, 2021. Disponible en: https://www.ief.es/docs/destacados/publicaciones/revistas/pgp/102.pdf [Fecha de consulta: 19/09/2023]. En el mismo se abordan los problemas de cohesión territorial, tanto con un enfoque rural como con un enfoque urbano.

posibilidad de decidir si se mancomuna o no también parte de su autonomía, de la posibilidad que le ofrece el texto constitucional de gestionar sus intereses de un modo autónomo (137 y 140 CE)[10]. En el caso de la comarca, la autonomía local de los municipios que se agrupen bajo la nueva entidad comarcal no es tan patente. De ahí deriva, en nuestra opinión, la prescripción que contiene el artículo 42.2 LRBRL a la que acabamos de hacer referencia en el párrafo anterior. La LRBRL, de este modo, prevé una limitación a la libre disposición de las Comunidades Autónomas respecto de la organización interna de su territorio (art. 148.1.1 CE). De manera que, aunque las CCAA tengan la potestad para proceder a la comarcalización, en caso de negarse las dos quintas partes de los municipios potencialmente agrupados, que representen la mitad del censo electoral del territorio correspondiente, la iniciativa podría verse frustrada.

El artículo 42.1 LRBRL prevé que las Comunidades Autónomas pueden crear comarcas «de acuerdo con lo dispuesto en sus respectivos Estatutos». Las entidades supramunicipales han sido una materia mayormente «interiorizada»[11] por los Estatutos de Autonomía, esto es, su regulación ha sido casi enteramente asumida por el ente autonómico, al margen de las prescripciones contenidas en la legislación básica del Estado. El marco constitucional sobre el que descansa la interiorización autonómica de las entidades supramunicipales no solo se encuentra en el artículo 148.1.2.ª CE, sino también en el artículo 152.3 CE, que establece que «mediante la agrupación de municipios limítrofes, los Estatutos podrán establecer circunscripciones territoriales propias, que gozarán de plena personalidad jurídica». En el caso de Extremadura, y concretamente respecto de las comarcas, su Estatuto de Autonomía (art. 57) contiene la posibilidad (no la obligación o deber) de que la Comunidad Autónoma cree una ley aprobada por mayoría absoluta para estructurar su organización territorial en comarcas. Admite, asimismo que, en caso de regularse, la ley establecerá las competencias, organización

10. Juan Antonio Doncel Luego y José Ángel Camisón Yagüe, «¿Son las mancomunidades órganos de participación política?: Algunas reflexiones sobre la naturaleza político constitucional de las mancomunidades con especial referencia a la comunidad autónoma de Extremadura», *Anuario de la Facultad de Derecho. Universidad de Extremadura* 31 (2014): 105-123.

11. Alfredo Galán Galán, «El reparto del poder sobre los Gobiernos locales: Estatuto de Autonomía, Tribunal Constitucional e interiorización autonómica del régimen local», *Anuario del Gobierno Local* 1 (2010): 97-159; Tomàs Font i Llovet y Alfredo Galán Galán, «Gobierno local y Estado autonómico: la vida sigue... ¿igual?», *Anuario de Gobierno Local* 1 (2010): 13-64; Juan José Solozábal Echavarría, «El marco estatutario del régimen local», *Revista de Administración Pública* 179 (2009): 9-35; Vicente Álvarez García, «Las reglas constitucionales sobre la interiorización del régimen local en los Estatutos de Autonomía de segunda generación y la problemática naturaleza jurídica de la Ley Reguladora de las Bases de Régimen Local», *Revista Española de Derecho Constitucional* 99 (2013): 61-97.

y régimen jurídico de dichas entidades[12]. Esto último se alinea con el artículo 42.3 LRBRL, que prevé que las Leyes autonómicas que regulen las comarcas determinen «el ámbito territorial de las comarcas, la composición y el funcionamiento de sus órganos de gobierno, que serán representativos de los Ayuntamientos que agrupen, así como las competencias y recursos económicos que, en todo caso, se les asignen».

El último apartado del artículo 42 LRBRL contiene un límite a la regulación de las comarcas por las Comunidades Autónomas. La creación de éstas «no podrá suponer la pérdida por los Municipios de las competencias para prestar los servicios enumerados en el artículo 26». En el artículo 26 LRBRL se enuncian los servicios que, en todo caso, deberán prestar los municipios. Continúa el artículo 42.4 LRBRL diciendo, «ni privar a los mismos de toda intervención en cada una de las materias enumeradas en el apartado 2 del artículo 25». En el artículo 25.2 LRBRL se regulan las materias sobre las cuales los municipios podrán desempeñar sus competencias propias, en los términos de la legislación del Estado y de las Comunidades Autónomas. Deducimos, del enunciado del art. 42.4 LRBRL, una nueva limitación en beneficio de la autonomía local de los municipios potencialmente agrupados. Habría que ver, en el caso concreto, si estas previsiones son positivas o, por el contrario, establecen límites demasiado restrictivos.

En abstracto, y en teoría, poner un freno desde la legislación básica estatal a posibles intromisiones de la legislación autonómica en la autonomía local parece un aspecto beneficioso para la misma. En la práctica, hemos de tener en cuenta que si se procede a la comarcalización de un territorio es porque la mayor parte de los municipios españoles se encuentran en una situación de inframunicipalismo y su autonomía política, administrativa y financiera está debilitada. Probablemente los municipios que necesiten de esa entidad supramunicipal no puedan, por su situación, hacer frente a las competencias y servicios más básicos (arts. 25.2 y 26 LRBRL). Si la Constitución, por sí misma, no ofrece las garantías necesarias para la materialización de la autonomía local (de ahí la deficitaria situación de la mayoría de los municipios españoles), quizá deba abrirse paso a que sean otras estructuras las que asuman tales servicios y competencias para que, sea como fuere, sus beneficios lleguen a la ciudadanía de un modo eficiente y propio de un Estado social y democrático de Derecho (art. 1.1 CE).

¿Puede afectar esto a la autonomía local? Sí, tampoco debemos engañarnos. Un ente distinto al municipio puede potencialmente asumir fun-

12. Véase Felipe Jover Lorente, «Proposición de Ley Orgánica de reforma del Estatuto de Autonomía de Extremadura», en *El nuevo Estatuto de Extremadura*, Juan José Solozábal Echavarría (coord.) (Madrid: Fundación Alternativas, Marcial Pons, 2011): 91-126.

ciones, y decidir políticamente, sobre materias que le corresponderían a la corporación municipal. Pero actualmente, los entes municipales, sobre todo los pequeños municipios rurales, que abarcan un 80% del territorio nacional, tampoco pueden decidir sobre estas materias dada su incapacidad a todos los niveles. Los servicios se tienen que asegurar de algún modo, y las competencias desempeñarse, pues la ciudadanía, en cualquier parte del territorio nacional, tiene los mismos derechos y obligaciones (art. 139 CE). Si los municipios no pueden hacer frente a la gestión diaria de sus territorios, démosles un auxilio suficiente poniendo a la ciudadanía y sus derechos en el centro de la problemática.

En Extremadura este hecho ya sucede, solo que, en lugar de canalizarse vía comarcalización, se asume por medio de las mancomunidades integrales (*Ley 17/2010, de 22 de diciembre, de mancomunidades y entidades locales menores de Extremadura*). Las mancomunidades asumen la gestión conjunta de competencias que le corresponden al municipio. Y la LRBRL no contiene las mismas limitaciones para estas entidades. Pese a ser entes asociativos, las mancomunidades también constituyen una entidad distinta al municipio, y son ellas quienes se hacen cargo de la gestión de tales asuntos por incapacidad de ser gestionadas individualmente por los municipios mancomunados. ¿Afecta esto a la autonomía de los municipios extremeños? Sí, al igual que afectaría la comarcalización. Pero es gracias a tales entidades supramunicipales que los servicios llegan a la mayor parte de Extremadura.

La ley sobre la comarcalización de Extremadura todavía no ha sido aprobada en sede autonómica, aunque la *ley 3/2019, de 22 de enero, de garantía de la autonomía municipal de Extremadura* hace mención de ella. Su artículo 39 prevé que la Comisión de Garantías de la Autonomía Local emita un informe preceptivo a la regulación de la ley aprobada por mayoría absoluta que estructure la organización territorial y determine las comarcas, de conformidad con el artículo 57 del Estatuto de Autonomía de Extremadura. Veamos, a continuación, cuáles son las posibilidades que nos ofrece la actual regulación de cara a la comarcalización del territorio extremeño, y cuán beneficioso sería optar por esta alternativa.

III. LA POTENCIAL COMARCALIZACIÓN DE EXTREMADURA

1. LAS MANCOMUNIDADES INTEGRALES COMO ANTESALA A LA COMARCALIZACIÓN

La primera pregunta a la que hemos de responder centrando nuestro análisis en la realidad territorial de Extremadura es por qué la comarcalización sería una opción positiva para esta Comunidad Autónoma. Pero es imposible hablar de comarcalización en Extremadura sin hacer referencia, primero, a las mancomunidades integrales. Las mancomunidades integrales son un tipo particular de mancomunidad regulada mediante la *Ley 17/2010, de 22 de diciembre, de mancomunidades y entidades locales menores de Extremadura.*

En Extremadura el 90% de los municipios están mancomunados. De las 30 mancomunidades existentes, 18 se engloban bajo la categoría de mancomunidades integrales. Aproximadamente 250 municipios, de los 388 municipios totales con los que cuenta Extremadura, forman parte de una mancomunidad integral. Se observa cómo en la provincia de Cáceres las mancomunidades integrales están compuestas de muchos más municipios en comparación con la provincia de Badajoz. Mientras que en Badajoz la media de municipios por mancomunidad integral es de 10, de acuerdo con los datos del Registro de Entidades Locales, en Cáceres ronda los 20 municipios por mancomunidad integral. Esta disparidad en el número de municipios mancomunados por provincia puede deberse a las diferentes cifras de población y al más acusado minifundismo local de la provincia de Cáceres. Tal como comentábamos al inicio del capítulo, la superficie geográfica de Cáceres es menor, pero su planta local está más fragmentada que la de Badajoz. Asimismo, en términos poblacionales, la provincia de Badajoz dispone de casi el doble de habitantes que la provincia de Cáceres. Estos factores permiten acercarnos a un diagnóstico de la tendencia seguida por los municipios cacereños y pacenses. Los cacereños necesitan reunir un número mayor de municipios por mancomunidad integral para cumplir con los requisitos que exige la legislación autonómica para su constitución, tal y como veremos a continuación.

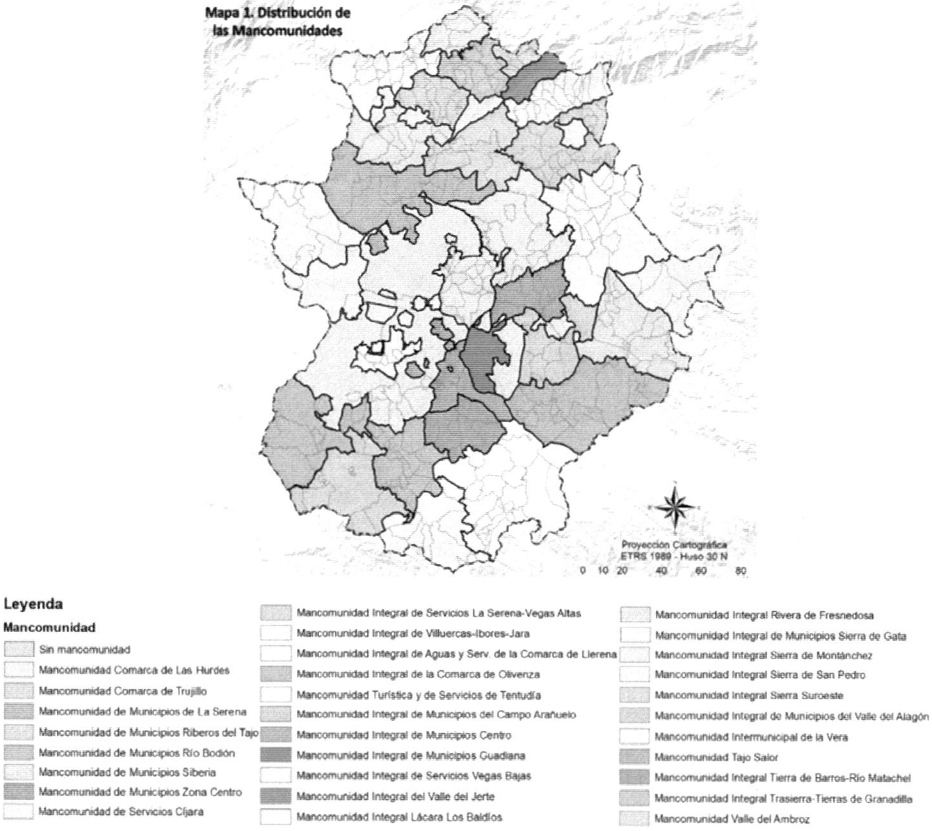

Mapa de mancomunidades de Extremadura[13].

Enmarcarse bajo la categoría de mancomunidad integral ofrece la posibilidad de acceder al Fondo de Cooperación para las Mancomunidades Integrales de Municipios de Extremadura, previsto en el *Decreto del Presidente 39/2021, de 16 de julio, por el que se regulan las bases para la distribución del Fondo de Cooperación para las Mancomunidades Integrales de municipios de Extremadura*. A diferencia de la regulación de la tipología tradicional de mancomunidad (art. 44 LRBRL) cuya única exigencia específica es la regulación de su régimen mediante estatutos, las mancomunidades integrales

13. El mapa lo extraemos de la página web del Proyecto de Investigación (IB18128) «Igualdad de género en el entorno rural y municipal de Extremadura: diagnóstico y propuestas», liderado por la profesora de Derecho Constitucional de la Universidad de Extremadura Silvia Soriano Moreno. En la sección «mapas de Extremadura» se encuentran una considerable cantidad de mapas interactivos. La página web del proyecto coincide con el siguiente enlace: https://www.igualdadrural.es/mapas-de-extremadura/ [Fecha de última consulta: 20/07/2023].

en Extremadura han de cumplir unos requisitos específicos para poder calificarse como tales[14].

Las mancomunidades integrales se separan en varios aspectos respecto del modelo tradicional de mancomunidad no integral. El más reseñable es el número de servicios que deben prestarse por el ente supramunicipal. Para recibir la calificación de mancomunidad integral, de acuerdo con el artículo 19 de la Ley 17/2010, los municipios mancomunados (o un número inferior a la totalidad que represente, al menos, la mitad de la población) debe asumir la prestación efectiva de los servicios municipales en un número no inferior a tres áreas competenciales que se especifican en tal precepto[15]. Esto implica que las mancomunidades integrales, a diferencia de la tipología clásica enunciada en el art. 44 LRBRL, habrán de asumir un mínimo de prestaciones sin que sus estatutos puedan reducir el número de materias en cuales tal mancomunidad deberá cubrir efectivamente los servicios municipales.

Además del ámbito competencial-prestacional, la Ley 17/2010 y el *Decreto 10/2021, de 17 de marzo, por el que se establecen determinados requisitos mínimos para la calificación como integral de una mancomunidad de municipios de la Comunidad Autónoma de Extremadura* contienen otros requisitos que deberán cumplir estos entes para obtener la calificación de integral. Los requisitos establecidos en el Decreto para la consideración de una mancomunidad como integral son, en primer lugar, que la suma de las poblaciones de las entidades locales integrantes de la mancomunidad alcance una cifra de al menos 4.000 habitantes[16] (art. 2). De ahí nuestra apreciación sobre la diferencia provincial en Extremadura, y las notas características en las mancomunidades integrales situadas en Cáceres donde las cifras de población por municipio son más bajas. Y, en segundo lugar, que la mancomunidad esté formada por un número mínimo de seis entidades locales que no for-

14. Francisco Javier Durán García, «Mancomunidades integrales en Extremadura: estrategia, trayectoria y revisión», *Revista de Estudios de la Administración Local y Autonómica* 14 (2020): 161-179.

15. Las áreas competenciales son: Urbanismo, abastecimiento de agua potable a domicilio y evacuación y tratamiento de aguas residuales, infraestructura viaria y otros equipamientos, protección civil, prevención y extinción de incendios, información y promoción turística, protección de la salubridad pública y sostenibilidad medioambiental, deporte y ocupación del tiempo libre, cultura, participación ciudadana en el uso de las TICS y evaluación e información de situaciones de necesidad social y la atención inmediata de personas en situación de riesgo de exclusión social.

16. Es relevante apuntar que en 2018 la cifra de población requerida para la calificación como integral era de 6.000 habitantes, y no de 4.000, tal y como dispone el art. 1.3 a) del Decreto 37/2018, de 3 de abril, por el que se regulan las bases para la distribución del Fondo de Cooperación para las Mancomunidades Integrales de Municipios de Extremadura.

men parte de otra mancomunidad calificada como integral (art. 3). Esta prescripción puede inducir a error, pues su tenor literal lleva a pensar en la posibilidad de que puedan existir varios municipios que formen parte de más de una mancomunidad integral, siempre y cuando existan, al menos, 6 entidades locales que formen parte exclusivamente de una mancomunidad integral, y no de dos o más. Debemos acudir al artículo 55.2 de la Ley 17/2010 para aclarar este extremo, que al relatar el contenido del acuerdo de incorporación a la mancomunidad, establece que «la incorporación a una mancomunidad integral supondrá dejar de pertenecer a cualquier otra mancomunidad integral a la que estuviera incorporado el municipio o la entidad local menor con anterioridad».

La Ley, en el artículo 19.2, desarrolla las demás exigencias que pueden clasificarse en tres grupos, además de las ya mencionadas. La primera, contar con una plantilla de personal propio con dedicación plena. La segunda, que la totalidad de los términos de los municipios y entidades locales menores que la integren se incluyan en un ámbito geográfico continuo. Y, por último, que los municipios y demás entidades locales que formen parte de la mancomunidad compartan entre sí una identidad cultural, geográfica, económica e histórica sustancialmente común y homogénea. Esta última previsión encierra una considerable inconcreción y falta de operatividad jurídica, pues a la hora de constituir una mancomunidad, los parámetros que pueden constatar tales elementos comunes desde el plano identitario son muy relativos. En algunas mancomunidades que dispongan de más sinergias culturales propias por motivos históricos, como sucede en el Jerte o en las Hurdes, tales rasgos serán fácilmente constatables. Pero, ni sucederá lo mismo con todas las mancomunidades integrales extremeñas, ni la identificación de tales factores responderá a unos criterios objetivos y fáciles de comprobar.

Una mancomunidad integral en Extremadura tiene una plantilla específica de personal a su servicio, representa un mínimo de habitantes, asume un número considerable de competencias y, aparentemente, comparte unos elementos comunes, bien sean identitarios o, al menos, económicos, laborales y geográficos. Las características que acabamos de describir, junto con la amplia aceptación en el nivel local de las mancomunidades integrales, nos permiten extraer varias conclusiones de cara a la posible comarcalización de Extremadura.

Grosso modo, existen dos modelos distintos de comarcalización. De acuerdo con el primero, la delimitación comarcal atendería a criterios de homogeneidad, de manera que la comarcalización daría lugar a la creación, más o menos uniforme, de distintas entidades comarcales en un determinado territorio. El segundo modelo consiste en crear comarcas singulares que, en lugar de regirse por criterios homogéneos, ponen en el centro las características específicas de cada territorio para proceder a la delimitación comarcal[17]. Se apueste por un modelo u otro, parte de la doctrina advierte sobre la necesidad de que, en la creación del mapa de comarcas, se tenga en cuenta el aspecto económico, geográfico, social, poblacional, político, cultural e identitario[18]. De manera que la nueva planta local resultante tras la incorporación de las comarcas no solo debe responder a un criterio jurídico-formal, sino también contemplar otros factores que no ofrezcan una sensación de artificialidad en la delimitación comarcal.

En este sentido, Extremadura parte de una condición altamente ventajosa, pues la consolidación de las mancomunidades integrales ofrece un esquema de base sobre el cual proceder a la comarcalización. Salvo excepciones, como las dos capitales provinciales, y otros municipios como Plasencia, Navalmoral de la Mata o Almendralejo, la planta local de Extremadura se encuentra enteramente organizada en este tipo de estructuras asociativas, bien bajo la tipología de mancomunidad tradicional o bien bajo la categoría de mancomunidad integral.

Este hecho ofrece la posibilidad de que el mapa de mancomunidades sirva como parámetro para la delimitación comarcal, con los ajustes necesarios que hayan de hacerse en función de los criterios ya mencionados. Los reajustes pertinentes deberían realizarse siguiendo las Directrices de Ordenación Territorial de Extremadura (DOTEX), que inciden en la ordenación territorial y urbanística, con carácter estratégico. El Anteproyecto de Ley de las Directrices de Ordenación del Territorio de Extremadura, en su artículo 12.2 d), prevé que la distribución del territorio extremeño en áreas y subáreas funcionales[19] pueda «ser la base de una eventual futura división de Extremadura en Comarcas atendiendo al Estatuto de Autonomía».

---

17. Francisco Velasco Caballero, «Municipios pequeños, fusiones y alternativas comarcales», en Gabriel Moreno González (dir.) *Reformas para la cohesión territorial de España* (Madrid: Marcial Pons, 2022), pp.139-152; Tomás Font i Llovet, «La comarca y las estructuras del gobierno local», en Rafael Gómez-Ferrer Morant (dir.) *La provincia en el sistema constitucional* (Barcelona: Civitas, 1991): 267-293.
18. Desde la geografía: Jorge Infante, «Aproximación al modelo de comarcalización de Aragón», *Boletín de la Asociación de Geógrafos Españoles* 52 (2010): 59-80; Desde el derecho, véase Ángel Sánchez Blanco, «La comarca como factor de coherencia regional», *Revista de Estudios de la Administración Local y Autonómica* 202 (1979): 306.
19. En este sentido podrían ser de utilidad los estudios sobre áreas funcionales desarrollados en la provincia de Badajoz, y los utilizados, asimismo, para la preparación y constatación de beneficios en el proyecto de fusión municipal de los municipios de Don Benito y Villanueva de la Serena. Los informes están disponibles en los siguientes enlaces: Por una parte: https://villanuevadelaserena.es/wp-content/uploads/2022/01/

La revisión del mapa comarcal debería prestar especial atención a su posible solapamiento con las mancomunidades ya existentes, en relación con las funciones que deberían desempeñar una entidad u otra. Es altamente probable que la implantación de comarcas en Extremadura traiga consigo la desaparición de algunas mancomunidades, de hecho, es lo que encontramos más aconsejable. Pues si las comarca asume la prestación de servicios o el desempeño de las competencias que antes le correspondían a la mancomunidad, ha de primarse el criterio de eficiencia de la administración pública y evitarse posibles duplicidades[20]. Si la comarcalización se emprende desde este prisma, sería conveniente que las nuevas comarcas también asumiesen los medios técnicos, personales y materiales de estas mancomunidades. Lo cual no solo brindaría rapidez al proceso de comarcalización como posible alternativa a la situación deficitaria (a todos los niveles) de los municipios extremeños, sino que también ofrecería la ventaja de que las nuevas comarcas cuenten, de partida, con un personal técnico experimentado en las dificultades diarias de la gestión municipal, de acuerdo con las peculiaridades de cada territorio. Extremadura es significativamente diversa y los entes supramunicipales de naturaleza asociativa llevan años conviviendo con esa diversidad. Nos referimos a elementos tales como el factor transfronterizo, las disparidades en el número de habitantes censados en una determinada área geográfica o la gestión del medio natural en función de si nuestra localización está en Las Hurdes, en Sierra de Gata o en el Valle de Ambroz, al norte de la provincia de Cáceres, o por el contrario, nos situamos en Tierra de Barros en el centro de la provincia de Badajoz.

El tamaño de las comarcas que se quieran para Extremadura también habría de ser un factor clave en la delimitación del mapa comarcal. Al igual que sucede en Aragón, Extremadura y sobre todo la provincia de Cáceres, dispone de una planta local ultrafragmentada, dado que muchos municipios con una reducida extensión dan lugar al minifundismo local. Aunque partamos del esquema de las mancomunidades previamente existentes en el territorio, también ha de partirse de la necesidad de que las nuevas comarcas no tengan un tamaño excesivamente dispar entre sí. El tamaño de

An%C3%A1lisis-de-competitividad-de-ciudades-y-polos-de-desarrollo-en-la-provincia-de-Badajoz.pdf Y, por otra parte: https://villanuevadelaserena.es/wp-content/uploads/2022/01/RESUMEN-EJECUTIVO-polos-desarrollo.pdf

20. María Teresa Salvador Crespo, *La autonomía provincial en el sistema constitucional español. Intermunicipalidad y Estado autonómico* (Barcelona: Fundación Democracia y Gobierno Local [Madrid]: Instituto Nacional de Administración Pública, INAP, 2007), pp. 275-312; Concepción Barrero Rodríguez, «De nuevo sobre el nivel intermedio del gobierno local. ¿Qué cabe hacer sin reformar la Constitución?», *Documentación Administrativa* 6 (enero-diciembre 2019): 81-102.

las comarcas estará directamente relacionado con su extensión, pero también con su demografía. Su tamaño debe ser suficiente no solo para prestar las competencias que ya venían desempeñando las mancomunidades, sino también para asumir nuevas competencias como consecuencia de la creación de la estructura comarcal. Lo aconsejable, en este sentido, no es necesariamente que las comarcas que se creen en Extremadura sean estrictamente homogéneas, pero sí que dispongan de un mínimo común indispensable para la eficiencia de su administración, en relación con las funciones que la legislación autonómica deposite en su sede.

Englobar algunos municipios que hasta ahora no están agrupados en ninguna estructura de cooperación interterritorial, incluso los mencionados *supra* (Plasencia, Almendralejo, Navalmoral de la Mata, etc.), podría beneficiar a los municipios colindantes más pequeños, y hacer más patente el principio de solidaridad (art. 138 CE) desde un punto de vista intermunicipal. Ello no tendría por qué perjudicar la autonomía política de los municipios grandes que procedan a agruparse bajo la estructura comarcal, que actualmente son capaces de autogestionarse en términos políticos, administrativos y financieros, sin necesidad de recurrir a un ente supramunicipal. Cabe la posibilidad de reconocerles, de acuerdo con criterios objetivos, un estatuto distinto como cabeceras comarcales, con una regulación singular que permita compatibilizar su pertenencia a una comarca y, al mismo tiempo, mantener el grueso de su gestión política autónoma[21]. De proceder en tal sentido a la comarcalización, a los pequeños municipios de alrededor se les ofrecería la posibilidad de contar con más población de referencia y con una mayor cobertura financiera. Se conseguiría vertebrar la mayor parte del territorio extremeño, exceptuando las dos capitales de provincia y la capital extremeña, y se dotaría de mayor coherencia a las divisiones administrativas.

2. ¿POR QUÉ APOSTAR POR LA COMARCALIZACIÓN DE EXTREMADURA?

Debemos partir de que la comarcalización de Extremadura brinda una mayor estabilidad y cobertura jurídica que su organización en mancomunidades (tradicionales o integrales). La regulación comarcal, que se realiza mediante ley, y no mediante estatutos del ente asociativo, permite que el proyecto de entidad supramunicipal pueda ser más estable y actuar a más largo plazo. Las mancomunidades, al ser una entidad fruto de la asociación de varios municipios, no disponen de tanta estabilidad por las características propias del ente, que son susceptibles de modificación en cualquier

21. Francisco Velasco Caballero, *op. cit.*

momento, por ejemplo, por la renuncia de un municipio a seguir perteneciendo a tal agrupación de municipios por el motivo que fuere. Acometer esta opción redundaría en un beneficio, sobre todo, para los pequeños municipios, pues ante la fijación del mapa comarcal no sería posible que los municipios más grandes, y también con más medios, se saliesen de la entidad comarcal y por tanto, dejasen de contribuir con sus recursos al mantenimiento de la estructura supramunicipal, como sí sucede con las mancomunidades. Así, mediante la comarcalización se aseguraría la materialización del principio de solidaridad intermunicipal.

En el caso de Extremadura la regulación de la comarca es competencia de la Comunidad, tal y como figura en el artículo 57 de su Estatuto de Autonomía. Tal regulación permitiría, en primer lugar, estructurar un marco competencial más claro, más amplio y con más respaldo jurídico que aquel del cual disponen las actuales mancomunidades de municipios. Como veremos en el siguiente epígrafe, las competencias que desarrolle la comarca habrán de ser mínimamente establecidas por la legislación autonómica. Ofrecer un marco competencial de referencia, estable y claro, en un reparto competencial tan complejo como el que disponen los municipios españoles, ayudaría considerablemente a la gestión diaria de estas agrupaciones.

Otra de las posibles ventajas que puede reportar la comarcalización del territorio extremeño, y su regulación mediante ley autonómica, es un aumento de las transferencias de la Comunidad hacia sus entidades locales. El artículo 142 CE sitúa a las Comunidades Autónomas como obligadas por el principio de suficiencia financiera de las haciendas locales cuando prevé que «las Haciendas locales deberán disponer de los medios suficientes para el desempeño de las funciones que la ley atribuye a las Corporaciones respectivas y se nutrirán fundamentalmente de tributos propios y de participación en los del Estado y de las Comunidades Autónomas». En Extremadura, pese a que se han realizado avances mediante la aprobación del Fondo Regional de Cooperación Municipal, todavía no se han puesto en funcionamiento mecanismos de coparticipación incondicionada[22] en beneficio de

22. Jesús Ramos Prieto, «El necesario desarrollo normativo de la participación en los tributos de las comunidades autónomas», en Gabriel Moreno González (dir.) *Reformas para la cohesión territorial de España* (Madrid: Marcial Pons, 2022), 183-204; Fátima Pablos Mateos, «El papel de las transferencias autonómicas en el sistema de financiación local de Extremadura desde la perspectiva de la cohesión territorial», en Fátima Pablos Mateos y Gabriel Moreno González (dirs.) *Reformas de las políticas de solidaridad ante el reto demográfico y territorial* (Pamplona: Aranzadi, 2023). Asimismo, puede resultar clarificadora la aportación «Una lectura municipalista de la solidaridad intraterritorial en la Constitución española de 1978» que tuve ocasión de realizar en el

los municipios extremeños en relación con los ingresos tributarios de la Comunidad Autónoma.

La comarcalización de Extremadura no mejoraría, *stricto sensu*, ese tipo de financiación de la que habla el artículo 142 CE. Básicamente porque no sería el municipio la entidad local beneficiaria, sino la comarca. Ahora bien, sí permitiría un mayor acceso generalizado a fondos autonómicos por parte de los municipios extremeños con carácter indirecto, dado que actualmente aquellos que no se engloban bajo la categoría de mancomunidad integral no tienen acceso al fondo específico articulado para ello. Dado que el proceso de comarcalización se realizaría con el liderazgo de la Comunidad Autónoma, ésta también puede mejorar el sistema de transferencias que ha creado para las mancomunidades integrales. O, dicho de otro modo, ya que es del ente autonómico del que parte la iniciativa y regulación de las entidades comarcales, se presupone que la financiación recibida por la Comunidad Autónoma habrá de ser proporcional a las funciones que desempeñe el nuevo ente comarcal. La nueva organización comarcal de Extremadura provocaría la asunción de la mayoría de las mancomunidades, al menos de las mancomunidades integrales, en todo el territorio por las entidades comarcales. Esto permitirá reubicar los fondos articulados por la Comunidad, que tendrán un nuevo destino en beneficio de la entidad comarcal. Y, además, se presupondrá una mejora y generalización de dichos fondos para todos los municipios de Extremadura, y no solo para aquellos que consigan reunir los requisitos establecidos en la normativa reguladora de las mancomunidades integrales.

Otra de las ventajas que reportaría la división de Extremadura en comarcas es la mejor vertebración del territorio y la fijación de población en áreas funcionales creadas alrededor de las cabeceras (o capitales) comarcales. En Comunidades Autónomas tan extensas como Extremadura es prácticamente imposible que las capitales provinciales sean centros de referencia administrativos, prestacionales o que irradien económicamente a la totalidad de la provincia de manera efectiva. Tanto en Cáceres como en Badajoz, algunos municipios de la provincia están a dos horas de la capital provincial. Es el caso de El Gasco, que está a 2 horas y 15 minutos aproximadamente de Cáceres, y no existe posibilidad de recorrer tal distancia en transporte público. O, del municipio de Azuaga que está a 2 horas de Badajoz en vehículo propio o tres y media, como mínimo, en transporte público. Por eso se estima conveniente el refuerzo de las capitales comarcales, previa

marco de la mentada obra colectiva dirigida por Fátima Pablos Mateos y Gabriel Moreno González, *Reformas de las políticas de solidaridad ante el reto demográfico y territorial* (Pamplona: Aranzadi, 2023), pp. 59-79.

determinación normativa de las mismas[23]. Éstas no tienen por qué coincidir con el municipio cabeza de partido judicial. Los partidos judiciales son una demarcación antiquísima, datada en 1834[24] y proveniente de la ordenación provincial creada por Javier de Burgos. Aunque en algunas zonas de Extremadura la cabeza de partido judicial sigue coincidiendo con el municipio tractor de la comarca, en otras zonas no. Por ejemplo, en Las Villuercas, el partido judicial se ubica en Logrosán, pero la cabeza comarcal *de facto* es Guadalupe.

Existen diversos motivos para creer que comarcalizar Extremadura es una buena alternativa. Ahora bien, la comarcalización del territorio ha de hacerse con las necesarias cautelas, aprendiendo de la experiencia de otros territorios como Aragón y teniendo en cuenta los elementos característicos de la región extremeña.

3. CUESTIONES CLAVE PARA UNA LEY DE COMARCALIZACIÓN DE EXTREMADURA

3.1. Competencias y límites a la comarcalización

Las competencias que se asignen a las comarcas extremeñas mediante ley autonómica habrán de partir, en todo caso, de las limitaciones establecidas en el artículo 42.4 LRBRL. Recordemos que este precepto dispone que «la creación de las Comarcas no podrá suponer la pérdida por los Municipios de la competencia para prestar los servicios enumerados en el artículo 26, ni privar a los mismos de toda intervención en cada una de las materias enumeradas en el apartado 2 del artículo 25». Limitación que, a decir de María Teresa Salvador Crespo, encierra una vocación municipalista de la norma[25]. La autonomía local pergeñada en el texto constitucional (137, 140 y 142 CE), junto con las previsiones de la LRBRL supondrán, por tanto, una frontera para el nuevo modelo competencial comarcal. Aunque también deberían suponerlo para las demás entidades locales, asumiendo, por tanto, que la autonomía local es un límite infranqueable y que, cualquier ente supramunicipal deberá, en todo caso, respetar las prescripciones del texto constitucional en este sentido. Este aspecto puede suponer un extremo problemático en tanto que tales limitaciones, como veníamos reiterando, se establecen para las comarcas, pero no para otras estructuras supramunicipales como las mancomunidades. La mentada restricción en la LRBRL puede restar operatividad a la asunción por algunos entes comarcales de

23. Francisco Velasco Caballero, *op. cit.*
24. Ignacio Ballester Ros, «La nueva demarcación judicial», *Revista de Estudios de la Administración Local y Autonómica* 144 (1965): 875-887.
25. María Teresa Salvador Crespo, *op. cit.* p. 277.

importantes competencias que, actualmente, y de acuerdo con su autonomía política, algunas corporaciones municipales ya están delegando en las mancomunidades integrales de municipios.

Fijar un buen modelo competencial es esencial para asegurar que los nuevos entes comarcales funcionen y se integren en el esquema administrativo autonómico de Extremadura. En Extremadura ya existe, en la mayor parte del territorio que abarca la Comunidad, un nivel intermedio entre el municipio y la provincia. No obstante, los nuevos entes comarcales serían regulados no mediante estatutos, sino mediante ley autonómica, aspecto que se considera beneficioso, siempre y cuando se articule con las cautelas necesarias para procurar un funcionamiento eficiente y sin duplicidades. Las nuevas comarcas de Extremadura podrían asumir las competencias que hasta ahora vienen desempeñando las mancomunidades integrales, tal y como consta en el artículo 14 del Anteproyecto de Ley de las Directrices de Ordenación del Territorio de Extremadura.

Si aplicamos este razonamiento al caso aragonés, podemos identificar algunos aspectos que, desde esta parte, resultan especialmente conflictivos. Sucede, por ejemplo, respecto de la recogida de residuos. El artículo 26 de la LRBRL dispone que los municipios deben prestar, en todo caso, los servicios en materia de recogida de residuos. A su vez, recordemos que el artículo 42.4 LRBRL prescribe que la creación de las comarcas no puede suponer la pérdida de los municipios de la competencia para prestar los servicios enumerados en el artículo 26 LRBRL. Sin embargo, en el artículo 9 del *Decreto Legislativo 1/2006, de 27 de diciembre, del Gobierno de Aragón, por el que se aprueba el Texto Refundido de la Ley de Comarcalización de Aragón,* encontramos como una competencia propia, es decir, que la Comunidad Autónoma deposita en sede comarcal, el «servicio de recogida y tratamiento de residuos urbanos». Decimos que este extremo puede resultar problemático porque, al menos, aparentemente, parece que el Decreto aragonés está incidiendo en un área expresamente reservada a su prestación en sede municipal. Si esta misma competencia se hubiese situado en el marco de una competencia que el municipio pudiere eventualmente delegar en la comarca correspondiente, sería algo muy distinto. Pero, en este caso, se decidió encajar en la categoría de competencias propias de la comarca, esto es, en aquellas que la Comunidad Autónoma de Aragón expresamente le encomienda al ente comarcal, aunque se refleje sin perjuicio «de las competencias de los municipios que resultan de su autonomía municipal garantizada constitucionalmente» (art. 9.3).

Existen varias posibilidades de fijación del modelo competencial comarcal. De una parte, la ley autonómica puede establecer un modelo abierto para que cada comarca asuma tantas competencias como sus posibilidades de gestión se lo permitan, estableciendo, eso sí, un mínimo de competencias para ser desempeñadas por el ente comarcal, que podría ser el conjunto de servicios ya asumido por las mancomunidades integrales. Este modelo sería beneficioso en miras a los diferentes tamaños de las comarcas extremeñas, de ahí que estimemos que optar por esta regulación sería óptimo. Pese a que el mapa de delimitación comarcal trate de ser lo más equitativo posible, podrían existir diferencias en cuanto a la capacidad de unas comarcas u otras. Un modelo abierto, pese a ofrecer menos certeza y claridad, permitiría a las comarcas adaptarse a una gestión más adecuada en relación con su tamaño, personal, medios, etc. De otra parte, la ley autonómica también podría cerrar el esquema competencial comarcal, asignando un paquete competencial determinado, compuesto por transferencias provenientes del nivel autonómico, provincial y municipal. Esta última opción, pese a ser la más conveniente a efectos de certeza jurídica, es la que más riesgos contiene, precisamente por lo expuesto en líneas anteriores. Aunque se dotaría de un marco competencial claro, es difícil saber cuántas y cuáles serían las competencias adecuadas para asumir por cada comarca en concreto, antes de su puesta en práctica.

Sin perjuicio de lo anterior, la experiencia aragonesa nos demuestra que ambos modelos no son incompatibles. Puede elaborarse, como en el modelo competencial aragonés establecido en el *Decreto Legislativo 1/2006, de 27 de diciembre, del Gobierno de Aragón, por el que se aprueba el Texto Refundido de la Ley de Comarcalización de Aragón,* una regulación mixta, cerrada en cuanto a las transferencias competenciales provenientes del nivel autonómico y abiertas en relación con aquellas transferencias de competencias que realicen las Diputaciones Provinciales y los municipios a sus respectivas comarcas. En Aragón, la mentada disposición recogió, por una parte, un listado de materias y de competencias concretas que antes se desempeñaban desde el nivel autonómico en beneficio de su asunción por el ente comarcal. A estas competencias se les asignó el nombre de competencias propias (art. 9). Al mismo tiempo, se dejaron abiertas las posibles transferencias competenciales de Diputaciones y municipios hacia la comarca. Esta última tipología de competencias transferidas desde el nivel provincial o municipal en Aragón reciben el nombre de competencias delegadas (art. 10).

Sea como fuere, es reseñable el hecho de que las comarcas se constituirían como entes que potencialmente desempeñarían competencias provenientes del nivel autonómico, provincial y municipal. Lo cual obliga a prestar atención a la coordinación de todos estos entes para evitar posibles solapamientos. Especialmente ha de tenerse en cuenta que la propia naturaleza del ente comarcal ha de funcionar en paralelo con la provincia, que cuenta con una función asistencial hacia los municipios que la integran. Cuestión de la cual se deriva la necesidad de compatibilizar sus funciones y de regularlas bajo un prisma de complementariedad en su funcionamiento[26].

3.2. Financiación de las comarcas y sus límites constitucionales

Las comarcas, como entes de cooperación intermunicipal, surgen de la necesidad de asistencia hacia los municipios que la conforman. Una de sus necesidades más acuciantes se suscita en el plano financiero, pues es generalizada, en Extremadura (y en casi toda España) la deficiencia endémica de las haciendas locales. Buena parte de los municipios no disponen de los medios necesarios para hacer frente a sus competencias, de ahí que necesiten de una estructura complementaria que les asista en la prestación de los servicios que el ordenamiento jurídico asigna a la corporación municipal. Ante tal carencia, la mayoría de las Comunidades Autónomas no ha mejorado el sistema de transferencias hacia sus municipios, en virtud de lo dispuesto en el artículo 142 CE. Surge, en este sentido, la generalizada reivindicación doctrinal sobre la necesidad de que las Comunidades Autónomas mejoren o, directamente, regulen correctamente las (mal llamadas[27]) PICAS[28], cumpliendo así con el texto constitucional (STC 41/2021). Las Comunidades Autónomas, incluida Extremadura[29], no cumplen correctamente con el deber de nutrir las haciendas locales de sus municipios articulando un sistema que permita la coparticipación incondicionada y estable en sus ingresos tributarios.

Este hecho tiene implicaciones para las comarcas porque, en nuestra opinión, éstas no pueden tener prioridad, frente al municipio, en la recepción de los fondos coparticipados e incondicionados. El ente al que la Constitución otorga autonomía política y administrativa es al municipio y no a la entidad que se constituya en virtud de la agrupación de éstos. Y la suficiencia financiera de las haciendas locales, en el fondo, es el medio para permitir que la autonomía local (política y administrativa) se materialice. Por lo tanto, en caso de que la Comunidad Autónoma establezca un modelo de coparticipación incondicionada para dotar de autonomía a la comarca

26. *Ibidem,* p. 310; Concepción Barrero Rodríguez, *op. cit.* pp. 87-88.
27. José Miguel Martín Rodríguez, «La participación de las entidades locales en los tributos de las comunidades autónomas: la hora de la verdad», *Cuadernos de Derecho Local* 24 (2010): 101-143. En la página 102, el autor explica su declinación por no emplear tal terminología dado que, el artículo 142 CE no expresa que deba procurarse cualquier participación por parte de las Entidades Locales en los ingresos de la Comunidad Autónoma, sino que especifica que serán en los ingresos tributarios. La expresión PICA, ha sido ampliamente difundida por economistas, pero en términos jurídico-constitucionales es imprecisa.
28. Jesús Ramos Prieto, *op. cit.*
29. Fátima Pablos Mateos, *op. cit.*

en la gestión de sus intereses, habría de articular primero (y no después) un modelo de financiación ajustado al texto constitucional hacia sus municipios. No creemos conveniente la dotación de excesivos medios a la comarca y la desatención financiera de los municipios porque no nos resulta acorde al espíritu de nuestra Carta Magna. Esta es nuestra convicción al respecto de los límites constitucionales de la financiación de las comarcas, pues ya hemos reiterado que la comarcalización incide en la autonomía política del municipio porque la corporación municipal perderá la posibilidad de decidir directamente en aquellas cuestiones que sean gestionadas por el ente comarcal, a no ser que primero se profundice democráticamente en sus estructuras de gobierno. Esto, de por sí y pese a ser una posibilidad reconocida en el texto constitucional, tiene una repercusión en la autonomía local, que también es un principio constitucionalmente reconocido en los artículos 137 y 140 CE. Aun así, lo estimamos conveniente porque, actualmente, tampoco existen muchas alternativas para mejorar la situación de nuestros municipios, y con la comarcalización se pretende poner a la ciudadanía en el centro de la gobernanza y del modelo prestacional típico del Estado social. Ahora bien, esto no significa que no hayamos de atenernos a ciertas cautelas, sobre todo, como reiteramos, en lo que respecta al principio de autonomía local.

Dos aspectos adicionales merecen atención en relación con el potencial modelo de financiación para las comarcas extremeñas. El primero es que las nuevas entidades comarcales han de recibir una financiación proporcional a las funciones que desempeñen. Los fondos que actualmente reciben las mancomunidades integrales en virtud de tales podrían canalizarse en las comarcas, y aumentarse en la medida en que crezca su elenco competencial. La financiación no ha provenir enteramente de la Comunidad Autónoma, sino también del nivel provincial y, en menor medida y de acuerdo con el principio de solidaridad, del municipal en concepto de transferencias complementarias. El modelo aragonés (*Decreto Legislativo 1/2006, de 27 de diciembre, del Gobierno de Aragón, por el que se aprueba el Texto Refundido de la Ley de Comarcalización de Aragón*, arts. 69 y 70), sería un ejemplo en tal sentido.

El segundo es que la cuantía a percibir por cada comarca no sólo debería variar en función del número de habitantes que aglutine. De hacerlo así, se estarían cometiendo los mismos errores en los que incurre la financiación estatal hacia los municipios españoles. Esta variable fijada en la Ley Reguladora de las Haciendas Locales (LRHHLL) establece un privilegio financiero para los municipios con más población, en detrimento de aquellos con menor población, que típicamente coinciden con su ubicación en el medio rural. En aquellos municipios con mayor concentración poblacional, prestar un servicio es más barato por la aplicación de las economías de aglomeración y las economías de escala. A diferencia de su prestación en el medio rural, donde la dispersión demográfica, el minifundismo local y los pocos vecinos y vecinas residiendo en él propician un encarecimiento de los costes. En la comarcalización podría suceder algo parecido si solo se atiende al factor demográfico, sin aumentar el peso de otros criterios en el reparto de fondos. Habrían de tenerse en cuenta otros aspectos como la masa crítica, las tendencias demográficas o las potencialidades y prosperidad del concreto territorio en el que se enmarque el ente comarcal. De manera que, allí donde exista la posibilidad de desaparición en términos poblacionales de uno o más municipios de los agrupados bajo tal ente, la comarca permita desarrollar políticas de fijación de población, por medio de su cabecera comarcal, previa dotación de los medios necesarios para el desarrollo de las políticas pertinentes.

3.3. ¿Es posible una profundización democrática de la comarca desde la actual regulación?

Si aceptamos que el ente comarcal gestione parte del poder político que le corresponde al municipio, lo lógico sería articular un sistema que permita la profundización democrática de su estructura de gobierno. O, dicho de otro modo, que los habitantes que se engloben bajo la nueva estructura comarcal puedan participar directamente en la elección de sus miembros de gobierno. Esto no solo sería altamente beneficioso para el principio democrático y el buen funcionamiento de la democracia local, sino también para dotar de una estabilidad al proyecto comarcal a más largo plazo. Esta posibilidad podría crear una adscripción simbólica fuerte a una misma comunidad política. Lo cual facilitaría que la comarca «de derecho» coincidiese con la «comarca de hecho». Y quién sabe, incluso podría plantearse, en los casos en los que así fuese aconsejable y las circunstancias lo permitiesen, caminar hacia un proyecto más ambicioso como lo sería una fusión de municipios que terminaran coincidiendo con los límites comarcales, al estilo italiano de *unioni dei comuni*[30]. *Unioni dei comuni* es una tipología de entidad de cooperación intermunicipal, creada en Italia en 1990 y prevista en el ordenamiento jurídico italiano para fomentar las fusiones municipales. En un primer momento y durante un período de tiempo previamente consensuado por los municipios potencialmente fusionados, se crea una estructura asociativa similar a una mancomunidad que, al término de tal período, deviene en fusión de municipios. El ente asociativo permite cohesionar su

30. Para profundizar sobre esta específica institución jurídica puede consultarse: Luciano Vandelli, *Città metropolitane, province, unioni e fusioni di comuni. La legge Delrio, 7 aprile 2014, n.56 commentata comma per comma* (Santarcangelo di Romagna: Maggioli, 2014).

estructura durante los primeros años de andadura del proyecto de agrupación para más tarde caminar hacia un resultado más ambicioso que termine por englobar en una misma estructura municipal a todos los municipios que forman parte de la unión.

Retomando el reto democrático pendiente en sede de la cooperación intermunicipal tenemos que la única limitación establecida a este respecto es la que contiene el artículo 42.3 LRBRL, que dice que el gobierno de la comarca deberá ser representativo de los ayuntamientos que agrupe. Por tanto, el resultado de las elecciones municipales no podrá desligarse de la composición del gobierno comarcal. Ahora bien, esto no significa necesariamente que la ciudadanía no pueda participar en la elección directa del gobierno comarcal. Aunque facilitaría mucho la democratización de la estructura de gobierno comarcal la supresión de esa previsión en la LRBRL, o su mejora, simplemente sustituyendo «ayuntamiento» por «ciudadanía».

Aun así, no tenemos por qué descartar la posibilidad de articular unas elecciones comarcales en las que la ciudadanía elija, de entre los concejales electos en el término de la comarca, aquellos que deberían formar parte del gobierno de la comarca. De manera que estas listas no solo abran la posibilidad de que los habitantes de un determinado municipio elijan a los concejales de su mismo ayuntamiento, sino que puedan elegir, para el equipo de gobierno de la comarca, a los concejales de otros municipios que también formen parte del ente comarcal, en función de sus prioridades y sensibilidades políticas. También podría optarse por la fórmula portuguesa aplicada a la entidad comarcal. La ciudadanía podría elegir directamente al presidente de la comarca, y el resto de miembros del Consejo comarcal se corresponderían con los alcaldes de los municipios agrupados en la misma[31].

La existencia de la entidad comarcal no debería suponer un obstáculo adicional a la materialización de la democracia local. Muchos municipios extremeños asisten a una progresiva pérdida de su autonomía dado que sus representantes cada vez tienen menos opciones disponibles en la toma de decisiones sobre las cuestiones que afectan a sus intereses. Cualquier propuesta en tal sentido debe ser tendente a mejorar la situación actual, también desde el plano democrático.

Procuremos la consecución de las palabras del Estatuto. Sigamos trabajando en la construcción de una Extremadura democrática, del presente y del futuro, y avancemos en una mayor cohesión y solidaridad en su estruc-

31. Gabriel Moreno González, «Hacia una renovada planta local en España: autonomía local y calidad democrática desde el municipalismo» en Jorge Castellanos Claramunt (coord.) *Participación ciudadana y calidad democrática* (Valencia: Tirant lo Blanch, 2022), 159-198.

tura interna. Procuremos el bienestar de todos los extremeños, para hacer que «los de dentro» quieran quedarse y «los de la diáspora» quieran retornar a su lugar de origen. Fijar metas para la región extremeña será beneficioso para su destino colectivo.

BIBLIOGRAFÍA

Álvarez García, Vicente. «Las reglas constitucionales sobre la interiorización del régimen local en los Estatutos de Autonomía de segunda generación y la problemática naturaleza jurídica de la Ley Reguladora de las Bases de Régimen Local». *Revista Española de Derecho Constitucional* n.º 99 (2013): 61-97.

Ballester Ros, Ignacio. «La nueva demarcación judicial». *Revista de Estudios de la Administración Local y Autonómica,* n.º 144 (1965): 875-887.

Barrero Rodríguez, Concepción. «De nuevo sobre el nivel intermedio del gobierno local. ¿Qué cabe hacer sin reformar la Constitución?». *Documentación Administrativa* n.º 6 (enero-diciembre 2019): 81-102.

Doncel Luego, Juan Antonio y Camisón Yagüe, José Ángel. «¿Son las mancomunidades órganos de participación política?: Algunas reflexiones sobre la naturaleza político constitucional de las mancomunidades con especial referencia a la comunidad autónoma de Extremadura». *Anuario de la Facultad de Derecho. Universidad de Extremadura* n.º 31 (2014): 105-123.

Durán García, Francisco Javier. «Mancomunidades integrales en Extremadura: estrategia, trayectoria y revisión». *Revista de Estudios de la Administración Local y Autonómica* n.º 14 (2020): 161-179.

Font i Llovet, Tomàs y Galán Galán, Alfredo. «Gobierno local y Estado autonómico: la vida sigue... ¿igual?». *Anuario de Gobierno Local* n.º 1 (2010): 13-64.

Font i Llovet, Tomás. «La comarca y las estructuras del gobierno local». En Rafael Gómez-Ferrer Morant (dir.) *La provincia en el sistema constitucional,* pp. 267-293 (Barcelona: Civitas, 1991).

Galán Galán, Alfredo. «El reparto del poder sobre los Gobiernos locales: Estatuto de Autonomía, Tribunal Constitucional e interiorización autonómica del régimen local». *Anuario del Gobierno Local* n.º 1 (2010): 97-159.

Infante, Jorge. «Aproximación al modelo de comarcalización de Aragón». *Boletín de la Asociación de Geógrafos Españoles* n.º 52 (2010): 59-80.

Jover Lorente, Felipe. «Proposición de Ley Orgánica de reforma del Estatuto de Autonomía de Extremadura». En Juan José Solozábal Echavarría (coord.). *El nuevo Estatuto de Extremadura,* pp. 91-126. Madrid: Fundación Alternativas, Marcial Pons, 2011.

Martín Rodríguez, José Miguel. «La participación de las entidades locales en los tributos de las comunidades autónomas: la hora de la verdad». *Cuadernos de Derecho Local* n.º 24 (2010): 101-143.

Moreno González, Gabriel. «Hacia una renovada planta local en España: autonomía local y calidad democrática desde el municipalismo». En Jorge Castellanos Claramunt (coord.) *Participación ciudadana y calidad democrática,* pp. 159-198. Valencia: Tirant lo Blanch, 2022.

Nieto Masot, Ana, Engelmo Moriche, Ángela y Cárdenas Alonso, Gema. «Análisis espacial de la división comarcal en áreas rurales de baja densidad demográfica: el caso de Extremadura». *Papeles de Geografía* n.º 63 (2017): 113-132.

Pablos Mateos, Fátima. «El papel de las transferencias autonómicas en el sistema de financiación local de Extremadura desde la perspectiva de la cohesión territorial». En Fátima Pablos Mateos y Gabriel Moreno González (dirs.). *Reformas de las políticas de solidaridad ante el reto demográfico y territorial.* Pamplona: Aranzadi, 2023.

Ramos Prieto, Jesús. «El necesario desarrollo normativo de la participación en los tributos de las comunidades autónomas». En Gabriel Moreno González (dir.) *Reformas para la cohesión territorial de España,* pp. 183-204. Madrid: Marcial Pons, 2022.

Salvador Crespo, María Teresa. *La autonomía provincial en el sistema constitucional español. Intermunicipalidad y Estado autonómico.* Barcelona: Fundación Democracia y Gobierno Local [Madrid]: Instituto Nacional de Administración Pública, INAP, 2007.

Sánchez Blanco, Ángel. «La comarca como factor de coherencia regional». *Revista de Estudios de la Administración Local y Autonómica* n.º 202 (1979): 306.

Solozábal Echavarría, Juan José. «El marco estatutario del régimen local». *Revista de Administración Pública* n.º 179 (2009): 9-35.

Tomás Mallén, Beatriz. «Artículo 141». En *Comentario a la Constitución Española: 40 aniversario 1978-2018: Libro-homenaje a Luis López Guerra.* Carmen Montesinos Padilla (coord.), Pablo Pérez Tremps (dir.) y Alejandro Sáiz Arnaiz (dir), Vol. 2, Tomo II, pp. 1949-1961. Valencia: Tirant lo Blanch, 2018.

Torrecillas Martínez, Ana. «Una lectura municipalista de la solidarid*ad intra*territorial en la Constitución española de 1978». En Fátima Pablos Mateos y Gabriel Moreno González (dirs.) *Reformas de las políticas de solidaridad ante el reto demográfico y territorial*, pp. 59-79. Pamplona: Aranzadi, 2023.

Vandelli, Luciano. *Città metropolitane, province, unioni e fusioni di comuni. La legge Delrio, 7 aprile 2014, n.56 commentata comma per comma.* Santarcangelo di Romagna: Maggioli, 2014.

Velasco Caballero, Francisco. «Municipios pequeños, fusiones y alternativas comarcales». En Gabriel Moreno González (dir.) *Reformas para la cohesión territorial de España,* pp. 139-152 Madrid: Marcial Pons, 2022.

La traducción del principio constitucional de solidaridad en la Comunidad Autónoma de Extremadura [1]

JUAN FRANCISCO BARROSO MÁRQUEZ
Profesor de Derecho Constitucional
Universidad de Extremadura

I. INTRODUCCIÓN

Podemos identificar la solidaridad con una construcción laica de algunos elementos de ayuda con una base moral o ideológica —como podían ser la caridad o la fraternidad [2]— cuyo objetivo es la reducción o laminación —en función de las dimensiones en que la misma se manifieste [3]— de las desigualdades sociales, territoriales, generacionales [4], etc. Sobre la base de

1. Este trabajo se ha desarrollado en el marco del Proyecto regional I+D+i de investigación IB20117 «La necesaria reforma de las administraciones públicas y del modelo territorial español ante el reto demográfico en Extremadura» (IP: Gabriel Moreno González), cofinanciado por el Fondo Europeo de Desarrollo Regional y la Consejería de Economía, Ciencia y Agenda Digital de la Junta de Extremadura.
2. Como ha puesto de manifiesto Otero Parga (2004: 165).
3. Ya que la solidaridad puede ser tanto compensadora, cuando pretende la reducción de las desigualdades, como transformadora, cuando pretende su remoción radical (de Cabo Martín, 2006: 101).
4. Respecto de la solidaridad intergeneracional, podemos consultar el artículo de Palombino (2020).

un análisis de tipo doctrinal del principio constitucional de solidaridad y de una exposición de su marco normativo en la Comunidad Autónoma de Extremadura, el objetivo de este capítulo es analizar cuáles son las traducciones prácticas del mismo y, para ello, centraremos nuestra atención, además de en las específicas medidas fiscales que se han incluido para hacer frente al reto demográfico, en dos instrumentos concretos: el Fondo Regional de Cooperación Municipal y el Fondo de Cooperación para Mancomunidades Integrales de Municipios.

II. EL PRINCIPIO CONSTITUCIONAL DE SOLIDARIDAD

En consonancia con los fines de este trabajo prescindiremos de las concepciones más genéricas de la solidaridad y nos enfocaremos en la dimensión territorial de la misma, sin perjuicio de que aquellas mejoras estructurales que utilicen como punto de conexión el elemento del territorio tengan como objetivo último que las mismas reviertan en beneficio para los ciudadanos que residen en el mismo[5].

Este principio se encuentra recogido en varios preceptos de nuestra Constitución: supone uno de los pilares de la organización territorial del Estado recogidos en el art. 2, junto al principio de unidad y el derecho a la autonomía de las nacionalidades y regiones; se configura como el fundamento para la protección del medio ambiente en el art. 45.2; aparece como límite para la autonomía financiera de las Comunidades Autónomas —junto a la coordinación con la Hacienda del Estado— en el art. 156.1; y es el fundamento para la creación de un Fondo de Compensación con destino a gastos de inversión que lo haga efectivo en el art. 156.1. En todos estos casos nos encontramos ante un protagonismo del Estado en la garantía de la solidaridad territorial[6], pero como hemos tenido la oportunidad de comprobar —a partir de la doctrina del Tribunal Constitucional— no es el único sujeto que se encuentra vinculado por el principio de solidaridad[7], sino que este último también se manifiesta en una vertiente intraterritorial, tomando como objetivo la supresión o moderación de las desigualdades que existan en el seno de una unidad territorial concreta.

5. Sobre la concepción instrumental del territorio como cauce para hacer efectiva la solidaridad personal, podemos consultar los trabajos de Martínez Sánchez (2014: 7) o Vaquer Caballería (2017).
6. Como podemos ver en las SSTC 1/1981, de 26 de enero, FJ 5; 96/1990, de 24 de mayo, FJ 7; y 247/2007, de 12 de diciembre, FJ 4, que de manera más contundente sintetiza a partir del principio de unidad «la necesidad de que el Estado quede colocado en una posición de superioridad».
7. La STC 64/1990, de 5 de abril, FJ 8, ha determinado que el principio de solidaridad impone sus limitaciones «a la acción de todos los poderes públicos».

En el marco de nuestro modelo de descentralización, las Comunidades Autónomas serán las encargadas —habitualmente— de hacer efectiva la vertiente intraterritorial de la solidaridad. Así, la STC 150/1990, de 4 de octubre, FJ 10, determinó que «si bien las Comunidades Autónomas carecen de una competencia específica para desarrollar, con cualquier alcance, los principios constitucionales de solidaridad e igualdad material, sí pueden, e incluso deben, por mandato constitucional, estatutario y legal, atender a la realización de tales principios en el ejercicio de sus competencias propias».

Queda claro que las Comunidades Autónomas también resultan vinculadas por el principio de solidaridad territorial. Esto se ha visto traducido en la normativa de rango infraconstitucional a través del art. 2.2 de la Ley Orgánica 8/1980, de 22 de septiembre, de Financiación de las Comunidades Autónomas (LOFCA), donde se determina que cada una de ellas está obligada a «velar por su propio equilibrio territorial y por la realización interna del principio de solidaridad».

El principio de solidaridad puede ser garantizado a través de diferentes técnicas, como pueden ser con el establecimiento de límites de carácter negativo a la actuación de los poderes públicos, con la adopción de medidas positivas de coordinación normativa o con la creación de instrumentos exclusivamente financieros. El primero de ellos estaría perfectamente representado con el art. 138.2 de la Constitución, donde se determina que «Las diferencias entre los Estatutos de las distintas Comunidades Autónomas no podrán implicar, en ningún caso, privilegios económicos o sociales», pues sirve para restringir la autonomía de las Comunidades Autónomas que la propia Constitución les ha reconocido. Respecto del segundo, podemos citar tanto la aprobación de leyes orgánicas —pues por su propia naturaleza las materias que están reservadas a esta tipología normativa resultan vedadas a los legisladores autonómicos— y las competencias exclusivas que el art. 149.1 le atribuye al Estado en razón del interés general subyacente a las materias en cuestión[8], que pueden ser divididas en tres bloques: «genéricas», cuando no tienen especialidades; «específicas», relativas a la adopción de las normas básica sobre determinada materia[9]; y «transversales», que no se refieren a una materia concreta, sino que persiguen un fin[10], como podemos ver en el art. 149.1.1.ª, que se refiere a la «regulación de las condiciones

8. STC 13/2007, de 18 de enero, FJ 6.
9. Este sería el caso de las competencias contenidas en el art. 149.1.8.ª, 13.ª, 16.ª, 17.ª, 18.ª, 22.ª, 23.ª, 27.ª y 30.ª.
10. Para un análisis más profundo de las competencias exclusivas transversales, podemos acudir a la obra de Tomás de la Quadra-Salcedo Janini (2008: 154).

básicas que garanticen la igualdad de todos los españoles en el ejercicio de los derechos y en el cumplimiento de los deberes constitucionales».

En los apartados siguientes analizaremos el marco normativo de la solidaridad en la Comunidad Autónoma de Extremadura y, tras ello, enfocaremos nuestra atención en dos instrumentos financieros —el Fondo Regional de Cooperación Municipal y el Fondo de Cooperación para Mancomunidades Integrales de Municipios— para comprobar si los mismos se configuran —o no— como instrumentos garantes de la solidaridad extremeña.

III. MARCO NORMATIVO DE LA SOLIDARIDAD EN EXTREMADURA

Comenzaremos señalando lo dispuesto en el Estatuto de Autonomía, conforme a la redacción dada por la Ley Orgánica 1/2011, de 28 de enero, de reforma del Estatuto de Autonomía de la Comunidad Autónoma de Extremadura, respecto del principio de solidaridad territorial. Esta norma recoge entre los principios rectores de los poderes públicos extremeños —artículo 7— el ejercicio de sus atribuciones en un contexto de libertad, justicia y solidaridad —ap. 1— y la garantía de un uso racional del agua y su distribución solidaria entre aquellos ciudadanos que la precisen —ap. 8—. En el apartado 8 del artículo 11 se impone la solidaridad como un límite para el ejercicio de las competencias de ejecución de la Comunidad Autónoma en la materia de gestión del régimen económico de la seguridad social y de los servicios que integran el sistema. En cuanto a las instituciones de Extremadura, sus funciones serán ejercidas con pleno sometimiento a la ley y de conformidad —entre otros— con el principio de solidaridad, siguiendo lo dispuesto en el apartado 3 del artículo 15. Las relaciones que mantenga la Comunidad Autónoma habrán de ajustarse al principio de solidaridad, tanto en el caso de las que establezca con las entidades locales —art. 59.1— como en el de las que entable con el Estado y las demás Comunidades Autónomas —art. 61.1—, así como aquellas que mantenga la Hacienda Pública de la Comunidad extremeña con la Hacienda del Estado estarán informadas por el principio de solidaridad, tal y como se establece en el art. 86.1. El apartado 1 del artículo 60 prevé que este principio regirá la Hacienda de las entidades locales extremeñas, así como en el artículo 77 se determina que la solidaridad es uno de los principios de la Hacienda regional. Por último, hemos de señalar que el apartado 2 del artículo 60 ha incorporado el mandato de solidaridad intraterritorial para Extremadura:

> La Comunidad Autónoma de Extremadura velará por el equilibrio territorial y la realización efectiva del principio de solidaridad. Con esta finalidad y mediante ley de la Asamblea, se establecerá un fondo de finalidad incondi-

cionada, dotado a partir de los ingresos tributarios de la Comunidad y que se distribuirá entre los municipios teniendo en cuenta, entre otros factores, su población, sus necesidades de gasto y su capacidad fiscal.

El instrumento creado a tal efecto es el Fondo Regional de Cooperación Municipal, cuya dotación ha sido reflejada desde el año 1989 en las distintas leyes de presupuestos de la Comunidad Autónoma de Extremadura[11], mientras que para conocer su reparto habremos de atender a las resoluciones del Secretario General de la Presidencia de la Junta de Extremadura, pues en el Decreto 138/2021, de 21 de diciembre[12], por el que se establece la estructura orgánica de la Presidencia de la Junta de Extremadura y se modifica el Decreto 87/2019, de 2 de agosto, por el que se establece la estructura orgánica básica de la Administración de la Comunidad Autónoma de Extremadura, determina —art. 7.6— que le corresponde a dicho órgano la coordinación de la Dirección General de Administración local y, sobre todo, teniendo en cuenta que este fondo incondicionado es una herramienta fundamental para los objetivos de desarrollo del bloque normativo de la autonomía municipal extremeña.

Hemos de tener en cuenta que la Ley 3/2019, de 22 de enero, de garantía de la autonomía municipal de Extremadura, resalta en muchos de sus preceptos la naturaleza incondicionada de este fondo, así como de manera más específica determina los aspectos esenciales relativos a su cuantía en los tres primeros apartados del artículo 45:

> 1. Con la finalidad de velar por el equilibrio territorial y la realización efectiva del principio de solidaridad, en las leyes anuales de Presupuestos Generales de la Comunidad Autónoma se establecerá un Fondo incondicionado dotado con al menos 76 millones de euros, provenientes de los ingresos tributarios de la Comunidad, y que se distribuirá entre los municipios a través de una cuantía fija y una cuantía variable teniendo en cuenta, entre otros, los siguientes factores: [...].
>
> 2. La asignación anual establecida en cada Ley de Presupuestos Generales de la Comunidad Autónoma al citado Fondo variará en los Presupuestos subsiguientes al mismo ritmo que evolucione la recaudación de los ingresos tributarios de la Comunidad Autónoma.
>
> 3. Por razones de contención del déficit público o reducción de la deuda pública podrá congelarse la asignación establecida en el apartado anterior, debiéndose garantizar en todo caso la asignación consignada en el ejercicio presupuestario previo.

11. Como bien señala Ramos Prieto (2009: 240), que más adelante se ocupa de analizar las características de este instrumento en el periodo temporal 2003-2008.
12. DOE n.º 1, de 3 de enero de 2022.

Por tanto, la regla general respecto de este instrumento es el progresivo aumento de su cuantía, salvo por cuestiones excepcionales relacionadas con la contención del gasto público en momentos de crisis. Antes de la entrada en vigor de esta norma ya se habían producido retrocesos en la cuantía del Fondo Regional de Cooperación Municipal a partir de la anualidad de 2011, como bien ha puesto de manifiesto Pablos Mateos (2023: 101-102), permaneciendo constante durante el período temporal 2016-2022 en unos 35.428.588 €, hasta que experimentó una notable subida en la Ley de Presupuestos para el año 2023, como veremos en el siguiente apartado.

Asimismo, de manera complementaria hemos de tener en cuenta la creación del Fondo de Cooperación para Mancomunidades Integrales de Municipios. Al mismo solo podrán acceder —como su nombre indica— aquellas mancomunidades que hayan recibido la calificación de «integral» conforme a lo dispuesto en los artículos 19 y siguientes de la Ley 17/2010, de 22 de diciembre, de mancomunidades y entidades locales menores de Extremadura, así como también habremos de atender al desarrollo reglamentario que este fondo ha experimentado a través de diversos Decretos.

Antes de comenzar con el análisis de estos dos fondos, expondremos brevemente el contenido de la Ley 3/2022, de 17 de marzo, de medidas ante el reto demográfico y territorial de Extremadura. En ella se incluye la base para el establecimiento de medidas fiscales diferenciadas en conexión con las características del territorio, haciendo énfasis en las zonas más afectadas por el fenómeno demográfico, como vemos en el artículo 99[13], de modo que en la Disposición final segunda de esta norma se prevé la modificación del Texto Refundido de las disposiciones legales de la Comunidad Autónoma de Extremadura en materia de tributos cedidos por el Estado, aprobado por Decreto Legislativo 1/2018, de 10 de abril, mediante la cual se incluyen medidas de este tipo: la incorporación de una deducción por adquisición o rehabilitación de la vivienda habitual en las zonas rurales en el nuevo artículo 11 bis; la introducción de una deducción en la cuota íntegra autonómica para los contribuyentes con residencia habitual en municipios y entidades locales menores de Extremadura con población inferior a tres mil habitantes con el nuevo artículo 11 ter; la creación de un tipo de gravamen reducido en las adquisiciones de viviendas habituales —nuevo artículo 44 bis— e inmuebles —nuevo artículo 44 ter— ubicados en zonas rurales; y la

13. Este precepto determina que «La Junta de Extremadura establecerá, en función de su marco competencial estatutario, medidas e incentivos fiscales destinados específicamente a los contribuyentes que residan en las zonas más afectadas por el fenómeno demográfico, que serán determinadas por Decreto del Consejo de Gobierno en virtud de lo establecido en la disposición adicional primera, del que se dará cuenta a la Asamblea de Extremadura».

previsión de un tipo de gravamen reducido para escrituras públicas que documenten la adquisición de viviendas habituales ubicadas en zonas rurales —nuevo artículo 50 bis— y para escrituras notariales que documenten la adquisición de inmuebles que vayan a constituir el domicilio fiscal o centro de trabajo de sociedades o empresas en zonas rurales —nuevo artículo 50 ter—.

IV. EL FONDO REGIONAL DE COOPERACIÓN MUNICIPAL

La Ley 6/2022, de 30 de diciembre, de Presupuestos Generales de la Comunidad Autónoma de Extremadura para el año 2023, prevé en su artículo 48 un «Fondo Regional de Cooperación Municipal» que tendrá una dotación global de 45.334.302 euros, divididos en una sección general y una sección especial con destino a la financiación de la capitalidad de Extremadura[14]. A pesar de que esta cantidad supone un aumento de casi doce millones de euros respecto de los anteriores ejercicios presupuestarios, aún se estaría incumpliendo el mandato relativo a su contenido mínimo contenido en el artículo 45.1 de la Ley de garantía de la autonomía municipal de Extremadura, ya que el mismo exige que esté «dotado con al menos 76 millones de euros».

Los criterios de distribución de este Fondo están previstos en el artículo 49.1 de la misma ley, donde se determina que:

> «La participación de cada municipio y entidad local menor de la Comunidad Autónoma en esta sección general del Fondo Regional de Cooperación Municipal será la suma resultante de los siguientes conceptos:
> a) Una cantidad fija de 22.000 euros, por cada municipio o entidad local menor. Este criterio representa el 20,77% del total de los recursos del Fondo.
> b) Una cuantía adicional de 20.000 euros, para cada municipio o entidad local menor con una población igual o menor de 2.000 habitantes. Este criterio representa el 14,64% del total de los recursos del Fondo.
> c) La cuantía resultante de distribuir el porcentaje del 41,59 % del total Fondo en función de la población relativa del municipio.
> La población relativa del municipio será el cociente entre su población de derecho y la del conjunto de municipios.
> d) La cuantía resultante de distribuir el porcentaje del 10,00% del total Fondo en función de la población menor de 25 años relativa del municipio.
> La población menor de 25 años relativa del municipio será el cociente entre su población de derecho y la del conjunto de municipios para dicho tramo de edad.
> e) La cuantía resultante de distribuir el porcentaje del 8,50% del total Fondo en función de la población relativa mayor de 65 años del municipio.

14. Esta última tiene una dotación de dos millones de euros, mientras que el resto le corresponde a la sección general que comentábamos.

La población mayor de 65 años relativa del municipio será el cociente entre su población de derecho y la del conjunto de municipios para dicho tramo de edad.
f) La cuantía resultante de distribuir el porcentaje del 4,50% del total Fondo en función del desempleo.
Dicha variable se define como el cociente entre el número de desempleados y el número de personas activas existente en cada municipio ponderado por la relación entre el número de personas activas de cada municipio y el número total de personas activas de todos los municipios.
A estos efectos se considera como población activa a la población mayor de 16 años y menor de 65 años.
g) Efectuado el reparto de los apartados anteriores, el resultado se corregirá en función de la inversa de la renta per cápita de cada municipio, tal como se indica en la fórmula siguiente: Ti = r F ni [1 – (Ri / R)] [15]».

Observamos con claridad que en los criterios de reparto del Fondo Regional de Cooperación Municipal se tienen en cuenta factores como el tamaño del municipio o la edad de la población que reside en el mismo y que, como consecuencia, se incorporan criterios de corrección de las desigualdades con base en el territorio, por lo que en teoría este fondo podría actuar como un instrumento de solidaridad cuyo objetivo es paliar los problemas que están íntimamente ligados al reto demográfico que actualmente enfrentan muchas Comunidades Autónomas y, con especial intensidad, la de Extremadura.

Como dijimos, el reparto efectivo de este Fondo está contenido en las Resoluciones del Secretario General de la Presidencia de la Junta de Extremadura. Los datos para 2023 están contenidos en la Resolución de 23 de marzo, que se encuentra publicada en la página web de la Junta de Extremadura[16]. Aunque decíamos que en teoría puede actuar como un instrumento de solidaridad, vemos cómo en la práctica la utilización de criterios como la población relativa del municipio —utilizado para repartir el 41,59%

15. Siendo:
Ti = Redistribución del Fondo del municipio i en función de la inversa de la renta per cápita.
r = Parámetro de ponderación igual a 0,2.
F = Importe global del Fondo Regional de Cooperación Municipal.
ni = Número de contribuyentes del municipio i en relación con el número total de contribuyentes del conjunto de municipios.
Ri = Renta bruta en concepto del Impuesto sobre la Renta de las Personas Físicas por contribuyente del municipio i.
R = Renta bruta en concepto del Impuesto sobre la Renta de las Personas Físicas del conjunto de municipios dividido por su número total de contribuyentes.

16. https://www.juntaex.es/documents/77055/621120/RESOLUCION+23+marzo+SG+FRCM+2023+_+ANEXO+_v2_%28F%29.pdf/78ce7bb7-9871-b3ae--c916-502d0c68c493?t=1679656054729

del total del Fondo— provoca que —de facto— su reparto se traduzca en una dotación absolutamente asimétrica a favor de los grandes núcleos urbanos, como podemos comprobar en el ANEXO I de dicho documento respecto de las localidades más pobladas de Extremadura:

- Badajoz recibe 3.608.119,36 €.
- Cáceres recibe 2.191.413,22 €.
- Mérida recibe 1.493.462,43 €.
- Plasencia recibe 1.005.605,51 €.
- Almendralejo recibe 921.989,65 €.
- Don Benito recibe 851.737,89 €.
- Villanueva de la Serena recibe 604.629,19 €.
- Zafra recibe 440.299,63 €.
- Navalmoral de la Mata recibe 438.710,27 €.
- Montijo recibe 433.255,21 €.

En total, estas 10 localidades reciben 11.989.222,36 €, lo que supone un 33,9 % respecto de la dotación total del Fondo Regional de Cooperación Municipal. Sin embargo, sí que podemos apreciar la existencia de ciertos factores de corrección, pues en esta lista el orden no encaja de forma exacta con el que se deriva exclusivamente de la población. Debemos tener en cuenta que en la Resolución del Secretario General de la Presidencia de la Junta de Extremadura de 23 de marzo de 2023 se ha determinado que las variables de población «se han calculado utilizando la media de los tres últimos años disponibles, 2018, 2019 y 2020, según los datos de dichas variables elaboradas por el Instituto Nacional de Estadística (INE)». Por tanto, hemos extraído la media de los datos del INE relativos a la población de estas tres localidades en las anualidades señaladas para hallar este dato (TABLA 1) y, tras ello, poder comparar en qué medida la variable poblacional influye en la distribución total del fondo (TABLA 2).

TABLA 1 (Habitantes de las diez localidades más pobladas de Extremadura en los años 2018, 2019 y 2020, según datos del INE, más la media de las tres anualidades)

LOCALIDAD	2018	2019	2020	MEDIA
Badajoz	150.530	150.702	150.984	150.738,67

LOCALIDAD	2018	2019	2020	MEDIA
Cáceres	96.068	96.126	96.225	96.139,67
Mérida	59.352	59.335	59.548	59.411,67
Plasencia	40.141	39.913	39.860	39.971,33
Don Benito	37.010	37.151	37.284	37.148,33
Almendralejo	33.468	33.474	33.855	33.599
Villanueva de la Serena	25.759	25.667	25.752	25.726
Navalmoral de la Mata	17.170	17.129	17.163	17.154
Zafra	16.776	16.797	16.810	16.794,33
Montijo	15.614	15.457	15.504	15.525

TABLA 2 (Comparación de los fondos recibidos y la población media de los años 2018, 2019 y 2020 de las diez localidades más pobladas de Extremadura)

LOCALIDAD	POBLACIÓN	FONDOS RECIBIDOS (€)
Badajoz	150.738,67	3.608.119,36
Cáceres	96.139,67	2.191.413,22
Mérida	59.411,67	1.493.462,43
Plasencia	39.971,33	1.005.605,51
Don Benito	37.148,33	851.737,89
Almendralejo	33.599	921.989,65
Villanueva de la Serena	25.726	604.629,19
Navalmoral de la Mata	17.154	438.710,27
Zafra	16.794,33	440.299,63
Montijo	15.525	433.255,21

Podemos ver que los fondos recibidos por cada una de estas localidades disminuyen en función de la población que tienen, pero no es así en todos los casos, como se aprecia en Don Benito y Almendralejo: la primera, con unos 3.549 habitantes más que la segunda, recibe 70.251,76 euros menos que esta última. También podemos observar un desfase, aunque es menos notable, entre las localidades de Navalmoral de la Mata y Zafra, pues pese a que la primera cuenta con 360 habitantes menos que la segunda, obtiene del Fondo 1.589,36 euros menos que esta última. En definitiva, aunque la «población relativa» actúa como el criterio de mayor peso en la distribución de la dotación total del Fondo Regional de Cooperación Municipal, entran en juego los demás criterios de reparto para modular este resultado, pero entendemos que no es suficiente a la vista de la solidaridad territorial, pues un fondo que en teoría está destinado a paliar las diferencias intermunicipales acaba siendo repartido en más de una tercera parte (33,9 %) respecto de solo diez localidades, que representan un 2,57% del total de 388 municipios con los que cuenta Extremadura.

Asimismo, encontramos una carencia que debe ser corregida a los efectos de la lucha contra el reto demográfico. El Fondo Regional de Cooperación Municipal no prevé ningún tipo de factor de corrección de naturaleza dinámica, esto es, que tenga en cuenta los cambios que se produzcan en la población. Por tanto, ahora mismo este fondo no solo no tiene en cuenta —a efectos de una mayor dotación económica— aquellas localidades que experimenten procesos de despoblación prolongada en el tiempo, sino que respecto de ellos los criterios actuales supondrían un perjuicio, pues la media de la población en las tres últimas anualidades arrojaría un resultado menor en aquellas localidades que se ven afligidas por una pérdida progresiva de población. De hecho, en el marco del Decreto 32/2022, de 30 de marzo, por el que se aprueba la Estrategia ante el Reto Demográfico y Territorial de Extremadura, se menciona —dentro del punto 5, sobre ordenación y gestión del territorio, y, concretamente, en la línea estratégica 5.1, sobre la cohesión territorial— la posibilidad de crear «una partida específica, dentro de los criterios de reparto del Fondo Regional de Cooperación Municipal, destinada a compensar la pérdida de recursos en aquellas entidades con menor población».

En conclusión, si bien el Fondo Regional de Cooperación Municipal supone —por los criterios de corrección que incorpora— una garantía de la solidaridad intraterritorial en la Comunidad de Extremadura, debe avanzar hacia la consideración de otros factores de desigualdad territorial como la pérdida de población continuada en el tiempo, esto es, los criterios de tendencia demográfica[17].

17. En este sentido nos hemos pronunciado, asimismo, respecto de los instrumentos que se han creado para garantizar la solidaridad a nivel estatal (Barroso Márquez, 2023b).

V. EL FONDO DE COOPERACIÓN PARA MANCOMUNIDADES INTEGRALES DE MUNICIPIOS

En el caso de Extremadura no solo existe la posibilidad de que los municipios —y entidades locales menores— se asocien de manera voluntaria en las mancomunidades[18], sino que, adicionalmente, la Asamblea de Extremadura creó, a partir de la Ley 17/2010, de 22 de diciembre, de mancomunidades y entidades locales menores de Extremadura, una nueva tipología que —frente a las «ordinarias»— algunos autores han incluido en la categoría de mancomunidades «evolucionadas» (Membrado Tena, Martín Cubas, Fansa y Hermosilla-Pla, 2023: 32). Se trata de la calificación como «integral» de las mismas, mediante el procedimiento previsto en los artículos 19 y siguientes de la citada norma, por lo que comenzaremos exponiendo los aspectos básicos del mismo que nos permitirán, tras ello, analizar cuáles son las verdaderas implicaciones de su creación.

La institución competente para calificar como integral una mancomunidad es la Consejería con competencias en materia de Administración Local, cuando se cumplan los requisitos previstos en el artículo 19.2: poseer plantilla de personal propio al servicio de la mancomunidad con dedicación plena, que todas las entidades locales que la integren se incluyan en un ámbito geográfico continuo —salvo excepciones[19]— y compartan entre sí una identidad cultural, geográfica, económica o histórica sustancialmente común y homogénea; que estas sumen conjuntamente una cifra de población superior y alcancen el número mínimo de miembros que se haya establecido en las normas reglamentarias[20]; que sus integrantes no formen parte

18. Esta posibilidad constituye, asimismo, un cauce para la garantía de la solidaridad territorial extremeña, pero en este caso tendría como protagonista al ámbito local y, por tanto, no entramos a desarrollarla aquí, sin perjuicio de que la misma sea tratada con mayor profundidad en otra sede (Barroso Márquez, 2024).

19. Cuando sean entidades locales menores cuyo municipio matriz no esté integrado en la mancomunidad, en los casos de enclaves territoriales de un municipio dentro de otro o en el de entidades locales que tengan una configuración o delimitación geográfica particular.

20. El desarrollo reglamentario de estos requisitos se encuentra actualmente recogido en el Decreto 10/2021, de 17 de marzo, por el que se establecen determinados requisitos mínimos para la calificación como integral de una mancomunidad de municipios de la Comunidad Autónoma de Extremadura. Respecto del umbral de población mínima, el artículo 2 determina que para poder calificar como integral una mancomunidad y que esta pueda conservar la misma, es necesario que la suma de las poblaciones de sus entidades locales alcance una cifra mínima de 4.000 habitantes, según datos del INE o del órgano que asuma sus funciones. En cuanto al número mínimo de integrantes para que pueda ser calificada como integral, el artículo 3 prevé que será necesario que esté formada por un mínimo de seis entidades locales que no formen parte de otra mancomunidad ya calificada como integral.

de otra mancomunidad calificada como integral[21]; que su territorio se encuentre en la Comunidad Autónoma extremeña; y, para concluir, que presten «efectivamente servicios al menos a la mitad de los municipios o entidades locales menores integrados en ella, o a un número inferior que represente, al menos, a la mitad de la población, en un número no inferior a tres de las áreas competenciales» que se recogen en la letra g) del mismo precepto[22]:

- Urbanismo.
- Abastecimiento de agua potable a domicilio y evacuación y tratamiento de aguas residuales.
- Infraestructura viaria y otros equipamientos.
- Protección civil, prevención y extinción de incendios.
- Información y promoción turística.
- Protección de la salubridad pública y sostenibilidad medioambiental.
- Deporte y ocupación del tiempo libre.
- Cultura.
- Participación ciudadana en el uso de las TICS.
- Evaluación e información de situaciones de necesidad social y la atención inmediata de personas en situación de riesgo de exclusión social.

La calificación como integral podrá ser solicitada tanto por las mancomunidades que pretendan crearse «*ex novo*» como por las que ya han sido creadas como ordinarias, pero pretenden avanzar hacia esta nueva tipología. En ambos casos será necesario que la mancomunidad acredite documentalmente el cumplimiento de los requisitos exigidos y, mientras que en

21. En este sentido, el artículo 55.2 establece que «la incorporación a una mancomunidad integral supondrá dejar de pertenecer a cualquier otra mancomunidad integral a la que estuviera incorporado el municipio o la entidad local menor con anterioridad».
22. Respecto de las áreas competenciales en las que deben prestar servicios el artículo 4 del Decreto 10/2021 modifica la redacción de dos de ellas y añade una más: a la de protección civil, prevención y extinción de incendios, se añade la vigilancia de actividades y usos en lagos y montes; a la de evaluación e información de situaciones de necesidad social y atención inmediata de personas en situación de riesgo de exclusión social, se suman los programas de protección a la infancia y a las familias; y, por último, se ha incluido el desarrollo económico y social.

el caso de la creación directa de mancomunidades integrales se prevé que los estatutos han de recoger esta posibilidad, en el caso de las ya existentes que pretendan su calificación como integral será necesario el acuerdo previo de los órganos de dicha mancomunidad adoptado por mayoría absoluta de sus miembros legales. Esta resolución le corresponde a la Consejería competente en materia de Administración Local, pero para ello debe someter previamente la solicitud a información pública durante 30 días naturales a través de la publicación en el DOE y en la página web de dicha Consejería. Contará con un plazo de dos meses para dictar esta resolución y en este caso el silencio administrativo será negativo, pues si no emite resolución expresa la solicitud se entenderá desestimada. También se prevé la posibilidad de subsanación en caso de que se aprecie la falta de cumplimiento o acreditación de alguno de los requisitos y, para ello, se le otorga al solicitante un plazo de dos meses desde la notificación del requerimiento.

Si se resuelve positivamente la calificación como integral de una mancomunidad el órgano competente de la misma deberá publicar la resolución de calificación en el DOE e inscribirla en el Registro estatal y autonómico de Entidades Locales. Asimismo, si esta calificación se produjera por el transcurso del plazo máximo previsto para que sea dictada, habrá de seguir el mismo trámite, pero en este caso deberá especificarse que la concesión de la calificación como integral ha tenido lugar por silencio administrativo.

Nos encontramos, por tanto, ante una flagrante contradicción en cuanto al sentido del silencio administrativo que se puede producir ante la solicitud de calificación como integral de una mancomunidad. Para tratar de solucionarla, acudimos en primer lugar al texto original del Proyecto de Ley (PLEY-29), de Mancomunidades y Entidades Locales de Extremadura (R.E. n.º 17.013), pero al hacerlo comprobamos que ahí también existía. Por tanto, ante esta contradicción lo más lógico sería acudir a la regla general prevista en el párrafo segundo del artículo 24.1 de la Ley 39/2015, de 1 de octubre, del Procedimiento Administrativo Común de las Administraciones Públicas, donde se prevé que «El silencio tendrá efecto desestimatorio en los procedimientos [...] cuya estimación tuviera como consecuencia que se transfirieran al solicitante o a terceros facultades relativas al dominio público o al servicio público». Por tanto, la falta de resolución expresa de la Consejería respecto de la solicitud de calificación como integral de una mancomunidad conllevaría su desestimación por silencio administrativo (negativo). Esta conclusión puede ayudarse de lo previsto en la Ley 7/2013, de 27 de septiembre, de Ordenación, Servicios y Gobierno del Territorio de la Comunidad de Castilla y León, pues su artículo 39.5 determina que los procedimientos para la declaración de mancomunidad de interés general rural tendrán «un plazo de caducidad de nueve meses».

Debemos tener en cuenta que la calificación como integral no se configura como un estatuto inmutable, sino que también se prevé la «descalificación» como integral, según disponen los artículos 23 y 24. Serán dos los supuestos en los que la Consejería competente en materia de Administración Local podrá acordarla por resolución expresa: el cambio de las circunstancias sobre el cumplimiento de los requisitos que sirvieron para su calificación y el incumplimiento grave de las obligaciones asumidas por la misma.

Conforme a la Ley 6/2022, de 30 de diciembre, de Presupuestos Generales de la Comunidad Autónoma de Extremadura para el año 2023, el Fondo de Cooperación para Mancomunidades Integrales de Municipios tendrá una dotación de 2.590.332 euros para el ejercicio 2023, pero no se trata de un fondo de naturaleza incondicionada, sino que se determina expresamente en el artículo 50 que «destinarán las cantidades que perciban del Fondo de Cooperación para Mancomunidades Integrales a las finalidades previstas en sus presupuestos generales y conforme a la memoria justificativa de las actividades para las que solicitan las ayudas». En cuanto a la distribución del fondo, su dotación será repartida entre las diferentes mancomunidades integrales extremeñas conforme a los criterios que se establezcan mediante decreto del Presidente, previo informe de la Abogacía General y de la Intervención General. Actualmente podemos encontrar su desarrollo reglamentario en el Decreto del Presidente 39/2021, de 16 de julio, por el que se regulan las bases para la distribución del Fondo de Cooperación para las Mancomunidades Integrales de municipios de Extremadura[23].

Conforme a lo dispuesto en el artículo 2 del Decreto 39/2021 serán beneficiarias de este Fondo las mancomunidades que hayan sido calificadas como integrales y cumplan los requisitos que se prevén en el Decreto 10/2021, a lo que suma dos nuevas condiciones: no estar incursas en ninguna de las prohibiciones establecidas para obtener la condición de beneficiarias en el artículo 12 de la Ley 6/2011, de 23 de marzo, de Subvenciones de la Comunidad Autónoma de Extremadura; y encontrarse al corriente de sus obligaciones tributarias con la Hacienda Estatal y Autonómica y con las obligaciones de la seguridad social, de conformidad con el artículo 95.1 k) de la Ley 58/2003, de 17 de diciembre, General Tributaria, y los artículos 28 de la Ley 39/2015, de 1 de octubre, del Procedimiento Administrativo Común de las Administraciones Públicas, y 12.8 de la Ley 6/2011, de 23 de marzo, de Subvenciones de la Comunidad Autónoma de Extremadura.

La Ley 6/2022, de 30 de diciembre, de Presupuestos Generales de la Comunidad Autónoma de Extremadura para el año 2023, ha establecido

23. DOE n.º 138, de 20 de julio de 2021.

que la dotación del fondo será de unos 2.590.332 euros para el ejercicio 2023. Como ya hemos adelantado, se trata de un fondo de naturaleza condicionada, de modo que la convocatoria anual determinará expresamente cuál habrá de ser el destino de la financiación concedida, teniendo en cuenta que podrá destinarse en exclusiva a la financiación de gastos corrientes o inversiones, pero también de manera conjunta a ambos conceptos. Aunque se prevé la compatibilidad de estas subvenciones con otras cualesquiera que pudieran obtenerse para el mismo fin, se impone como límite el importe del coste de la actividad subvencionada, que no podrá ser superado por la suma total; y, además, se impone que ninguna mancomunidad integral podrá ser beneficiaria de ayudas que superen el 10% de la totalidad del importe que para el Fondo de Cooperación para mancomunidades integrales se consigne anualmente en los presupuestos autonómicos.

Los gastos subvencionables —conforme a lo previsto en el artículo 4— serán aquellos «que, siendo necesarios para el cumplimiento de los fines de la mancomunidad, conforme a la memoria aportada, se devenguen durante el ejercicio presupuestario de la concesión y se abonen dentro de los periodos de justificación previstos. De esta forma, se consideran subvencionables los gastos del personal propio con dedicación exclusiva a los fines de la mancomunidad integral, los gastos corrientes y las inversiones de cualquier naturaleza, necesarios para el funcionamiento, mantenimiento y/o mejora de las instalaciones y servicios mancomunados, así como los gastos financieros derivados de la financiación de inversiones». Asimismo, se prohíbe la compensación entre los conceptos de gastos corrientes o inversiones, de modo que la ejecución de los gastos deberá estar ajustada a la distribución que se acordó previamente en la resolución de concesión, teniendo en cuenta los límites que se definieron en la solicitud.

Además de los beneficios, que se corresponden con la concesión de estos fondos, también se derivan una serie de obligaciones para las mancomunidades integrales que los reciban siguiendo lo dispuesto en el artículo 5, que se refiere con carácter general a lo dispuesto en la Ley 6/2011, de 23 de marzo, de Subvenciones de la Comunidad Autónoma de Extremadura, pero que también recoge una serie de obligaciones específicas, entre las que se incluyen el cumplimiento del objetivo y la realización de la actividad que sirvió como fundamento para la concesión de la subvención, en la forma y plazos establecidos en la resolución correspondiente; la justificación ante el órgano concedente tanto del cumplimiento los requisitos y condiciones, como de la realización de la actividad y el cumplimiento de la finalidad que determinó la concesión o disfrute de la subvención; la comunicación de cualquier variación en los requisitos que pudiera motivar la pérdida de su calificación como integral; la asunción de la diferencia que exista entre la cantidad que se haya concedido y el coste total de la actividad para la que se solicitó la subvención; la acreditación de que están al corriente en el cumplimiento de sus obligaciones tributarias con la Hacienda Autonómica, el Estado y la Seguridad Social antes de que se dicte la propuesta de resolución de concesión de la subvención y antes del pago de la misma; la adopción de las medidas de difusión y publicidad establecidas en el Decreto 50/2001, de 3 de abril, sobre Medidas Adicionales de Gestión de Inversiones Financiadas con ayudas de la Junta de Extremadura; el sometimiento a las actuaciones de comprobación que sean efectuadas por el órgano concedente, además de cualesquiera otras de comprobación y control financiera que puedan realizar los órganos competentes, tanto nacionales como de la Unión Europea, aportando cuanta información le sea requerida en el ejercicio de las actuaciones anteriores; el cumplimiento en los gastos realizados objeto de subvención de la normativa establecida por la legislación contractual del sector público, conforme a lo dispuesto en el artículo 36.3 de la ley 6/2011, de 23 de marzo de Subvenciones de la Comunidad Autónoma de Extremadura; y, por último, en el supuesto de adquisición, construcción, rehabilitación y mejora de bienes inventariables, el establecimiento de que el período durante el cual la mancomunidad beneficiaria deberá destinar los bienes al fin concreto para el que se concedió la subvención no podrá ser inferior a cinco años en caso de bienes inscribibles en un registro público, o a dos años respecto de los demás bienes, así como de la obligación de hacer constar esta circunstancia —además del importe de la subvención concedida— en el supuesto de los bienes inscribibles en un registro público, mediante inscripción en el mismo.

El reparto del Fondo de Cooperación para mancomunidades integrales se realizará procediendo al prorrateo del importe total destinado a estas ayudas siguiendo los criterios del artículo 7: el 45% del importe consignado para gastos corrientes en el capítulo 4 del Fondo de Cooperación se distribuirá de forma lineal entre todas las mancomunidades que lo hayan solicitado y cumplan los requisitos previstos; mientras que el resto del total de la ayuda consignado para gastos corrientes y la totalidad del importe consignado para inversiones —en el capítulo 7 del Fondo de Cooperación— se distribuirá de acuerdo con los datos efectivamente acreditados documentalmente conforme a una serie de criterios. Le corresponderá un 35% al número de personal de plantilla de la mancomunidad integral con dedicación permanente a la misma y que estén desempeñadas de forma continuada durante al menos doce meses por la misma persona; un 10 % en atención a la diversidad de áreas en que se prestan los servicios por la mancomunidad mediante gestión directa, al menos a la mitad de las entidades locales que la componen o a un número inferior que represente al menos a la mitad de la población[24]; un 20% en función del número de entidades locales mancomunadas[25]; un 20% utilizando el cociente divisor entre el número de habitantes de la mancomunidad y el número de entidades locales mancomunadas, siguiendo las escalas previstas[26], de modo que el importe correspondiente a cada una se distribuirá de forma lineal entre todas las mancomunidades respecto de las cuales el cociente divisor resultante esté incluido en cada una de estas escalas; un 10% en atención al cumplimiento de las obligaciones financieras para con la mancomunidad integral de las entidades locales que la integren[27]; y un 5% por el número de tasas y precios públicos establecidos y recaudados directamente por la mancomunidad[28]. Finalmente, el apartado 4 establece las reglas que deben seguirse en el caso de que no se pudieran distribuir de forma íntegra las cantidades asignadas a las mancomunidades integrales[29], de modo que «la cantidad excedente de uno o varios criterios será distribuida entre las restantes mancomunidades integrales beneficiarias conforme a los criterios que se han señalado en el punto anterior y con la preferencia del orden asignado».

En cuanto al pago de la subvención, el artículo 16 establece que será fraccionado en dos partes: la primera mitad será abonada con la concesión de la ayuda, mientras que para el pago de la segunda será necesario que previamente la secretaría-intervención de la mancomunidad justifique gastos por un montante equivalente al primer pago con la remisión —antes del 1 de diciembre del año de la convocatoria— de los documentos que se seña-

24. A efectos del cálculo individual, se dividirá el importe de este criterio entre la suma del número de áreas en que prestan servicios las mancomunidades beneficiarias y el cociente resultante se multiplicará por el número de áreas en las que prestan servicios cada mancomunidad.
25. A efectos del cálculo individual, se dividirá el importe de este criterio entre la suma del número total de entidades locales mancomunadas en las mancomunidades beneficiarias y el cociente resultante se multiplicará por el número de entidades locales integrantes de cada mancomunidad.
26. El 80 % para cocientes menores de 2.000 habitantes: el 15 % para cocientes iguales o mayores de 2.000 habitantes y menores de 3.000 habitantes; y el 5 % para cocientes iguales o mayores de 3.000 habitantes. Cuando una entidad local supere los 15.000 habitantes, solo se tendrá en cuenta esta cifra para obtener el coeficiente divisor.
27. A efectos del cálculo individual, se dividirá el importe de este criterio entre las mancomunidades beneficiarias cuyas entidades locales cumplan, íntegramente, con sus obligaciones financieras para con la mancomunidad.
28. A efectos del cálculo individual, se dividirá el importe de este criterio entre la suma del número total de tasas y precios públicos con recaudación en las mancomunidades beneficiarias y el cociente resultante se multiplicará por el número de tasas y precios públicos con recaudación en cada mancomunidad integral beneficiaria.
29. Ya sea porque superen el límite del artículo 3.3 (10% de la dotación total), porque ninguna cumpla con los requisitos para ser beneficiaria de uno o varios criterios de reparto, o porque excediera de su solicitud.

lan en este precepto, teniendo en cuenta que los gastos e inversiones que sirven para justificar las ayudas deben estar completamente ejecutados en el ejercicio económico a que se refiere la convocatoria y abonados con anterioridad a la finalización del período de justificación que establece el artículo 17.1, que será de los tres primeros meses del ejercicio siguiente a la concesión de la ayuda.

También existe la posibilidad de que se pierda el derecho al cobro de las ayudas y, como resultado, surja la obligación de su reintegro. Tal y como prevé el artículo 18, procede la declaración de incumplimiento en los casos previstos en el artículo 43 de la Ley 6/2011, en las previstas en el propio Decreto del Presidente o por el incumplimiento de las condiciones fijadas en la resolución de concesión de la subvención, especialmente: cuando se hayan falseado las condiciones requeridas para la obtención de la subvención; en aquellos casos en que la mancomunidad pierda su calificación como integral o en que incumpla la finalidad para la que fue concedida la subvención; cuando se incumplan las obligaciones de justificación; en los casos en que se obstaculice la labor inspectora de la Administración; cuando se incumpla la obligación de destino de los bienes inventariables que veíamos en el artículo 5; y en los demás supuestos que prevea la normativa reguladora de la subvención.

En cuanto a las ayudas que han sido otorgadas mediante la convocatoria de 2022, utilizaremos los datos contenidos en el Sistema Nacional de Publicidad de Subvenciones y Ayudas Públicas, pues no existe ninguna base de datos autonómica en la que se refleje el reparto del Fondo de Cooperación para Mancomunidades Integrales de Municipios. Antes de continuar, debemos señalar que sería conveniente avanzar en la transparencia de este ámbito, tanto a la hora de la accesibilidad de los datos, que como acabamos de ver no se encuentran publicados en ningún diario oficial, como en cuanto a simplificar los criterios de reparto para una mayor cognoscibilidad. Conforme a los datos contenidos en el Sistema Nacional de Publicidad de Subvenciones y Ayudas Públicas, hemos elaborado una tabla con las cantidades —sobre una cifra total de 2.590.332,00 euros— que han sido percibidas por las mancomunidades integrales de la Comunidad Autónoma de Extremadura en el año 2022:

TABLA 3 (Fondos percibidos por las mancomunidades integrales extremeñas a través del Fondo de Cooperación para Mancomunidades Integrales en 2022)

MANCOMUNIDADES INTEGRALES	FONDOS RECIBIDOS (€)
Mancomunidad de Municipios de la Serena	148.644,68

MANCOMUNIDADES INTEGRALES	FONDOS RECIBIDOS (€)
Mancomunidad Integral de Municipios Centro	137.639,63
Mancomunidad Integral de Municipios Valle del Alagón	108.617,73
Mancomunidad de Aguas y Servicios Comarca de Llerena	100.050,24
Mancomunidad de Municipios Tajo-Salor	99.453,28
Mancomunidad Integral Sierra de Montánchez	98.525,99
Mancomunidad Integral de Municipios Campo Arañuelo	95.912,23
Mancomunidad de Municipios del Valle del Jerte	95.352,37
Mancomunidad Intermunicipal de la Vera	93.774,05
Mancomunidad Turística de Tentudía	90.286,96
Mancomunidad Sierra de San Pedro	89.101,08
Mancomunidad Sierra Suroeste	85.847,39
Mancomunidad de Municipios Sierra de Gata	85.469,41
Mancomunidad de Municipios Río Bodión	83.547,14
Mancomunidad Rivera Fresnedosa	83.038,40
Mancomunidad de Municipios Zona Centro	82.104,76
Mancomunidad Integral de Municipios Guadiana	81.762,87
Mancomunidad de Servicios La Serena-Vegas Altas	81.231,87
Mancomunidad de Municipios Siberia	79.335,56
Mancomunidad Comarca de Trujillo	78.323,31
Mancomunidad Integral Villuercas-Ibores-Jara	77.869,95
Mancomunidad de Municipios de la Comarca de Olivenza	72.125,25
Mancomunidad Trasierra Tierras de Granadilla	71.708,20
Mancomunidad Integral de Servicios Vegas Bajas	70.375,78
Mancomunidad Comarca de las Hurdes	70.072,44

MANCOMUNIDADES INTEGRALES	FONDOS RECIBIDOS (€)
Mancomunidad de Municipios Riberos Tajo	68.191,74
Mancomunidad de Municipios Valle de Ambroz	65.848,16
Mancomunidad de Servicios Cíjara	65.762,19
Mancomunidad Tierra de Barros-Río Matachel	65.338,29
Mancomunidad Integral Lácara-Los Baldíos	65.021,05

Por tanto, comprobamos que todas y cada una de las mancomunidades que han sido calificadas como integrales han recibido —en mayor o menor medida, pues la concesión depende de las concretas circunstancias de la mancomunidad— parte de la cuantía total del Fondo de Cooperación para Mancomunidades Integrales de Municipios. Entendemos, sin embargo, que la dotación de este instrumento resulta del todo insuficiente, sobre todo si tenemos en cuenta el amplio espectro de funciones que son asumidas por las mancomunidades integrales, de modo que la misma habría de ser aumentada en los siguientes ejercicios presupuestarios. Asimismo, debido a que son fondos condicionados, resulta muy complicada su orientación a la lucha contra los procesos de despoblación y, por tanto, dependerá de la postura y de los proyectos en los que se embarquen las distintas mancomunidades integrales, por lo que en este caso la responsabilidad de que este fondo sea utilizado como un instrumento que favorezca la solidarid*ad intra*territorial —y, además, incorpore la perspectiva del reto demográfico— recae en el ámbito local.

VI. CONCLUSIONES

Tanto por lo previsto en la Constitución Española, como por el contenido del marco normativo extremeño que hemos expuesto, encontramos un escenario teórico ideal para la realización de la solidaridad territorial en nuestra Comunidad Autónoma. Sin embargo, hemos podido comprobar cómo la falta de dotación económica que afecta a los dos fondos que hemos analizado con mayor profundidad en este capítulo nos aleja sobremanera de la realización práctica de esta posibilidad. En el caso del Fondo Regional de Cooperación Municipal no solo comporta un problema su reducida dotación económica, que tal y como vimos no alcanza al mínimo exigido por el artículo 45.1 de la Ley 3/2019, de 22 de enero, de garantía de la autonomía municipal de Extremadura, sino que, adicionalmente, sus criterios de reparto carecen de la adecuada adaptabilidad dinámica ante el cambio de las circunstancias, sobre todo demográficas, en nuestra región. En el caso de la regulación de las mancomunidades integrales incluso encontramos defectos de técnica legislativa, como el que veíamos en la flagrante contradicción que existe entre los artículos 17, 21 y 22 de la Ley 17/2010, de 22 de diciembre, de mancomunidades y entidades locales menores de Extremadura, respecto del silencio administrativo —que es positivo según los arts. 17 y 22; mientras que sería negativo conforme a lo dispuesto en el art. 21— en el procedimiento de solicitud de calificación como integral de una mancomunidad.

En consecuencia, hemos de concluir que el panorama actual que presenta la garantía de la solidaridad territorial en la Comunidad Autónoma de Extremadura podría calificarse como sustancialmente mejorable. Hemos podido comprobar en los diversos apartados de este capítulo que se encuentran presentes todos los elementos normativos que nos permitirían tratar con una intensidad mucho mayor las desigualdades que tienen una base territorial, pero falta un compromiso político más robusto, una verdadera comprensión del problema demográfico de la pérdida de población continuada en el tiempo al que han de enfrentarse los poderes públicos extremeños, para que así los fondos existentes sean dotados de una mayor cuantía económica, se incorporen nuevas variables en los criterios de reparto y se depuren los defectos de técnica legislativa que se encuentran en la normativa actual.

BIBLIOGRAFÍA

Barroso Márquez, J. F. (2023b). El principio constitucional de solidaridad territorial ante el reto demográfico. En G. Moreno González y F. Pablos Mateos (dirs.). *Las políticas de solidaridad ante el reto demográfico y territorial* (pp. 33-58). Navarra: Aranzadi.

Barroso Márquez, J. F. (2024). *La vertiente intraterritorial del principio de solidaridad: las mancomunidades integrales de municipios en Extremadura*, Madrid: Dykinson.

Cabo Martín, C. de (2006). *Teoría Constitucional de la Solidaridad*. Madrid: Marcial Pons.

Martínez Sánchez, C. (2014). El principio de solidaridad interterritorial: desafíos actuales. En F. A. Vega Borrego (coord.). *La distribución del poder financiero en España: homenaje al profesor Juan Ramallo Massanet* (pp. 93-113). Madrid: Marcial Pons.

Membrado Tena, J. C., Martín Cubas, J., Fansa, G., y Hermosilla-Pla, J. (2023). Ordenación territorial supramunicipal de tipo *bottom-up* y *top-down* en España: el caso valenciano. *Boletín de la Asociación de Geógrafos Españoles*, 96, 1-42.

Otero Parga, M. (2004). El valor solidaridad en la Constitución Española de 1978. *Dereito,* 13(1), 163-188.

Pablos Mateos, F. (2023). El papel de las transferencias autonómicas en el sistema de financiación local de Extremadura desde la perspectiva de la cohesión territorial. En G. Moreno González y F. Pablos Mateos (dirs.). *Las políticas de solidaridad ante el reto demográfico y territorial* (pp. 81-109). Navarra: Aranzadi.

Palombino, G. (2020). La construcción del principio de equidad generacional: ¿hacia una democracia sostenible? *Revista de Derecho Constitucional Europeo,* 33, 1-32.

Quadra-Salcedo Janini, T. de la (2008). *Mercado nacional único y Constitución.* Madrid: Centro de Estudios Políticos y Constitucionales.

Ramos Prieto, J. (2009). *La participación de las haciendas locales en los tributos de las comunidades autónomas.* Madrid: Fundación Democracia y Gobierno Local.

Vaquer Caballería, M. (2017). El territorio (una aproximación a su concepto en el Derecho Público. En L. J. Parejo Alfonso (coord.). *Los retos del Estado y la Administración en el siglo XXI: libro homenaje al profesor Tomás de la Quadra-Salcedo Fernández del Castillo, Volumen 2* (pp. 1933-1960). Valencia: Tirant lo Blanch.

Policía y seguridad en Extremadura: la necesaria reforma de los modelos de policías locales en las áreas rurales [1]

MIGUEL ÁNGEL RUFO REY
Universidad de Extremadura

SUMARIO: I. INTRODUCCIÓN. II. LA SEGURIDAD EN EL MEDIO RURAL EXTREMEÑO. III. FUERZAS Y CUERPOS DE SEGURIDAD EN EXTREMADURA. IV. LOS ACUERDOS DE COLABORACIÓN Y ASOCIACIÓN POLICIAL. V. CONCLUSIONES: PROPUESTA DE *LEGE FERENDA*. BIBLIOGRAFÍA.

I. INTRODUCCIÓN

En el presente capítulo abordaremos la problemática de la seguridad en los pequeños municipios y áreas rurales, concretamente en el marco de la Comunidad Autónoma de Extremadura.

Esta contribución tiene por objetivo principal mostrar los datos obtenidos durante la fase de trabajo de campo, referentes a la seguridad y a la percepción de inseguridad y miedo al delito de la población residente en los municipios de menos de 20.000 habitantes. Todo ello con el propósito

1. Este trabajo se ha desarrollado dentro de un proyecto de la Universidad de Extremadura denominado «La necesaria reforma de las administraciones públicas y del modelo territorial español ante el reto demográfico en Extremadura». Un proyecto que tiene como objetivo analizar la eficacia real del marco institucional en sus políticas públicas frente al reto demográfico a la luz de su tamaño y adecuación territorial, haciendo hincapié en nivel local (problemática del inframunicipalismo y de las competencias impropias) o estudiar las capacidades de las administraciones públicas encargadas de hacer frente al reto demográfico para identificar sus necesidades concretas de reforma, tanto en su estructura y diseño como en su marco competencial. Análisis desde el prisma jurídico de los niveles competenciales en los que pueda introducirse la «perspectiva territorial».

de poder plasmar el estado de seguridad en las áreas rurales de la Comunidad Autónoma de Extremadura. Además, de realizar un análisis de la normativa policial con el objetivo de explicar su distribución y funcionamiento en la región, así como para proponer reformas legislativas que permitan a los municipios rurales contar con un servicio policial de calidad, eficaz y sostenible.

Para la consecución de los objetivos mencionados, en primer lugar, vamos a exponer y analizar la situación de la seguridad de las zonas rurales extremeñas revisando datos facilitados por el Centro de Atención de Urgencias y Emergencias (112) de la Junta de Extremadura, y los datos obtenidos en el trabajo de campo realizado en el marco del presente proyecto. Luego continuaremos con el análisis normativo y jurisprudencial relacionado con los acuerdos de colaboración y asociación policial. Y finalmente concluiremos el capítulo con una con una propuesta *de lege ferenda*, con el fin de mejorar la operatividad de los pequeños municipios extremeños en materia de seguridad ciudadana y servicio de policía, atendiendo a la compleja realidad territorial de las áreas rurales.

II. LA SEGURIDAD EN EL MEDIO RURAL EXTREMEÑO

La Comunidad Autónoma de Extremadura cuenta con 388 municipios, de los cuales solamente 7 superan la cifra de 20.000 habitantes. Un dato relevante es que el 91% de las localidades extremeñas posee menos de 5.000 habitantes[2], lo que los califica como pequeños municipios rurales[3]. Otra característica importante en el contexto es la extensión territorial de las dos provincias extremeñas, siendo Badajoz la provincia española con más extensión de territorio, con 21.766 Km^2; seguida de la provincia de Cáceres con 19.868 Km^2[4]. Estos dos elementos, la gran cantidad de municipios de muy reducido tamaño (extremada fragmentación de la planta local), y el vasto territorio por el que se encuentran distribuidos de forma muy dispersa, son el cóctel perfecto para que surjan problemas derivados del inframunicipalismo.

---

2. Instituto Nacional De Estadística, *Estadísticas del Padrón continuo.* [En línea]: https://www.ine.es/dynt3/inebase/index.htm?padre=6225&capsel=6225 [Consultado: 01/09/2023].
3. El art. 3. c) de la Ley 45/2007, de 13 de diciembre, para el desarrollo sostenible del medio rural, considera que un municipio rural de pequeño tamaño es: «el que posea una población residente inferior a los 5.000 habitantes y esté integrado en el medio rural».
4. Ministerio de Transición Ecológica, *Anuario de estadística forestal 2005*. [En línea]: https://www.miteco.gob.es/content/dam/miteco/es/biodiversidad/estadisticas/1_tcm30-132670.pdf [Consultado: 01/09/2023].

Los municipios rurales llevan años lidiando con los problemas derivados del inframunicipalismo, envejecimiento, descenso de la natalidad, despoblación y la falta o deterioro de servicios públicos, entre otros. Entre todos estos problemas, parece que la seguridad no ha sido uno de los principales. Según apuntan distintas investigaciones internacionales[5], la principal razón es que las zonas rurales siempre se han considerado como áreas más seguras que las urbanas, lugares tranquilos alejados de los problemas de las urbes y con menos incidencia delictiva[6].

Esta creencia ha provocado un gran desinterés por la seguridad y la delincuencia en el mundo rural por parte de los actores políticos, sociales y académicos[7]. En cuanto a los actores políticos, este desinterés se aprecia en la escasez de recursos que se destinan para desarrollo de políticas públicas de seguridad y dotación de policía en estas zonas, tanto a nivel nacional[8] como autonómico[9]. Además, la falta de interés político se hace evidente en la recopilación y publicación de datos de diversas fuentes oficiales del Estado[10], ya que sólo se proporcionan estadísticas de criminalidad a nivel estatal, autonómico, provincial o por poblaciones con más de 20.000 habitantes[11]. El hecho de ofrecer datos sólo de municipios que cuentan con más de 20.000 habitantes ignora por completo la realidad de la España rural. Esto refuerza la creencia de la que veníamos hablando, pero con ello no decimos que la criminalidad en las zonas rurales sea más elevada que en las ciudades, pero ésta no es inexistente ni está cerca de ser cero. La falta de la publicación de los datos oficiales de criminalidad desglosados por municipios de menos de 20.000 habitantes es especialmente preocupante porque dificulta las investigaciones en esta línea, impidiendo llevar a cabo inves-

5. Donnermeyer, J. F., Scott, J., y Barclay, E., «How Rural Criminology Informs Critical Thinking in Criminology». International Journal for Crime, Justice and Social Democracy, 2(3), 2013, pp. 69-91. https://doi.org/10.5204/ijcjsd.v2i3.122.
6. Ortiz García, J., Mito o Realidad: un estudio criminológico sobre la seguridad en las comunidades rurales de Extremadura, Dykinson, Madrid, 2022, pp. 21-23.
7. Ceccato, V., *Rural crime and community safety*, Routledge, London 2016.
8. A modo de ejemplo, podemos citar el cierre o abandono de los cuarteles de la Guardia Civil en las zonas rurales.
9. A modo de ejemplo, en pasada legislatura en la Comunidad Autónoma de Extremadura, la Academia de Seguridad Pública, institución encargada de la formación específica de las policías locales de la región formaba parte de la Consejería de Agricultura, con una asignación económica que no llegaba al 1% del total del total del presupuesto de dicha consejería.
10. Gómez-Limón Rodríguez, J. A; Atance Muñiz, I; Rico González, M., «Percepción pública del problema de la despoblación del medio rural en Castilla y León», *Revista de Estudios sobre Despoblación y Desarrollo Rural*, n.º 6, 2007, pp. 9-60.
11. *Vid.* Ministerio del Interior, *Anuarios estadísticos* [En línea]: https://www.interior.gob.es/opencms/es/archivos-y-documentacion/documentacion-y-publicaciones/anuarios-y-estadisticas/ [Consultado 01/09/2023].

tigaciones criminológicas como las que habitualmente utilizan las ciudades como objeto de estudio.

Esta situación es especialmente preocupante en regiones como Extremadura, puesto que 98% de los municipios extremeños tienen menos de 20.000, lo que representa una limitación significativa a la hora de realizar cualquier tipo de investigación en este sentido, ya no sólo de las áreas rurales, sino también a escala provincial o autonómica, al no contar con datos oficiales de prácticamente la totalidad de los municipios extremeños. Por lo tanto, obtener información sobre la criminalidad en las zonas rurales se convierte en una ardua tarea.

Una vez expuesta esta limitación, vamos a ir desengranando la información y los datos recogidos durante el desarrollo de la presente investigación.

Gracias a la información proporcionada por el Centro de Atención de Urgencias y Emergencias (112) de la Junta de Extremadura, el cual nos facilitó la base de datos de su registro de llamadas de año 2021[12], podemos realizar una estimación, limitada, sobre el estado de la seguridad en los municipios rurales extremeños.

El registro en cuestión está compuesto por las llamadas de emergencia/aviso que recibe el 112 y se divide en varios apartados. Para esta investigación sólo nos es de utilidad el referente a las llamadas de alerta en materia de seguridad pública. En este apartado se registran todas las llamadas recibidas por el 112 en relación con esa materia, calificándolas en subapartados más específicos en función del motivo del aviso.

Según estos datos, 112 recibió un total de 11.064 llamadas relacionadas con la seguridad pública. Si excluimos los avisos procedentes de los 7 municipios con más de 20.000 habitantes, obtenemos que en el medio rural extremo se realizaron un total de 6.414 avisos. Este dato es relevante ya que representa un 57,97% del total de los avisos de toda la Comunidad Autónoma. Más significativo aún, si consideramos que, según las cifras del padrón municipal del año 2022, el 58,18% de la población extremeña residía en zonas rurales. Estos datos son interesantes, pues nos muestran una demanda importante de actuación policial por parte de la población residente en estas áreas, áreas que a su vez cuentan con muy poca presencia policial. Según los datos ofrecidos por el 112, el principal motivo de avisos

12. Debo destacar que, durante el desarrollo de la investigación realizada, no nos han podido facilitar la base de datos del año 2022 por un cambió realizado en sus programas informáticos de ahí que utilicemos la del año 2021.

en el medio rural son hechos relacionados contra la seguridad colectiva[13], 2.118 llamadas (33,1%); en segundo lugar, se hallan los avisos por hechos contra las personas[14], con un total de 1.901 avisos (29,6%); le siguen los avisos por problemas de convivencia[15], 1.347 (21%); hechos contra la propiedad[16], 948 (14,8%); y finalmente 100 avisos de hechos contra el medio ambiente (1,6%), porcentaje muy reducido si tenemos en cuenta que la relación más directa que poseen los municipios rurales con la naturaleza.

Todos estos datos, con cautela, nos permiten apreciar que existen problemas de seguridad en el medio rural extremeño, al menos en lo que respecta a las llamadas 112, ya que representan más de la mitad de las llamadas de toda la región. Lo ideal sería contar con datos de criminalidad oficiales desagregados por municipios con menos de 20.000 habitantes, de manera similar a como están registrados en la base de datos mencionada. Esto permitiría llevar a cabo un análisis más profundo de los problemas de seguridad y criminalidad en las zonas rurales, lo que conduciría a una mejor comprensión de la realidad en estas áreas.

A pesar de no poseer datos oficiales de criminalidad, en el año 2022, el profesor de la Universidad de Extremadura y miembro del presente proyecto, Jordi Ortiz García, exponía en una de sus obras algunos datos proporcionados por la Subdelegación de Gobierno de Extremadura del período 2020-2021. En estos datos se destacaba que durante el período mencionado se registraron tasas de criminalidad muy similares en comunidades urbanas y rurales[17].

Además de estos datos, durante el desarrollo de este proyecto, se ha elaborado y distribuido una encuesta de victimización y de percepción de inseguridad a la población residente en los municipios de menos de 20.000 de Extremadura. Los estudios sobre percepción de inseguridad y el miedo al delito han desempeñado un papel fundamental en la investigación criminológica, ya que han permitido comprender las consecuencias psicológicas y sociales de ser víctima de un hecho delictivo o de vivir en un entorno donde se percibe una alta inseguridad. Estos estudios no solo se centran en

13. Subapartados de la base de datos: delitos contra la salud pública, alteración del orden público, riñas, altercados, etc.
14. Subapartados de la base de datos: malos tratos, lesiones, delitos contra la libertad sexual, incidentes con menores, amenazas, etc.
15. La base de datos recoge aquí problemas sancionables por las ordenanzas municipales.
16. Subapartados de la base de datos: robos, estafas, daños, etc.
17. Ortiz García, J., Mito o Realidad... *op. cit.* p. 31.

la incidencia real de la delincuencia, sino también en cómo las personas perciben y se sienten afectadas por la amenaza de la criminalidad[18].

Esta encuesta se pasó de forma anónima tanto en persona como online a una muestra de 764 personas residentes en municipios de menos de 20.000 habitantes de toda la región, de las cuales el 45,5% (348) se identificaron como hombres; el 54,2% (413) como mujeres; y un 0,3% (3) no se identificaba con ninguno de los anteriores.

La encuesta consta de 15 preguntas distribuidas en tres bloques. El primer bloque aborda información personal, incluyendo preguntas sobre el sexo, la edad, el municipio de residencia, el estado civil, el nivel de estudios y la situación laboral. El segundo bloque se centra en la victimización, indagando si las personas encuestadas han sido víctimas de algún delito, qué tipo de delito fue, a quién avisaron en caso de ser víctimas, cuánto tiempo transcurrió hasta que recibieron ayuda, y si presentaron una denuncia o no. Por último, el tercer bloque se enfoca en la percepción de inseguridad, evaluando el sentimiento de seguridad o inseguridad en el municipio, las posibles causas de la inseguridad percibida y si creen que es necesario aumentar la presencia policial.

Dichos cuestionarios nos han ofrecido una información bastante valiosa a la hora de conocer la victimización y percepción de inseguridad en las zonas rurales extremeñas, más allá de los inexistentes datos oficiales. Sin embargo, dado que en el presente capítulo debemos ceñirnos a la realización de una propuesta resolutiva respecto al tema que cada uno de los autores tratamos, en mi caso la seguridad en el medio rural, nos ceñiremos a destacar simplemente algunos de los datos más significativos, principalmente los relacionados con la variable sexo, variable esencial en este tipo de estudios criminológicos[19]. Todo ello porque para realizar dicha propuesta, deberemos ir más allá de los datos con la realización de un análisis normativo, el cual abordaremos a partir del próximo apartado.

Comenzaremos analizando la percepción de inseguridad de la muestra objeto de estudio. Para ello se les preguntó a las personas encuestadas cómo se sentían en su municipio de residencia. En cuanto a la generalidad de la muestra podemos decir que solamente el 19.1% (n=146) manifestó sentirse inseguro en su municipio, frente al 80,9% (n=618). En relación con las personas que manifiestan sentirse inseguras, el 44,5% (n=65) se identifican

18. Huesca González, A. M., «La seguridad desde la perspectiva subjetiva: el miedo al delito» en Huesca González, A. M., Quicios García, M. P., y Grimaldo Santamaría, R., (eds.), Seguridad *y ciudadanía*, Madrid, Dykinson, 2021, pp. 13-27.
19. Kessler, G., «El sentimiento de inseguridad: sociología del temor al delito». *Revista Estudios Socio*-Jurídicos 15, núm. 1, 2013, pp. 167-176.

como hombres; el 54,4 (n=80) como mujeres; y el resto 0,6% (n=1) no se identifica con ninguno de los dos anteriores. Del total de hombres encuestados, el 18,6% (n=65) se sienten inseguros; y el porcentaje de mujeres es similar con un 19,4% (n=80). Todos estos datos pueden observarse de forma más visual en Gráfico 1.

Gráfico 1. ¿Cómo se siente en su municipio? Pregunta extraída del cuestionario

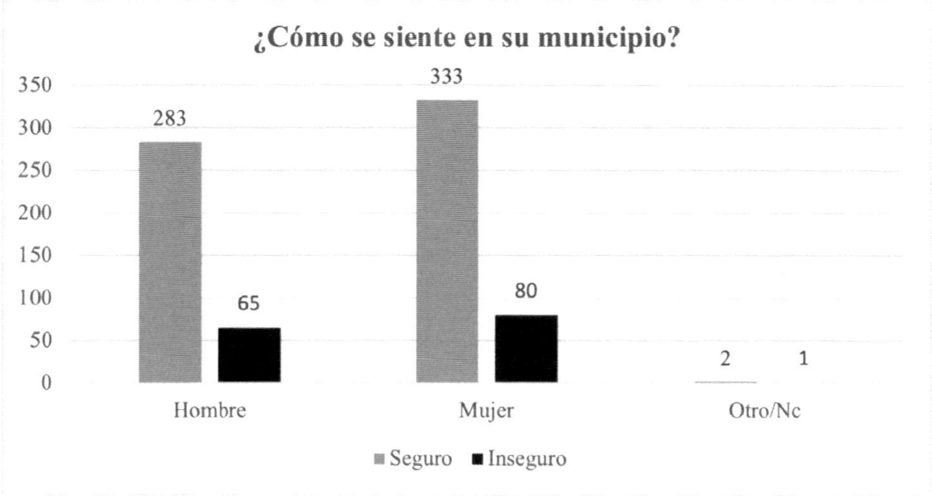

¿Cómo se siente en su municipio?

	Seguro	Inseguro
Hombre	283	65
Mujer	333	80
Otro/Nc	2	1

Fuente: elaboración propia.

De las 146 personas que manifestaron sentirse inseguras, se les preguntó acerca de las causas de su inseguridad en sus municipios. La principal causa de inseguridad señalada por los encuestados es la escasez de presencia policial, comportando un 52,3% del total de las causas; seguidamente tenemos la ausencia de actuación policial y la escasez de iluminación con un 11,8% cada una. El desempleo es citado como causa de inseguridad por el 9.6%, mientras que el alcohol representa el 2.8%. Por último, el vandalismo y la migración son mencionados por el 1%. Debemos destacar que si valoramos juntas las causas que tienen relación directa con la falta de presencia y actuación policial, ambas comportan un 64,1% del total de las causas. Este dato es significativo si lo ponemos en relación con la alta demanda de este servicio en las zonas rurales, según veíamos anteriormente con las llamadas al 112.

Podemos concluir este apartado afirmando que la criminalidad en las zonas rurales no es inexistente ni se encuentra cerca de ser 0, a pesar de la falta de datos oficiales. Además, un buen porcentaje de los residentes en estas zonas se sienten inseguros y demandan más presencia y actuación policial en sus municipios. Por lo que en los siguientes apartados analizaremos el modelo policial español, exponiendo las deficiencias de su regulación y problemas derivados directamente del inframunicipalismo en el medio rural.

III. FUERZAS Y CUERPOS DE SEGURIDAD EN EXTREMADURA

El comienzo del modelo policial actual de España se da con la aprobación y entrada en vigor de la Constitución Española de 1978 (en adelante, CE). La Constitución marcó un cambio radical con respecto al modelo policial anterior, pues estableció un enfoque que buscaba la separación entre las Fuerzas Armadas y las Fuerzas y Cuerpos de seguridad del Estado, creándose así una clara distinción entre Ejército y Policía[20]. Esta separación se materializa en los artículos 8 y 104 de la CE[21].

En lo que respecta al modelo policial propiamente dicho, debemos atender al contenido del artículo 104 CE[22], que informa que las Fuerzas y Cuerpos de seguridad del Estado actuarán bajo la dependencia del Gobierno con la misión de proteger el libre ejercicio de los derechos y libertades, así como garantizar la seguridad ciudadana. Además, este artículo también contiene la reserva de ley orgánica para regular las funciones, los principios básicos de actuación y los estatutos de las Fuerzas y Cuerpos de seguridad.

También será importante atender a lo dispuesto en el artículo 149.1.29.ª, que establece la competencia exclusiva del Estado en materia de seguridad pública, sin perjuicio de la creación de policías autonómicas. En este sentido la seguridad pública puede ser entendida según la doctrina del Tribunal Constitucional como el conjunto de actividades dirigidas «[…] a la protección de las personas y de los bienes (seguridad en sentido estricto) y a la preservación y el mantenimiento de la tranquilidad y el orden ciudadano que son finalidades inseparables y mutuamente condicionadas»[23].

---

20. Llop, J. B., «Reflexiones constitucionales sobre el modelo policial español», *Revista Española de Derecho Constitucional*, n.º 48, 1996, p. 83.
21. Sin embargo, es importante destacar que a pesar de que la Guardia Civil se considera un instituto armado de naturaleza militar, forma parte de las Fuerzas y Cuerpos de Seguridad del Estado. Esta interpretación está respaldada por el Tribunal Constitucional, como se establece en las SSTC 31/1985, de 5 de marzo, y 93/1986, de 7 de junio.
22. Artículo 104 CE: «1. Las Fuerzas y Cuerpos de seguridad, bajo la dependencia del Gobierno, tendrán como misión proteger el libre ejercicio de los derechos y libertades y garantizar la seguridad ciudadana.
    2. Una ley orgánica determinará las funciones, principios básicos de actuación y estatutos de las Fuerzas y Cuerpos de seguridad».
23. STC 123/1984, de 18 de noviembre. FJ 3. (BOE núm. 10 de 11 de enero de 1985).

Una vez definido el marco constitucional, debemos hablar de la norma básica y fundamental que regula el modelo policial en nuestro país, la Ley Orgánica 2/1986, de 13 de marzo, de Fuerzas y Cuerpos de Seguridad (en adelante, LOFCS). Esta ley es la respuesta directa al mandato constitucional del art. 104 CE. La LOFCS contiene las disposiciones generales, los principios básicos de actuación, las disposiciones estatutarias comunes de las Fuerzas y Cuerpos de seguridad; las funciones de Policía Nacional y Guardia Civil; organización de las unidades de Policía Judicial; el régimen jurídico básico de las Policías Autonómicas y el de las Policías Locales. Como puede observarse, esta ley desempeña el papel central en la regulación de las actividades y competencias de las Fuerzas y Cuerpos de seguridad en España, asegurando su organización y funcionamiento bajo los principios y garantías constitucionales.

Centrándonos ya en la Comunidad Autónoma de Extremadura, ésta cuenta con la presencia de 3 cuerpos policiales. El primero de ellos la Policía Nacional que posee en la provincia de Badajoz con la Jefatura Superior de Policía Nacional (Badajoz), y tres comisarías en las ciudades de Mérida, Almendralejo y Don Benito-Villanueva de la Serena (comparten la comisaría). En lo que respecta a la provincia de Cáceres, en ella se encuentran la Comisaría Provincial de Cáceres (Cáceres) y la Comisaría de Plasencia.

Por su parte la Guardia Civil, cuenta con dos Comandancias en la región, ubicadas en Cáceres y Badajoz, además de contar con 159 puestos distribuidos por toda Extremadura, tal como se muestra en la Imagen 1. De acuerdo con lo establecido en el art. 11.2 LOFCS, la Guardia Civil tiene el deber de cumplir con sus funciones fuera de las capitales de provincia y en aquellos lugares donde el Gobierno no haya asignado específicamente estas funciones a la Policía Nacional, lo que incluye áreas rurales y el mar territorial. Se desconoce el número exacto de efectivos destinados a los cuarteles por motivos de seguridad. Sin embargo, sí podemos confirmar que en Extremadura hay destinados un total de 2.872 guardias civiles, según datos publicados por el Ministerio de Política Territorial en septiembre de 2022[24].

24. *Vid.* Ministerio De Política Territorial. [en línea]: https://www.mptfp.gob.es/portal/delegaciones_gobierno/delegaciones/extremadura/actualidad/notas_de_prensa/notas/2022/09/05-09-2022-01.html [Consultado: 14/09/2023]. También, según estos mismo datos Extremadura cuenta con 1.178 efectivos de Policía Nacional en la región.

Imagen 1. Distribución geográfica de los puestos de Guardia Civil en Extremadura

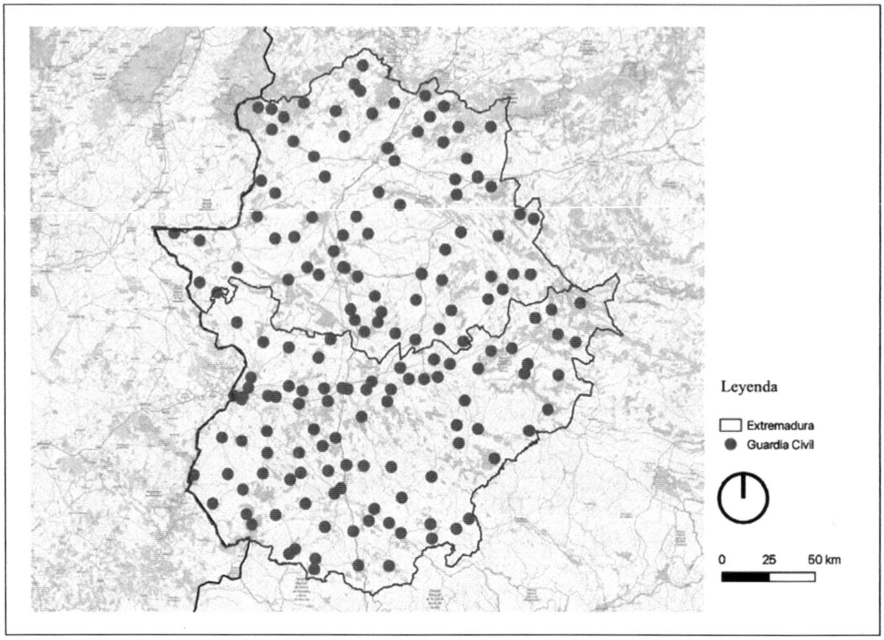

Fuente: Mapa de elaboración propia a través del *software* QGIS.

Y finalmente, el tercer cuerpo policial que tiene presencia en Extremadura son las policías locales. De los 381 municipios extremeños con menos de 20.000 habitantes en el año 2023, sólo 160 municipios (41.9%) cuentan con policía local, que disponen de un total de 727 efectivos (668 hombres y 59 mujeres). En la Imagen 2 podemos observar los municipios que cuentan en el año 2023 con Policía Local, además del número de efectivos en cada uno de ellos.

Imagen 2. Distribución geográfica de los municipios con Policía Local y número de efectivos

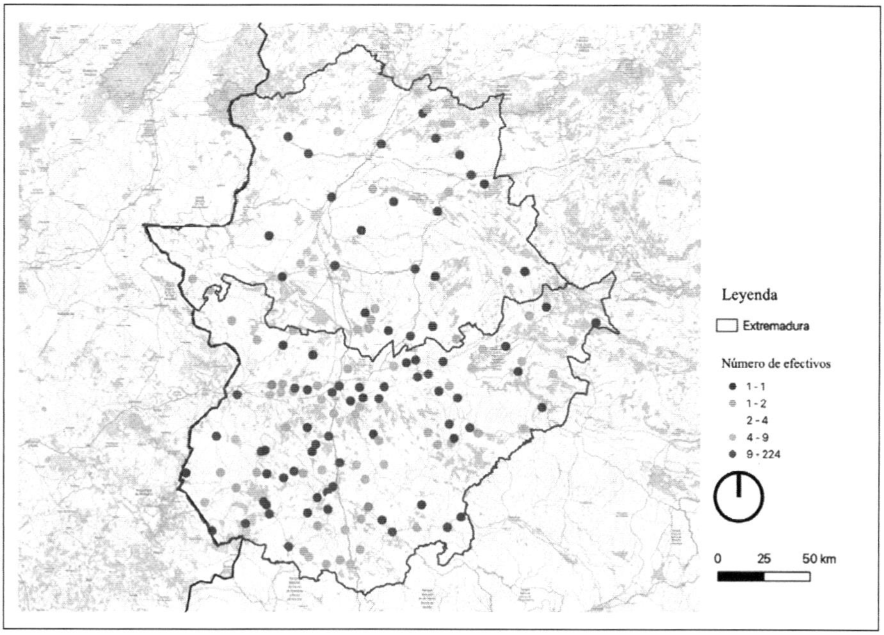

Fuente: Mapa de elaboración propia a través del *software* QGIS

Con todos estos datos referentes a las Fuerzas y Cuerpos de seguridad del Estado en la Comunidad Autónoma de Extremadura, podemos realizar un análisis de su situación actual en la región, centrándonos principalmente en Policía Local y Guardia Civil, pues son los cuerpos que prestan su servicio en las zonas rurales, que son el objeto del presente estudio.

En lo que respecta a las policías locales, el 55% de estos municipios tiene solo 1 o 2 efectivos, lo que representa una situación notablemente deficiente para brindar un servicio de policía eficaz, además de los riesgos que conllevan especialmente las patrullas unipersonales. Para determinar la eficiencia de un servicio policial, podemos utilizar la *ratio* que establece Naciones Unidas de 1.8 policías por cada 1.000 habitantes como referencia[25]. Cuando esta *ratio* se cumple, se considera que se está proporcionando un servicio policial óptimo. Sin embargo, es importante destacar que sólo el 26% de los municipios rurales de Extremadura cumple con esta *ratio*, lo que

25. Alvarado Mendoza, A; y Padilla Oñate, S., «Organización policial y debilidad institucional: balance de las capacidades de las policías estatales», *Iztapalapa Revista de Ciencias Sociales y Humanidades*, n.º 90, 2020, p. 31.

indica que la mayoría de estos municipios (74%) se enfrentan a una falta de recursos policiales que dificulta la prestación de un servicio eficiente en términos de personal y cobertura[26].

Esta falta de efectivos policiales es directamente atribuible al fenómeno del inframunicipalismo, lo que provoca que los municipios rurales tengan cuerpos de policía local con un número insuficiente de efectivos y, además, recursos económicos muy limitados. Estos dos factores son las principales causas de la mayoría de los problemas y deficiencias que enfrentan las policías locales en los municipios rurales.

Desde esta óptica, existen dos problemas que demuestran las deficiencias en la organización actual y en las normativas que regulan el servicio policial.

El primero radica en las distintas leyes y normativas que regulan la organización y el funcionamiento de las Fuerzas y Cuerpos de seguridad del Estado, pues como la inmensa mayoría de normas, se diseñan sin tener en cuenta las particulares características y necesidades del medio rural, notablemente diferentes a las de las ciudades (principio de diferenciación local). Como resultado, aún no se ha conseguido un mecanismo normativo óptimo para lograr solucionar la situación de incapacidad para prestar el servicio policial por parte de los pequeños municipios rurales, a pesar de algunos intentos concretos del legislador estatal y autonómicos (no muy acertados, como veremos), con intención favorecer las agrupaciones de municipios para prestar este servicio de forma mancomunada.

El segundo problema es consecuencia directa de la falta de recursos económicos, lo que produce la falta de agentes. La combinación de estos dos factores hace que los municipios rurales realmente pequeños no puedan tener su propio cuerpo de policía. Incluso aquellos que sí pueden permitírselo, les es completamente inasumible proporcionar servicios de policía las 24 horas del día, lo que limita principalmente el servicio a horarios diurnos, salvo en ocasiones especiales como las festividades locales. La falta de servicio de 24 horas es una realidad en la mayoría de los municipios rurales de Extremadura, aunque en muchos casos esta carencia es parcialmente «salvada» con la presencia de la Guardia Civil.

La Guardia Civil presta sus servicios en todos los municipios rurales durante las 24 horas del día, lo que teóricamente le permite atender a los ciudadanos residentes en estas zonas en cualquier momento. Esta atención

26. Para el cálculo de estos porcentajes sólo hemos tenido en cuenta el número de agentes de policía local por municipio. Hemos omitido los efectivos de la Guardia Civil puesto que no conocemos el número de agentes destinados en cada cuartel, y porque su presencia no es continuada en los municipios rurales.

es crucial en aquellos municipios que no cuentan con su propia policía local y también es importante en el resto de los municipios durante la noche, dado que muchas policías locales rurales no cuentan con horarios nocturnos. Sin embargo, la prestación de este servicio policial por parte de la Guardia Civil puede ser extremadamente irregular debido a las características geográficas específicas del territorio, tal y como ocurre en Extremadura[27]. Pues es sumamente frecuente, especialmente durante la noche, que una vasta zona con varios municipios[28] dispersos geográficamente cuente con el servicio de una sola patrulla de la Guardia Civil. Esto puede dar lugar a respuestas sumamente variables en casos de emergencia. Algunas emergencias pueden recibir una respuesta rápida si la patrulla se encuentra cerca de la localidad en cuestión, mientras que otras pueden experimentar retrasos considerables si la patrulla se encuentra en otro lugar o incluso pueden quedar sin respuesta si la patrulla está ocupada con otro incidente en ese momento[29]. Esto crea una situación potencialmente problemática en términos de seguridad y atención a los ciudadanos en las zonas rurales.

En resumen, en las áreas rurales de Extremadura nos encontramos con que la inmensa mayoría de los municipios se caracterizan por tener una población reducida y una capacidad económica muy limitada a la hora ofrecer servicios públicos de calidad desde los Ayuntamientos, situación extrapolable a otras Comunidades Autónomas. Es importante destacar que el 58% de los municipios rurales en Extremadura no tiene su propio cuerpo de Policía Local —situación agravada en el norte de la provincia de Cáceres— principalmente debido a la falta de recursos económicos para crear y mantener dichos cuerpos en el marco de inframunicipalismo existente.

Por todo lo anterior, se hace necesario plantear un nuevo modelo de organización y financiación de los cuerpos policiales para asegurar la prestación de un servicio de calidad, eficiente y sostenible en las zonas rurales.

27. Ortiz García, J. y Rufo Rey, M. A., «Seguridad y prevención del delito en las comunidades rurales de Extremadura: un estudio de caso desde la criminología», *Revista de estudios Jurídicos y Criminológicos*, n.º 7, Universidad de Cádiz, 2023, pp. 153-185, DOI: https://doi.org/10.25267/REJUCRIM.2023.i7.07.

28. Estas agrupaciones de municipios son denominadas a nivel de organización interna de la Guardia Civil como núcleos operativos.

29. *Vid.* Ortiz García, J., y Rufo Rey, M. A., «Percepción de inseguridad y desigualdad territorial en el medio rural», en Miró Llinares, F., y Guardiola García, J. (eds.), *Libro de Actas del V Simposio de Investigación Criminológica: La Criminología del futuro, hoy*. ReCrim, 2023, pp. 145-147.

IV. LOS ACUERDOS DE COLABORACIÓN Y ASOCIACIÓN POLICIAL

Una de las soluciones más factibles para optimizar y hacer sostenibles los servicios públicos prestados por los pequeños municipios, y superar así parte de las consecuencias más nefastas del inframunicipalismo, es la Estrategia del Sur de Europa. Esta estrategia no se basa en fusionar municipios, como sí lo hace la estrategia del norte de Europa, sino que apuesta por la creación o fortalecimiento de estructuras intermedias de cooperación local, como las mancomunidades, comarcas y diputaciones provinciales[30]. El objetivo es lograr un equilibrio en el desarrollo económico y social de los municipios, estableciendo una estructura local fuerte capaz de satisfacer los servicios demandados por la ciudadanía de manera sostenible para las haciendas locales[31].

En España podemos afirmar que se ha optado por los postulados de la Estrategia del Sur de Europa, siendo sin lugar a duda las mancomunidades los actores clave en esta estrategia. Las mancomunidades funcionan como entidades intermedias que actúan como nexo entre los municipios, que mantienen su autonomía política, pero logran una mejor prestación de servicios al unir sus capacidades y recursos en una estructura más amplia y en una escala mayor. Este enfoque permite una cooperación eficiente y sostenible entre los municipios, lo que es esencial para abordar los desafíos de los territorios rurales y mejorar la calidad de los servicios públicos.

Las mancomunidades se encuentran reguladas en la Ley 7/1985, de 2 de abril, Reguladora de las Bases del Régimen Local (en adelante, LRBRL), y específicamente en Extremadura por la Ley 17/2010, de 22 de diciembre, de mancomunidades y entidades locales menores de Extremadura, la cual dota de una regulación más completa y específica a las mancomunidades de la región. Es evidente que el legislador reconoce las ventajas de este tipo de entidades supramunicipales para la prestación de servicios, basándose en los principios de economía y eficiencia en la programación y ejecución del gasto público.

Si a través de las mancomunidades se comparten servicios como la recogida de basuras, el tratamiento de aguas, parques de maquinarias, dinamizadores sociales y deportivos, ¿por qué no la policía local? Tenemos en

30. Moreno González, G., «Hacia una renovada planta local en España: autonomía local y calidad democrática desde el municipalismo» en Castellanos Claramunt, J., (dir.), *Participación ciudadana y calidad democrática*, Tirant lo Blanch, Valencia, 2022, p. 179.
31. García Durán, F. J., «La fusión coactiva de municipios en España: principios, estrategia y resultados», El Cronista del Estado Social y Democrático de Derecho, n.º 57, 2016, p. 47.

nuestro entorno modelos policiales que han optado por opciones muy similares a la mancomunación del servicio de policía local, como es el ejemplo de Bélgica[32]. La mancomunación de servicios de policía local permitiría compartir recursos humanos y materiales, optimizar la distribución de efectivos y garantizar una atención más continua y eficiente, lo que es especialmente importante debido a la ausencia de cobertura de horarios nocturnos en las áreas rurales. Además, podría mejorar la coordinación y la capacidad de respuesta ante emergencias.

Lo expuesto ya lo pensaron varias CCAA tras la entrada en vigor de la Constitución de 1978, a modo de ejemplo en 1984 las comunidades de Cataluña[33] y Madrid[34] fueron las dos primeras en legislar en materia de coordinación de policía local, contemplando en ambas normas la posibilidad de prestar mancomunadamente el servicio policial.

En el año 1986 se promulgaría la LOFCS, y es a partir de su entrada en vigor cuando más CCAA —que habían asumido dicha competencia, art. 148.1.22.ª CE[35]— comienzan a legislar sobre la coordinación de policía local en los términos exigidos por la LOFCS. Como ya indicaba antes, muchas CCAA eran plenamente conscientes de las ventajas que podía ofrecer presentar este servicio de forma mancomunada, por lo que optaron por incluir dicha posibilidad en sus leyes de coordinación, para superar la realidad rural antedicha y el inframunicipalismo. Las primeras CCAA autónomas que introdujeron esta posibilidad en sus leyes fueron: Murcia[36], Baleares[37], Asturias[38], Extremadura[39] , Madrid[40], Andalucía[41], Valencia[42], Cataluña[43] y Galicia[44] .

32. Pyl, Georges. La reforma de los cuerpos de policía en Bélgica. *Revista Catalana de Seguretat Pública*, 2000, pp. 144-146.
33. Ley 10/1984, de 5 de marzo, de Coordinación de las Policías locales de Cataluña. BOE núm. 91, de 16 de abril de 1984.
34. Decreto 31/1984, de 27 de marzo, por el que se crea la Junta Técnica Asesora de Coordinación de Policías Locales de la Comunidad de Madrid. (derogado por la Ley 4/1992, de 8 de julio, de Coordinación de Policías Locales. BOE núm. 200, de 20/05/1992.
35. «La vigilancia y protección de sus edificios e instalaciones. La coordinación y demás facultades en relación con las policías locales en los términos que establezca una ley orgánica».
36. Ley 5/1988, de 11 de julio, de Coordinación de Policías Locales. BOE núm. 109, de 08/05/1989.
37. Ley 10/1988, de 26 de octubre, de Coordinación de Policías Locales. BOE núm. 289, de 2 de diciembre de 1988.
38. Ley 6/1988, de 5 de diciembre, de Coordinación de Policías Locales. BOE núm. 17, de 20/01/1989.
39. Ley 1/1990, de 26 de abril, de Coordinación de Policías Locales de Extremadura. BOE núm. 282, de 24/11/1990.

Aunque posteriormente ha habido otras CCAA que intentaron introducir la mancomunación de los servicios policiales en sus leyes, destaco las anteriores puesto que fueron recurridas por el Gobierno a través de la Abogacía General del Estado la cual interpuso una serie de recursos de inconstitucionalidad, puesto que entendían que los preceptos sobre la posibilidad de mancomunación no se ajustaban a la LOFCS.

El Tribunal Constitucional (en adelante, TC), como consecuencia de esos recursos, emitiría una serie de sentencias a partir de enero de 1993[45], las cuales establecerían una doctrina completamente determinante sobre la posibilidad de mancomunar el servicio policial en nuestro país, doctrina vigente aún a día de hoy.

El Constitucional falló declarando la inconstitucionalidad de los preceptos recurridos. A modo de síntesis de la doctrina expuesta en dichas sentencias, el Tribunal declara la inconstitucionalidad al considerar que a pesar de que las CCAA autónomas habían asumido la competencia recogida en el artículo 148.1.22.ª CE, dicha competencia tal y como dispone el propio precepto estará subordinada a los términos establecidos por ley orgánica, en este caso, la LOFCS. En este sentido, el TC señala que la LOFCS es una ley estatal delimitadora que no sólo cumple con el cometido encomendado por el artículo 148.1.22 CE, sino que contiene el desarrollo de una competencia exclusiva del Estado y también establece el marco legislativo estatal relacionado con la creación de policías por parte de las CCAA (art. 149.1.29 CE). Además, la LOFCS desarrolla los principios constitucionales contenidos en los artículos 104.2 y 126 CE. Por todo ello, se convierte en una norma delimitadora del parámetro constitucional en sentido competencial, es decir, establece la competencia exclusiva del Estado sobre la que deberán subordinarse las CCAA[46]. Teniendo en cuenta lo anterior el TC expone que la creación de cuerpos de policía local en los términos recogidos en el artículo 51 LOFCS no contempla la posibilidad de que una Comunidad Autónoma autorice la creación de un cuerpo supramunicipal del policía

40. Ley 4/1992, de 8 de julio, de Coordinación de Policías Locales. BOE núm. 200, de 20/08/1992.
41. Ley 1/1989, de 8 de mayo, de Coordinación de las Policías Locales de Andalucía. BOE núm. 122, de 23/05/1989.
42. Ley 2/1990, de 4 de abril, de Coordinación de Policías Locales de la Comunidad Valenciana. BOE núm. 127, de 28/05/1990.
43. Ley 16/1991, de 10 de julio, de las Policías Locales. BOE núm. 190, de 09/08/1991.
44. Ley 3/1992, de 23 de marzo, de coordinación de las Policías Locales. BOE núm. 128, de 28/05/1992.
45. SSTC 25/1993, de 21 de enero; 49/1993, de 21 de febrero; 50/1993, de 11 de febrero; 51/1993, de 11 de febrero; 52/1993, de 11 de febrero; 81/1993, de 8 de marzo; 82/1993, de 8 de marzo; 85/1993, de 8 de marzo; y 86/1993, de 8 de marzo.
46. STC 45/1993, de 11 de febrero. FJ 2 y 3. (BOE núm. 60, de 11/03/1993).

(mancomunación del servicio), ni que otra entidad distinta al municipio pueda crear un cuerpo de Policía Local, pues la LOFCS únicamente se refieren al municipio y sólo a él[47]. Por lo que al infringir el principio de competencia los artículos recurridos, el TC los declaró todos ellos como inconstitucionales y por tanto nulos.

Es importante hacer una apreciación, y es que, estas sentencias no sólo acabaron con la posibilidad de mancomunar el servicio policial, sino que en ellas se marcaron las pautas del modelo de colaboración policial que tenemos en la actualidad. Esto se debe a que algunas de las leyes recurridas, como la de Madrid, Galicia, Cataluña, Andalucía y Valencia, además contemplar el modelo de mancomunación del servicio de policía, incluían otras fórmulas asociativas o de colaboración. El TC determinó que la LOFCS no permitía la creación de cuerpos de policías supramunicipales y que las policías locales no podían actuar fuera de su término municipal, salvo en casos de emergencia o autorización. Sin embargo, el Constitucional en el fundamento jurídico número 4 de la sentencia 81/1993, de 8 de marzo, considera que la LOFCS no prohíbe la posibilidad de transferir o adscribir, de uno a otro cuerpo de policía local, a agentes individualmente considerados de forma temporal.

A pesar de que la doctrina del TC en 1993 dejó completamente clara la inconstitucionalidad de los cuerpos supramunicipales de policía, las CCAA no dejaron de reivindicar este modelo policial, ya que eran plenamente conscientes de las ventajas que ofrecía y consideraban que, en la práctica, su implementación era necesaria. Esta actuación de las CCAA, después de las sentencias del TC y tras varias reformas de la LOFCS (1994 y 2003), junto con la presión de la Federación Española de Municipios y Provincias[48], provocó que el legislador diera un paso importante en la regulación del modelo de colaboración y asociación policial.

Esta «solución» vino a raíz de la Ley 45/2007, de 13 de diciembre, para el desarrollo sostenible del medio rural, la cual añadió a la LOFCS la Disposición Adicional 5.ª[49]. Esta disposición habilita por primera vez la posibilidad

47. STC 25/1993, de 21 de enero (BOE núm. 47 de 24 de febrero de 1993).

48. *Vid.* Federación Española de Municipios y Provincias., Acuerdos adoptados por la comisión ejecutiva de la FEMP en la reunión celebrada el día 27 de febrero de 2006.

49. «En los supuestos en los que dos o más municipios limítrofes, pertenecientes a una misma Comunidad Autónoma, no dispongan separadamente de recursos suficientes para la prestación de los servicios de policía local, podrán asociarse para la ejecución de las funciones asignadas a dichas policías en esta Ley. En todo caso, el acuerdo de colaboración para la prestación de servicios por los Cuerpos de Policía Local dependientes de los respectivos municipios respetará las condiciones que se determinen por

de qué dos o más municipios limítrofes que no dispongan separadamente de recursos suficientes para la prestación del servicio de policía puedan asociarse para prestarlo conjuntamente, ahora bien, manteniendo cada cuerpo la dependencia hacia su municipio, y debiendo realizarse dicha asociación respetando las condiciones pautadas por el Ministerio del Interior.

Esta disposición no solamente sigue sin habilitar la creación de policías supramunicipales, no atreviéndose el legislador a ir más allá de lo establecido por la doctrina del TC, sino que también, la redacción de la disposición es sumamente deficiente generando dudas al no dejar claras las condiciones que han de cumplirse, ni el procedimiento a seguir para llevar a cabo un acuerdo de asociación policial. Por todo ello, en el año 2010 el Ministerio del Interior emitió el Orden INT/2944/2010, de 10 de noviembre, por la que se determinan las condiciones para la asociación de municipios con la finalidad de prestar servicios de Policía Local, de conformidad con lo previsto en la disposición adicional quinta de la Ley Orgánica 2/1986, de 13 de marzo, de Fuerzas y Cuerpos de Seguridad[50]. Esta orden desarrolló el contenido de la Disposición Adicional 5.ª estableciendo los requisitos que deben cumplir los municipios de manera más detallada, así como el procedimiento que deben seguir los municipios que pretendan asociarse.

Las leyes autonómicas de coordinación de policía que se elaboraron con posterioridad a la entrada en vigor de la Orden INT/2944/2010, se limitaron a calcar el contenido tanto de la Disposición Adicional 5.ª LOFCS, como de la orden ministerial. Un claro ejemplo de ello es la Ley 7/2017, de 1 de agosto, de Coordinación de Policías Locales de Extremadura, o la reciente Ley 6/2023, de 7 de julio, de Policías Locales de Andalucía.

Debido al objeto del presente estudio prestaremos especial atención a la ley extremeña, en concreto a sus artículos 20 y 21. Por un lado, en el artículo 20 se regulan los denominados convenios de colaboración entre municipios para atender necesidades temporales del servicio de policía local. Estos son acuerdos temporales con un máximo de duración de 30 días, los cuales úni-

el Ministerio del Interior y contará con la autorización de éste o, en su caso, de la Comunidad Autónoma correspondiente con arreglo a lo que disponga su respectivo Estatuto de Autonomía.».

50. A modo de síntesis esta orden desarrolla los requisitos de la Disposición Adicional 5.ª, añadiendo que la suma de dichos municipios no supere los 40.000 habitantes. La orden también detalla cómo deben realizarse estos acuerdos intermunicipales, explicando el procedimiento. Resaltar del procedimiento que es un proceso sumamente complejo para la operatividad de la administración de los pequeños municipios rurales. El resto de la Orden INT/2944/2010 se encarga de regular el régimen de las competencias de las policías locales partes de la asociación (que son las mismas que las establecidas en la LOFCS), la exclusividad de la asociación, su vigencia temporal y su modificación o disolución.

camente pueden firmarse para atender necesidades estacionales de un municipio que no requiera en sí un aumento de su plantilla de agentes[51]. En este tipo de acuerdos no se exige que los municipios sean limítrofes, sino únicamente que la ley dispone del concepto jurídico indeterminado de «cercanía geográfica», lo que puede permitir, en una interpretación extensiva o tolerante, llegar a un acuerdo con cualquier municipio de la región. Este artículo en sí no plasma el contenido de la Disposición Adicional 5.ª ni de la orden, sino que plasma en el texto legal la doctrina del Constitucional sobre el traspaso de agentes individualizados de modo temporal, en el mecanismo denominado como acuerdos de colaboración.

Por el otro, el artículo 21 regula los acuerdos de asociación. Aquí el legislador extremeño refunde el contenido de la disposición adicional y de la orden ministerial, añadiendo, además, que la autorización de la asociación corresponderá a la Consejería competente en materia de coordinación de policía y una cláusula de descargo para posibles responsabilidades económicas derivadas de la asociación.

En estos dos preceptos podemos contemplar y comprender los dos mecanismos actualmente existentes para prestar el servicio de policía local de manera conjunta. ¿Pero en qué se diferencian estos modelos de la prestación del servicio de forma mancomunada? Encontramos diferencias importantes, diferencias por las que consideramos que el último modelo es más conveniente. La principal de ellas es que supondría la creación de un cuerpo *ex novo*, ya fuera su fundación desde cero o una refundición de los cuerpos existentes de los municipios parte de la mancomunidad. Además, dicho cuerpo supramunicipal debería responder administrativa y jerárquicamente ante la entidad supramunicipal.

Y no solamente nos basamos en las diferencias entre los modelos para afirmar que la prestación mancomunada es más beneficiosa, sino que también el modelo vigente tiene una serie de deficiencias normativas que producen que los mecanismos de asociación policial en la mayor parte de casos no se puedan llevar a cabo y no se materialicen. Podemos señalar que las deficiencias en la actual regulación de estos mecanismos asociación atienden a dos motivos: en primer lugar, contiene elementos que son contrarios o que directamente no atienden a las necesidades reales de los municipios rurales; en segundo lugar, existen supuestos que no son regulados o tenidos en cuenta en la normativa vigente.

51. El agente cedido cumplirá con sus obligaciones en régimen de comisión de servicio aceptado voluntariamente, y prestará servicios bajo la superior jefatura de la alcaldía del municipio donde se realicen y bajo el mando directo de la Jefatura de policía local del mismo. Aparte de deber ser aprobados por los Plenos de ambos ayuntamientos, también es necesario realizar comunicación previa a la Consejería competente.

La primera crítica a la regulación actual se centra en el inciso «limítrofe» contenido en todas las normativas, ya que han sido copiadas de la Disposición Adicional 5.ª. Esto *a priori* parece no tener mucha relevancia, pero sí la tiene. Pues hace que la esencia de la norma, que no es otra que la de facilitar la presentación conjunta del servicio por aquellos municipios que no tienen capacidad para hacerlos por sí mismos, se diluya o desaparezca. Esta misma esencia es la base de las mancomunidades y, como podemos ver en el artículo 44 LRBRL, no se exige ningún criterio geográfico (salvo la contempladas por las normas autonómicas autonómicas), para facilitar y no limitar la prestación conjunta de servicios.

La segunda crítica también está relacionada con el elemento geográfico, y es que ninguna normativa regula las diferentes formas de asociación que pueden darse (formas de pactos), ya que podemos encontrarnos 4 tipos de acuerdos distintos: 1) el acuerdo firmado por municipios que cuentan con policía local 2) acuerdos entre uno o varios municipios con policía y otro/s sin policía; 3) acuerdos entre municipios sin policía local[52]; y finalmente, 4) «los acuerdos de continuidad geográfica». Por lo que la normativa no parece dejar claro que si para realizar un acuerdo de asociación deben contar los municipios con un cuerpo de policía previamente o no. Según el profesor Fernández Sánchez, sí sería necesario que al menos uno de los municipios contase antes del acuerdo con policía local de acuerdo con la normativa actual[53]. Según esta interpretación, la normativa volvería a ir en contra de la esencia de la norma de la que veníamos hablando más arriba.

En definitiva, la regulación del modelo de asociación policial presenta evidentes carencias en su diseño normativo, lo que no contribuye a la implementación de políticas integrales que aborden y resuelvan las problemáticas de seguridad relacionadas con el inframunicipalismo y, en particular, con los pequeños municipios rurales. Cabe destacar que en Extremadura no se ha realizado nunca ningún acuerdo de asociación policial a día de hoy, lo que deja en evidencia la operatividad normativa e institucional de este mecanismo, aunque sí son frecuentes los acuerdos de colaboración, debido a la ausencia del criterio geográfico colindante.

V. CONCLUSIONES: PROPUESTA DE *LEGE FERENDA*

A lo largo del presente capítulo, hemos explorado las problemáticas de seguridad en los municipios rurales y hemos estudiado según la legislación

52. *Vid.* Fernández Sánchez, P., El futuro de las policías locales: análisis normativo, jurisprudencia, y estudio de caso en las policías de Tarragona, Tesis Doctoral, Universitat Rovira i Virgili, 2016, pp. 147-150.
53. *Ibidem.*

vigente cómo los modelos de colaboración y asociación policial pueden ayudar a prestar un servicio de policía local de manera eficiente y sostenible en las zonas rurales.

Como hemos desarrollado en el apartado anterior la regulación de los acuerdos de asociación tiene deficiencias, conteniendo incluso incisos que perjudican los intereses o necesidades directas de los municipios y que en nada ayudan a paliar las consecuencias del inframunicipalismo.

El modelo de policía mancomunada o policía supramunicipal parece ser una opción idónea para ofrecer un servicio de policía local eficiente, sostenible y con mejores condiciones en los municipios rurales de Extremadura. A pesar de que existen otras alternativas, como la BESCAM[54] en la Comunidad de Madrid, la UESCARM[55] en la Región de Murcia, o incluso la creación de una Policía Autonómica, dado que Extremadura tiene la competencia para hacerlo[56], la opción mancomunada sigue siendo la idónea, ya que esta entidad al estar compuesta por todos los municipios a los que se prestará el servicio conoce sus necesidades y puede operar de manera más eficiente al contar con más recursos y una escala superior.

En conclusión, para que en España, y en concreto en Extremadura, fuera posible la creación de policías supramunicipales, la solución más factible es la modificación de la LOFCS, en concreto su art. 51, el cual regula la creación y en ámbito de actuación de las policías locales. Actualmente el artículo 51.1 comienza estableciendo que «los municipios podrán crear cuerpos de policía propios [...].», simplemente con que la reforma añadiese el inciso «mancomunidades y comarcas» o «entidades locales de ámbito supramunicipal». Además, se debería adecuar la redacción del resto artículos del Título V para que concuerden con dicha modificación. Con esto sería suficiente para habilitar legalmente las policías supramunicipales y así superar la doctrina del TC que las declara inconstitucionales a día de hoy por una cuestión de competencia. También podría mantenerse la Disposición Adicional 5.ª eliminando el inciso «limítrofe», con el fin de ofrecer a los municipios un abanico más amplio de posibilidades a la hora de prestar este servicio. Asimismo, sería adecuado que se hiciera un desarrollo reglamentario sobre los cuerpos de policía supramunicipales para concretar todo aquello no contemplado en la LOFCS, y que además sirviera de referencia a las CCAA a la hora de introducir este modelo policial en sus leyes de coordinación. Con las mencionadas reformas, España podría conseguir establecer un modelo de policía supramunicipal que pondría fin a las deficiencias de los actuales

54. Brigada Especial de Seguridad de la Comunidad de Madrid.
55. Unidades Especiales de Seguridad Ciudadana de la Región de Murcia.
56. Disposición adicional séptima de la Ley Orgánica 1/2011, de 28 de enero, de reforma del Estatuto de Autonomía de la Comunidad Autónoma de Extremadura.

acuerdos de colaboración y asociación, y permitiría a los municipios rurales contar con un servicio de policía local, eficiente, sostenible y de calidad.

BIBLIOGRAFÍA

Alvarado Mendoza, A; y Padilla Oñate, S., «Organización policial y debilidad institucional: balance de las capacidades de las policías estatales», *Iztapalapa Revista de Ciencias Sociales y Humanidades*, n.º 90, 2020.

Ceccato, V., *Rural crime and community safety*, Routledge, London 2016.

Donnermeyer, J. F., Scott, J., y Barclay, E., «How Rural Criminology Informs Critical Thinking in Criminology», *International Journal for Crime, Justice and Social Democracy, 2(3), 2013,* pp. 69-91. https://doi.org/10.5204/ijcjsd.v2i3.122.

Federación Española de Municipios y Provincias., *Acuerdos adoptados por la comisión ejecutiva de la FEMP en la reunión celebrada el día 27 de febrero de 2006.*

Fernández Sánchez, P., *El futuro de las policías locales: análisis normativo, jurisprudencia, y estudio de caso en las policías de Tarragona,* Tesis Doctoral, Universitat Rovira i Virgili, 2016.

García Durán, F. J., «La fusión coactiva de municipios en España: principios, estrategia y resultados», *El Cronista del Estado Social y Democrático de Derecho*, n.º 57, 2016.

Gómez-Limón Rodríguez, J. A; Atance Muñiz, I; Rico González, M., «Percepción pública del problema de la despoblación del medio rural en Castilla y León», *Revista de Estudios sobre Despoblación y Desarrollo Rural*, n.º 6, 2007, pp. 9-60.

Huesca González, A. M., «La seguridad desde la perspectiva subjetiva: el miedo al delito» en Huesca González, A. M., Quicios García, M. P., y Grimaldo Santamaría, R. (eds.), Seguridad *y ciudadanía*, Madrid, Dykinson, 2021.

Kessler, G., «El sentimiento de inseguridad: sociología del temor al delito». *Revista Estudios Socio-Jurídicos 15*, núm. 1, 2013, pp. 167-176.

Llop, J. B., «Reflexiones constitucionales sobre el modelo policial español», Revista Española de Derecho Constitucional, n.º 48, 1996.

Moreno González, G,. «Hacia una renovada planta local en España: autonomía local y calidad democrática desde el municipalismo» en Castellanos Claramunt, J. (dir.), *Participación ciudadana y calidad democrática*, Tirant lo Blanch, Valencia, 2022, pp. 159-198.

Ortiz García, J., *Mito o Realidad: un estudio criminológico sobre la seguridad en las comunidades rurales de Extremadura*, Dykinson, Madrid, 2022.

Ortiz García, J., y Rufo Rey, M. A., «Seguridad y prevención del delito en las comunidades rurales de Extremadura: un estudio de caso desde la criminología», *Revista de estudios Jurídicos y Criminológicos*, n.º 7, Universidad de Cádiz, 2023, pp. 153-185, DOI: https://doi.org/10.25267/REJUCRIM.2023.i7.07.

Ortiz García, J., y Rufo Rey, M. A., «Percepción de inseguridad y desigualdad territorial en el medio rural», en Miró Llinares, F., y Guardiola García, J. (eds.), *Libro de Actas del V Simposio de Investigación Criminológica: La Criminología del futuro, hoy*, ReCrim, 2023, pp. 145-147.

Pyl, Georges. La reforma de los cuerpos de policía en Bélgica. *Revista Catalana de Seguretat Pública*, 2000, p. 131-172.

Incorporando la criminología en las administraciones locales: especial referencia a las áreas rurales [1]

JORDI ORTIZ GARCÍA
Universidad de Extremadura

I. INTRODUCCIÓN

En capítulos anteriores hemos podido analizar algunos de los problemas y retos que tienen las áreas rurales extremeñas en materia de Justicia y Seguridad (falta de servicios policiales, problemas para implementar políticas locales de seguridad, prevención de conductas delincuenciales y no delincuenciales o cambios en la Justicia local), asuntos todos ellos de enorme valor a la hora de fijar población y mejorar el bienestar y la calidad de vida

---

1. Este trabajo se ha desarrollado en el marco del Proyecto regional I+D+i de investigación IB20117 «La necesaria reforma de las administraciones públicas y del modelo territorial español ante el reto demográfico en Extremadura» (IP: Gabriel Moreno González), cofinanciado por el Fondo Europeo de Desarrollo Regional y la Consejería de Economía, Ciencia y Agenda Digital de la Junta de Extremadura.

de la ciudadanía en estas áreas y actualmente dos de los temas que más preocupan a operadores políticos y sociales de nuestro país[2].

Tal vez, el problema del desinterés por la inseguridad, el miedo o la justicia en las zonas rurales sea la idealización casi romántica del mundo rural y la falsa creencia sobre la baja tasa de delitos en estos lugares, motivos todos ellos que han logrado minimizar el impacto que tiene entre la ciudadanía o las administraciones la delincuencia en las zonas rurales[3]. Sin embargo, algunos estudios nacionales e internacionales ya han puesto sobre la mesa los problemas de seguridad que sufren por igual las personas que viven en entornos rurales como urbanos: convivencia, delitos de odio, violencia de género o delitos patrimoniales como el robo, son algunos de los problemas que permanecen ocultos en el medio rural, debido a la cultura del silencio o por un sentimiento de abandono de las administraciones. En definitiva, unas investigaciones que apuntan a tasas más altas de miedo al delito en zonas con menor concentración de población que en grandes poblaciones[4].

Por todo ello, y a pesar de que estos temas no se encuentren en las principales agendas o líneas de actuación de nuestras administraciones, desde el ámbito científico y académico debemos crear y diseñar estrategias que puedan solucionar, mejorar o mitigar los problemas delincuenciales y judiciales que se producen en el medio rural.

Por dicho motivo, este capítulo tiene como finalidad presentar un proyecto original para mejorar algunas de las problemáticas que se dan en municipios rurales de Extremadura en materia de Justicia y Seguridad.

Para ello, queremos apostar por la incorporación de criminólogos y criminólogas al medio rural formadas en universidades españolas, trabajando en dos instituciones públicas de ámbito local como son los ayuntamientos y las mancomunidades.

---

2. Sobre esta cuestión existen numerosos estudios e investigaciones. Tal vez, la acción más representativa sobre este tema es la creación por parte del gobierno español de un Ministerio para la Transición Ecológica y el Reto Demográfico, que tiene entre sus funciones la elaboración y el desarrollo de la estrategia y la política del Gobierno frente al reto demográfico, así como la propuesta y ejecución de la política de lucha contra la despoblación. [En línea]: https://www.miteco.gob.es/es/ministerio.html [Consultado: 23/10/2023].
3. Sobre esta cuestión, insistir en la falta de datos oficiales por parte de las administraciones sobre la delincuencia en el mundo rural.
4. Los delitos motivados por el odio, la discriminación, las desigualdades o la violencia de género en el mundo rural pueden permanecer ocultos por la cultura del silencio. Una reacción por parte de testigos y víctimas de callar ante este tipo de comportamientos. Ceccato, V. & Abraham, J. *Crime and Safety in the rural*, Springer, 2022.

Antes de presentar nuestro proyecto, vamos a conocer de manera resumida y concisa, qué es la Criminología y cuáles son funciones dentro de la comunidad.

En la actualidad, la Criminología en España ha crecido de manera exponencial. La labor de instituciones y organismos que trabajan para el desarrollo de esta profesión como: asociaciones profesionales, colegios profesionales o sociedades científicas nacionales e internacionales, está siendo fundamental para visibilizar y ayudar en la incorporación de esta figura en el mundo laboral[5].

Pero, ¿qué es la criminología?, ¿por qué hemos elegido esta figura desconocida para gran parte de la sociedad? En palabras de Redondo y Garrido (2023) «la Criminología es aquella ciencia que estudia los comportamientos delictivos y las reacciones sociales frente a ellos», siendo sus áreas de estudio los delitos, los delincuentes, las víctimas y los sistemas de control social. Una imagen que siempre ha sido relacionada con un determinado perfil profesional, que nada tiene que ver con la realidad[6].

Una disciplina que tiene competencias profesionales en la recogida y sistematización de información de la delincuencia; análisis de las cifras de criminalidad; interpretación de datos y teorías científicas; evaluación y descripción de factores de riesgo o la evaluación técnica del riesgo delictivo (por cierto, una competencia que abordaremos en este proyecto); mejor comprensión y explicación de los fenómenos criminales; informes técnicos sobre perfiles específicos de delincuentes; análisis de lugares y contexto de alta concentración de delitos y evaluación de iniciativas y proyectos de prevención[7]. Unas competencias que pueden ser de gran utilidad en organismos municipales, gobiernos regionales, departamentos de interior, policía, servicios de atención, instituciones y programas juveniles, servicios sociales o servicios de tratamientos de delincuentes juveniles o adultos.

---

5. En las webs de los colegios podemos observar bolsas de empleo para colegiados. A modo de ejemplo, véase: https://www.criminolegs.cat/web/es/bolsa-de-empleo [Consultado 12/10/2023].
6. Durante muchos años, organismos e instituciones y la ciudadanía en España han relacionado la figura de las personas formadas en Criminología, con áreas específicas como la criminalística. Las series nacionales e internacionales han provocado que miles de personas jóvenes quieran formarse en esta ciencia social, pero nada tiene que ver con la labor excepcional que realizan unidades de las fuerzas y cuerpos de seguridad en materia de investigación. A modo de ejemplo, podemos ver, a día de hoy, tuits del Ministerio del Interior, que relacionan la figura del criminólogo/a con la criminalística. Algo que viene siendo habitual, pero que no refleja, lo que es a día de hoy la Criminología en España y en el mundo. Véase: Barrón Cruz, M.G., Campoy Torrente, P. y González García, A. *Efectos que ha generado CSI en México y España*. INACIPE, 2018.
7. Redondo, S. y Garrido, V. *Principios de Criminología*, Tirant lo Blanch, 2013, pp. 71-73.

Actualmente, como apunta el profesor universitario y vicedecano del Colegio Profesional de la Criminología de Madrid, Abel González García, en el año 2023 más de 20.000 personas estudian criminología en las 45 universidades españolas que ofertan estos estudios o tienen contenidos en criminología (Ej. Grado en Seguridad). Unos estudios con una alta demanda y una nota de corte en torno al 11 sobre 14[8].

Estos estudios tienen, a pesar de que algunos sectores apuntan a que se trata de una disciplina con escasas posibilidades laborales, datos positivos respecto a salidas profesionales. Un estudio elaborado por el Colegio Profesional de Criminólogos de Madrid en el año 2023, un 19,9% de las personas que han estudiado criminología actualmente trabajan como criminólogos o criminólogas, un 31,9% en puestos relacionados con esta profesión. Además, muchas personas que han estudiado esta carrera ya tienen trabajo. Hablamos por ejemplo de profesionales de las fuerzas y cuerpos de seguridad o funcionariado de instituciones penitenciarias, por lo tanto, del grupo de desempleados, no todos buscan un puesto de trabajo. En definitiva, a pesar de que se trata de una profesión que no está regulada, los datos de inserción laboral son relativamente buenos en España[9].

Hay que reiterar que estos resultados son gracias al gran esfuerzo que vienen realizando entidades e instituciones en España como las Asociaciones de Criminólogos de España, representada por la Federación de Asociaciones de Criminólogos en España (FACE), ya desaparecida, la Sociedad Española de Investigaciones Criminológicas (SEIC) y, en estos últimos años, los Colegios Profesionales de Criminología[10]. Una gran labor que necesita del esfuerzo y del interés de las propias administraciones por incorporar esta figura a nuestra sociedad. Por cierto, unos estudios de criminología que fueron aprobados y apoyados por nuestras administraciones, y que tienen la obligación y el deber de ayudar y colaborar en la inmersión laboral de esta figura, o así lo defendemos.

Antes de presentar nuestra propuesta, analizaremos algunas cuestiones actuales sobre Justicia, Seguridad y Criminología en Extremadura, al objeto

8. Los resultados fueron presentados por el profesor Dr. D. Abel González García en el V Simposio de Criminología celebrado en la ciudad de Valencia los días 6 y 7 de julio de 2023. [En línea]: https://criminologia.net/simposios/proximo-simposio/v-simposio-de-investigacion-criminologica-web/ [Consultado 21/10/2023].

9. [En línea]: https://colegiocriminologosmadrid.es/mitad-graduads-criminologia-trabajan-profesion/ [Consultado 21/10/2023].

10. Actualmente, nuestro país cuenta con 5 colegios profesionales: Comunidad de Madrid, Catalunya, Asturias, Murcia y Valencia. A modo de ejemplo, véase: https://colegiocriminologosmadrid.es [Consultado: 10/10/2023]. https://www.criminolegs.cat/web/es [Consultado: 10/10/2023].

de conocer nuestro interés por incorporar criminólogos en el medio rural extremeño.

II. CONTEXTUALIZACIÓN

Como venimos apuntando en esta obra, Justicia y Seguridad en el medio rural son dos asuntos que no parecen despertar un gran interés entre operadores políticos y sociales. Sin embargo, hemos visto que estudios llevados a cabo fuera de nuestras fronteras muestran la importancia que tienen estos dos asuntos en la calidad de vida de las personas que residen en el medio rural[11]. Por ejemplo, el aislamiento geográfico, la lejanía, menor accesibilidad, la exclusión, el desempleo, minorías o falta de vigilancia son factores individuales y sociales que afectan de manera muy distinta entre los residentes de áreas rurales y urbanas. Además, la inseguridad o el miedo a ser víctima de un delito entre la población rural puede ser más elevada que en zonas con mayor concentración de población. Por todo ello, el estudio de la seguridad y sus políticas en el medio rural de nuestro país no es sólo necesario, es obligatorio. Desgraciadamente, la escasa literatura sobre este tema en España es alarmante a pesar de que nuestro país tiene más de 6.000 municipios menores de 5.000 habitantes, lo que supone un 12% de la población total[12]. Una ciudadanía que, tras sufrir una crisis sanitaria y económica provocada por una pandemia mundial, siente mayor inseguridad en algunos colectivos[13]. Uno de los grupos que más está sufriendo los efectos del SARS-CoV-2, siendo además una de las más representativas en las zonas rurales extremeñas (tabla 1), es la población adulta. Una población de enorme interés criminológico por el alto grado de victimización[14] y por su acusada presencia en el medio rural.

---

11. Algunas investigaciones apuntan que la falta de seguridad afecta a la calidad de vida de las mujeres en el medio rural. Sobre esta cuestión, véase: Timperio, A., Veitch, J & Carver, A. «Safety in numbers: Does perceived safety mediate associations between the neighborhood social environment and physical activity among women living in disadvantaged neighborhoods?». *Preventive Medicine*, 2015, 74, pp. 49-54.
12. Según datos del Instituto Nacional de Estadística, España tiene 48.345.223 habitantes a 1 de julio de 2023, lo que supone que casi 6.000.000 de personas viven en municipios menores de 5.000 habitantes.
13. El miedo a desplazarse a otros lugares y relacionarse con otros grupos ha crecido entre las personas mayores, véase: Higgins, A. «Police in Place. Why the police need to reconnect locally». *The Police Foundation*, 2021. [En línea]: https://www.police-foundation.org.uk/wp-content/uploads/2010/10/perspectives_police_and_place.pdf [Consultado: 23/10/2023].
14. Como apuntan algunas investigaciones criminológicas, la vulneración física de estos grupos tienen correlación una mayor inseguridad [En línea]: https://fepsu.es/seguridad-y-personas-mayores-una-prospectiva-hecha-realidad/ [Consultado: 23/10/2023].

Tabla 1.Porcentaje de población adulta en la Comunidad Autónoma de Extremadura

	65 y más años	**70 y más años**	**75 y más años**	**80 y más años**	**85 y más años**	**90 y más años**	**95 y más años**
Extremadura	21,37	15,79	11,03	6,94	4,03	1,40	0,29

Nota: Elaboración propia a partir de los datos del Instituto Nacional de Estadística (INE).

Aunque ya hemos abordado numerosas cuestiones sobre Justicia y Seguridad en las áreas rurales de Extremadura, queremos resaltar algunos aspectos que afectan a la inseguridad de la población que residen en las áreas rurales extremeñas y a la gestión de sus administraciones.

Uno de los principales problemas que tienen las áreas rurales en Extremadura es la enorme extensión del territorio de nuestra región. La distancia entre nuestros pueblos o la distancia a nuestras ciudades con mejores servicios puede generar inseguridad y miedo. El aislamiento geográfico o la lejanía tienen un efecto negativo entre la población. El aislamiento puede provocar un aumento en la percepción de inseguridad de la población rural[15]. Desgraciadamente, la población que reside en Extremadura tiene un alto riesgo de sufrir estas consecuencias por la distribución territorial de sus municipios y su geografía.

Otra cuestión no analizada en profundidad son los efectos que tienen los problemas delincuenciales y judiciales a la hora de lograr los Objetivos de Desarrollo Sostenible para 2023. La prevención de los delitos medioambientales, los vertidos ilegales, las desigualdades o la falta de instituciones sólidas en las áreas rurales hacen muy difícil que nuestro país cumpla con los ODS 3, 5, 6, 10, 14 o 15[16]. En todo caso, se tratan de cuestiones que deben ser abordadas en mayor profundidad.

En las tareas y objetivos de nuestro proyecto nos hemos centrado en dos cuestiones muy concretas y sus efectos sobre la población: la falta de servicios públicos y la desaparición de la justicia local conocida hasta ahora, el adiós de los Juzgados de Paz.

15. Panelli, R., Kraack, A. & Little, J. «Claiming space and community: Rural women's strategies for living with, and beyond, fear». *Geoforum*, 2005, 36(4), pp. 495-508.
16. Sobre los Objetivos de Desarrollo Sostenible, véase: https://www.un.org/sustainabledevelopment/es/objetivos-de-desarrollo-sostenible/ [Consultado: 23/10/2023].

Por lo que respecta a la Criminología en Extremadura, desde el año 2017 se imparten en la Facultad de Derecho de la Universidad de Extremadura el grado en Criminología y el PCEO Criminología-Derecho[17]. A fecha de hoy, tres promociones han finalizado sus estudios en criminología, siendo un total de 45 personas las que ya han finalizado sus estudios en esta Universidad. En el caso del PCEO Criminología-Derecho, el pasado curso académico 2023-2023 finalizaron sus estudios 13 personas. En definitiva, un número alto de jóvenes que pueden comenzar a desarrollar su labor como criminólogos y criminólogas en esta región.

Para esta propuesta nos centraremos en una de las características individuales de las personas que estudian criminología en nuestra Comunidad Autónoma, el lugar de residencia[18]. En el curso académico 2022-23, 74 personas que estudiaban el grado en Criminología residían en municipios extremeños (29 en la provincia de Badajoz y 45 en la provincia de Cáceres), de las que 34 residían en municipios rurales de Extremadura (24 en la provincia de Badajoz y 10 en la provincia de Cáceres). En el doble grado Criminología-Derecho contábamos con 209 personas matriculadas, de las que 192 residen en municipios extremeños (87 en la provincia de Badajoz y 105 en la provincia de Cáceres). Del total de matriculados, 89 tienen su residencia habitual en municipios de menos de 20.000 habitantes (64 provincia de Badajoz y 25 provincia de Cáceres).

En el curso académico 2023-2024, el número de matriculados en el grado en Criminología que residen en Extremadura es de 77 personas (44 en Badajoz y 27 en Cáceres), de los 28 residen en municipios de menos de 20.000 habitantes (21 en provincia de Badajoz y 7 en la provincia de Cáceres.

Respecto al doble grado Criminología-Derecho, hay 223 matriculados que residen en Extremadura (106 en Badajoz y 97 en Cáceres), de los que 96 tienen residencia en municipios de menos de 20.000 habitantes (69 de la provincia de Badajoz y 27 en Cáceres).

En conclusión, unos números que muestran un dato significativo respecto a personas jóvenes que han finalizado sus estudios de criminología en la Universidad de Extremadura, y que pueden desarrollar su labor en áreas rurales de la región.

17. Véase los planes docentes de ambas titulaciones en: https://www.unex.es/conoce-la-uex/centros/derecho/informacion-academica/programas-asignaturas [Consultado: 23/10/2023].

18. Estos datos han sido ofrecidos por el servicio SIAA de la Universidad de Extremadura. Este servicio ha tenido en cuenta para el estudio a todas las localidades de Extremadura, con la excepción de los municipios: Almendralejo, Badajoz, Cáceres, Don Benito, Mérida, Plasencia y Villanueva de la Serena.

III. MODELOS PARA INCORPORAR LA FIGURA DEL CRIMINÓLOGO/A EN EL MEDIO RURAL

1. INTRODUCCIÓN

Después de familiarizarse con la figura de los criminólogos, sus funciones, competencias y la situación actual de la Criminología en Extremadura, vamos a desarrollar dos propuestas para incorporar esta figura profesional en el medio rural extremeño.

En primer lugar, debemos elegir el marco espacial o el lugar donde desarrollarían su labor. Concretamente, será la provincia de Cáceres. La razón de elegir los municipios de Cáceres se debe a las diferencias geográficas, sociodemográficas y económicas respecto a la provincia de Badajoz[19]. Y dentro de la provincia, hemos elegidos dos áreas específicas por su situación geográfica[20].

El primer proyecto se desarrollaría en la Comarca de las Hurdes (mapa 1). Se trata de un área en el noroeste de la provincia de Cáceres, una zona ampliamente estudiada por cuestiones culturales, sociales o económicas[21], pero con un enorme interés criminológico, como veremos a continuación.

19. Sobre las características sociodemográficas y económicas de las provincias de Cáceres y Badajoz, véase el informe elaborado por profesorado de la Universidad de Extremadura «Igualdad de Género en el entorno rural y municipal de Extremadura: Diagnóstico y Propuestas»: [En línea]: https://www.igualdadrural.es [Consultado 30/10/2023].

20. Todos los mapas temáticos que aparecen en este trabajo han sido elaborados con el software Qgis. Un sistema de información geográfico de código abierto y libre. [En línea]: https://www.qgis.org/es/site/

21. Sobre este tema existe numerosa literatura. A modo de ejemplo: Barroso Gutiérrez, F. *Las Hurdes visión interior.* Diputación de Salamanca, 1993; Martín Martín, J.A. *Las Hurdes y su cultura.* 2002; Legendre, M., Barcia Mendo, E., Blanco Carrasco, J. P. y Sánchez Miguélez, P. *Las Hurdes: estudio de geografía humana.* Editora Regional de Extremadura, 2006; Blanco Carrasco, J.P. Las Hurdes: Aislamiento, pobreza y redención social: siglos XVI al XX. Servicios de Publicaciones de la Universidad de Extremadura, 2008; Matías Marcos, D. *La Leyenda de las Hurdes. Geografía, literatura e historia de una comarca mítica.* Diputación de Badajoz, 2020.

Mapa 1. Área de estudio 1: Las Hurdes

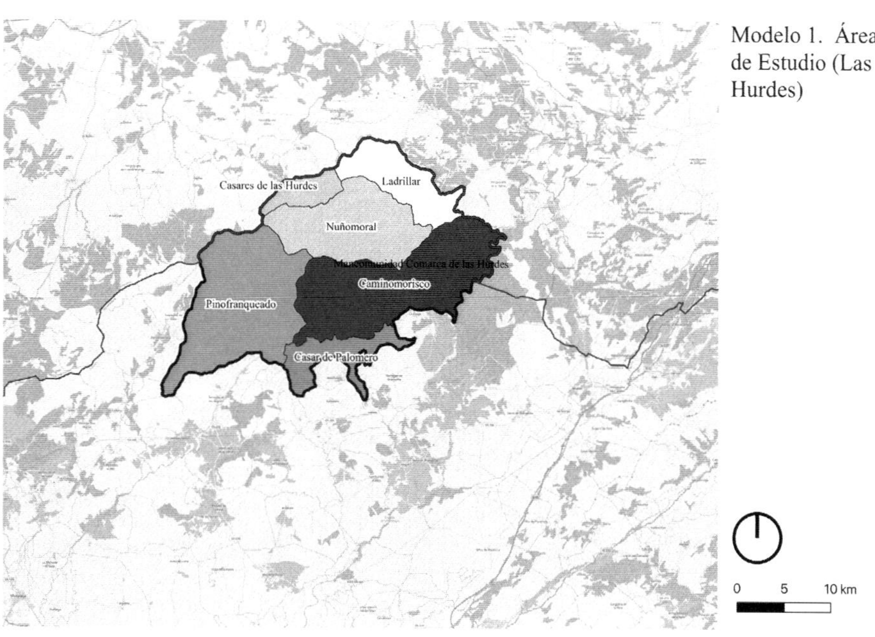

Nota: Elaboración propia a partir de datos obtenidos en IDEEX.

La segunda área sería al oeste de la provincia de Cáceres, con la incorporación de criminólogos en una mancomunidad, y concretamente proponemos a la Mancomunidad Integral de Sierra de San Pedro (mapa 2). Una mancomunidad que agrupa un total de 9 municipios cercanos a Portugal y aproximadamente 13.000 habitantes[22]. Un área que se encuentra, en su punto más alejado, a unos 100 kilómetros de la ciudad de Cáceres.

22. [En línea]: https://www.mancomunidadsierrasanpedro.es/presentacion [Consultado: 22/10/2023].

Mapa 2. Área de estudio 2: Mancomunidad Integral Sierra de San Pedro

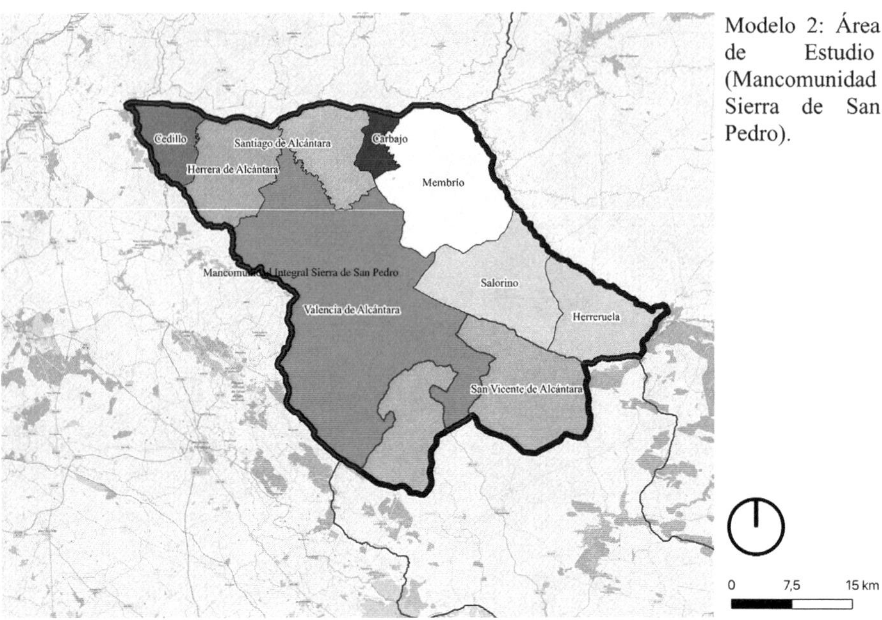

Nota: Elaboración propia a partir de datos obtenidos en IDEEX.

Se ha de indicar que ambos lugares seleccionados para este proyecto tienen características criminológicas comunes: escasa presencia policial (principalmente policía local), cierto aislamiento geográfico respecto a áreas más pobladas como Cáceres o Plasencia o una tasa elevada de población adulta con respecto a otros municipios. En el siguiente mapa podemos observar los núcleos de población con servicios policiales (Policía Local y Guardia Civil):

Mapa 3. Distribución geográfica de las fuerzas y cuerpos de seguridad en la provincia de Cáceres

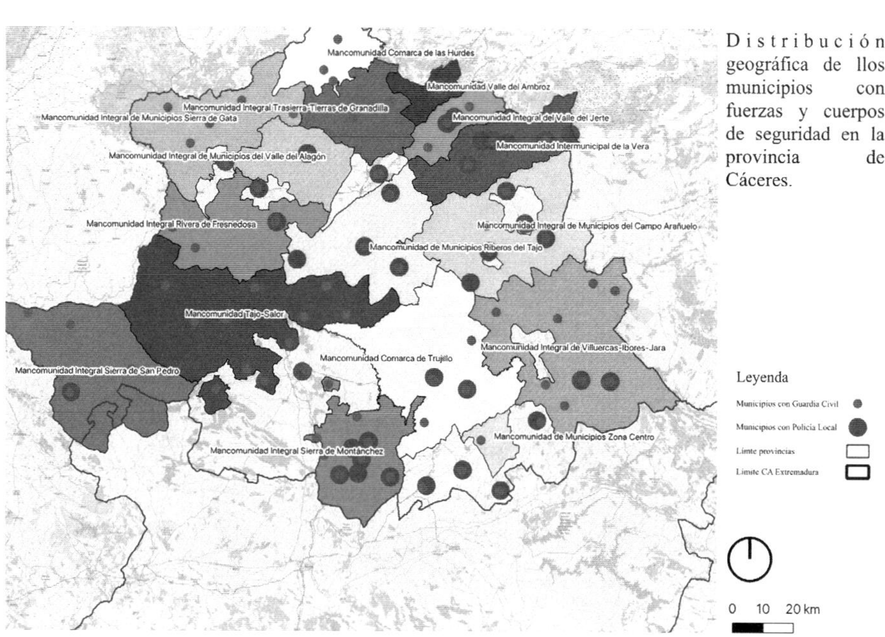

Nota: Elaboración propia a partir de datos obtenidos en IDEEX y Junta de Extremadura.

A continuación presentamos las dos propuestas para incorporar criminólogos en áreas rurales de la provincia de Cáceres en la Comunidad Autónoma de Extremadura.

2. MODELO 1: AYUNTAMIENTOS

La gestión de nuestros ayuntamientos en el medio rural merece ser estudiada en profundidad. La ingente labor que desarrollan estas instituciones, a pesar de la falta de recursos materiales y humanos, necesita de toda colaboración institucional y administrativa (y también académica) para que puedan dar servicios de calidad a su vecindario. Un hecho que no siempre sucede por los numerosos problemas que hemos podido identificar en esta obra.

El porqué de elegir el siguiente lugar de referencia en las Hurdes, observando el siguiente mapa, es la falta de servicios policiales y los numerosos municipios que este servicio tiene que atender. En color verde podemos observar la localidad con Guardia Civil (Nuñomoral) y el elevado número de municipios cercanos. Algunos de ellos, a una distancia de aproximadamente 30 kilómetros en una vía o estado de la carretera deficiente[23].

Así, el criminólogo o criminóloga trabajaría en el ayuntamiento de Nuñomoral[24], localidad de mayor población, pero prestaría servicio a otras localidades (alquerías), que en el caso de esta localidad son diez: El Gasco, Fragosa, Martiladrán, Cerezal, Asegur, Aceitunilla, la Batuequilla, Rubiaco, la Horcajada y Vegas de Coria.

Mapa 4. Distribución geográfica de los municipios de la Comarca de las Hurdes

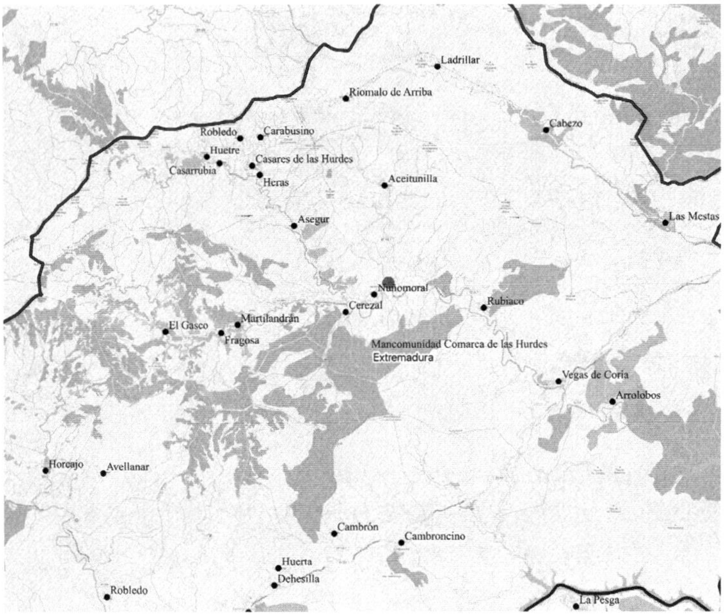

Distribución geográfica de los municipios en la Comarca de las Hurdes

Nota: Elaboración propia a partir de datos obtenidos en IDEEX y Junta de Extremadura.

23. Junto a la falta de servicios públicos como las fuerzas y cuerpos de seguridad, no podemos dejar a un lado el número de personas que visitan esta zona durante el año. Se trata de un elemento de enorme interés para la seguridad de estos municipios. Sobre esta cuestión, puede verse los últimos datos de pernoctaciones en la provincia de Cáceres publicados por el Observatorio de Turismo de la Junta de Extremadura en: https://www.turismoextremadura.com/es/pie/observatorio.html [Consultado/31/10/2023] o el artículo sobre seguridad en el medio rural, Ortiz García, J. y Rufo Rey, M.M. Seguridad y prevención del delito en las comunidades rurales de Extremadura: un estudio de caso desde la criminología, Revista de Estudios Jurídicos y Criminológicos,2023,7, pp. 153-185.

24. Véase: https://www.nunomoral.es [Consultado/31/10/2023].

Pues bien, existen numerosas funciones que pueden realizar los criminólogos en las administraciones locales. Para este trabajo presentaremos tres propuestas:

1. Gestión y tramitación de las ordenanzas municipales

El criminólogo/a sería la persona responsable de gestionar e impulsar, dando parte a las autoridades o funcionarios competentes, las sanciones interpuestas por los ayuntamientos con motivo de infracciones administrativas. Por ejemplo, algunos ayuntamientos han incorporado a su normativa local ordenanzas que protegen el espacio público de comportamientos que provocan inseguridad en la ciudadanía. Estas ordenanzas tienen un régimen sancionador que necesitan control y vigilancia por parte de las administraciones locales para el cumplimiento de esta norma, hablamos de ordenanzas de convivencia o de la tenencia y protección de animales de compañía y considerados potencialmente peligrosos. Sin embargo, muchos no tienen servicios policiales y los gobiernos locales evitan entrar en conflicto con el vecindario para sancionar estos comportamientos, también la falta de personal para gestionar estos trámites. Además, podrían impulsar la gestión de sustituir sanciones pecuniarias por trabajos en beneficio a la comunidad como sucede en otras localidades[25].

2. Colaboración con las fuerzas y cuerpos de seguridad en materia de violencia de género

La labor que pueden desarrollar los criminólogos en el ámbito local consistiría en colaborar con las fuerzas y cuerpos de seguridad para la protección de víctimas de violencia de género en el medio rural, tal vez una de las más importantes[26].

Según datos de Subdelegación del Gobierno en la provincia de Cáceres, cerca de 500 mujeres tenían órdenes de protección en el medio rural de la provincia en 2021, una situación que necesita de la protección por parte de

---

25. Ortiz García, J. y Pavón Pérez J.A. *Los trabajos en beneficio a la comunidad en las entidades locales: una mirada desde el Derecho administrativo sancionador y la criminología*. Tirant lo Blanch, 2023.

26. En pequeños municipios de Inglaterra cuentan con agentes comunitarios que colaboran con las fuerzas y cuerpos de seguridad para la prevención del delito. Estas personas no son agentes de la autoridad y sólo ayudan a los servicios policiales. Una figura que está funcionando de manera exitosa en este país, y que podría ser un modelo para las áreas rurales de nuestro país. Sobre esta cuestión: Innes, M., Colin, R., Trudy, L. & Innes, H. *Neighbourhood policing: the rise and fall of a policing model*. Clarendon Studies in Criminology, Oxford University Press, 2020.

las fuerzas y cuerpos de seguridad[27]. Cierto es que sólo aquellas mujeres con riesgo alto deben tener una vigilancia policial 24 horas, pero la gestión de estos casos en día a día, en el medio rural puede ser complejo y difícil. La formación académica de criminólogos sobre estas materias permite valorar la gravedad y el riesgo de violencia[28]. De este modo, permitiría un seguimiento de estas víctimas en estos lugares, con escasa presencia policial, e informar sobre la necesidad de modificar la valoración de protección de estas mujeres. Una valoración que se haría mediante informes criminológicos, que día a día son más habituales y valorados en el sistema judicial de nuestro país. Sin duda, una ayuda esencial en la labor diaria del personal de los ayuntamientos en poblaciones pequeñas, que se encuentran desbordados por el aumento de competencias y funciones, y la escasez de recursos humanos y materiales.

3. <u>Incorporación en las nuevas Oficinas Municipales de Justicia</u>

La última de nuestras propuestas consiste en una colaboración entre administración local y justicia. En este caso, hablamos de gestionar con las administraciones locales la posibilidad de que personas que cumplen condena puedan sustituir la pena de prisión por penas alternativas como los trabajos en beneficio a la comunidad en su municipio[29]. Esta labor ya la están realizando criminólogos y criminólogas en poblaciones de nuestro país. En muchos casos, personas que son condenadas por un delito, los jueces o tribunales no les pueden ofrecer estas alternativas ya que en sus localidades de residencia no pueden plantear estas medidas, principalmente en municipios pequeños. Hablamos de un primer delito o delitos menos graves y que puede ayudar a las personas para que cumplan su condena fuera de los centros penitenciarios y mejorar la reinserción o rehabilitación sin salir de su entorno.

En definitiva, varios proyectos que pueden ofrecer a las administraciones quienes han estudiado Criminología en nuestro país. Además, en el caso de Extremadura, que cuenta con una doble titulación Criminología-Dere-

---

27. Sobre este asunto, cabe destacar el sistema VIOGEN, véase: https://www.interior.gob.es/opencms/es/servicios-al-ciudadano/violencia-contra-la-mujer/sistema-viogen/ Sin embargo, está herramienta continúa generando dudas, atendiendo al importante número de mujeres que continúan sufriendo la violencia.
28. A modo de ejemplo, un manual que Loinaz Calvo, I. Manual de evaluación del riesgo de violencia: metodología y ámbitos de aplicación. Pirámide, 2017.
29. Existe numerosa información sobre estas medidas. A modo de ejemplo, ver: [En línea]: https://www.caritas.es/blog/trabajo-beneficio-comunidad-reclusos/ [Consultado 30/10/2023].
    o http://femp.femp.es/files/566-2466-archivo/Triptico%20Trabajo%20en%20Beneficio%20de%20la%20Comunidad%20(1).pdf [Consultado 30/10/2023].

cho, se permitiría al ayuntamiento de Nuñomoral tener asesoramiento jurídico adicional, pero también a la ciudadanía.

3. MODELO 2: MANCOMUNIDADES

El segundo modelo se basa en una institución formada por una asociación de municipios con personalidad jurídica propia, la mancomunidad[30]. Una entidad que ofrece numerosos servicios, donde destacan las áreas de recogida de basuras, igualdad y servicios sociales, pero en la que muchas de sus localidades no cuentan con servicios policiales, como puede verse en el siguiente mapa (mapa 5).

A continuación presentamos dos propuestas para incorporar criminólogos en las mancomunidades.

1. Agentes de Igualdad

Las mancomunidades cuentan con puestos en estos servicios que pueden ser cubiertos por personas que han estudiado Criminología, como son las agentes de igualdad. Una figura emergente que tiene entre sus funciones diseñar, coordinar, dinamizar, implementar o evaluar programas, proyectos o campañas en materia de igualdad, pero también en la protección de víctimas de violencia de género en áreas rurales[31].

Pues bien, el alumnado del Grado en Criminología de la Universidad de Extremadura recibe formación específica en materia de igualdad o violencia de género en asignaturas como Victimología o Género y Sistema Penal. En el caso de la asignatura de Victimología aborda cuestiones como: valoración de los daños y perjuicios producidos por el delito, la reparación del daño o restauración de la víctima; mientras, en la asignatura de género y sistema penal, se abordan cuestiones fundamentales en un análisis feminista de la política (género, igualdad o dicotomía público/privada), lo que supone más de 300 horas de formación en materias de igualdad y género.

30. Guía de tramitación para la creación de mancomunidad de municipios de la Junta de Extremadura: [En línea]: https://www.juntaex.es/documents/77055/621113/PUBLICACIÓN-GUÍA+DE+TRAMITACIÓN-CREACIÓN+DE+MANCOMUNIDAD+DE+MUNICIPIOS.pdf/c9bfc4a7-e0a4-44f4-9fa7-9904ece1d064?t=1649054562057 [Consultado 31/10/2023].

31. Sobre las agentes de igualdad, véase: Soriano Moreno, S. «La respuesta a la violencia de género en las zonas rurales». En Soriano Moreno S. (coord.). *Los derechos de las mujeres en las zonas rurales. Un estudio de caso.* Thompson Reuters Aranzadi, 2022, pp. 281-311.

Mapa 5. Distribución geográfica de los municipios en el área de la Sierra de San Pedro[32]

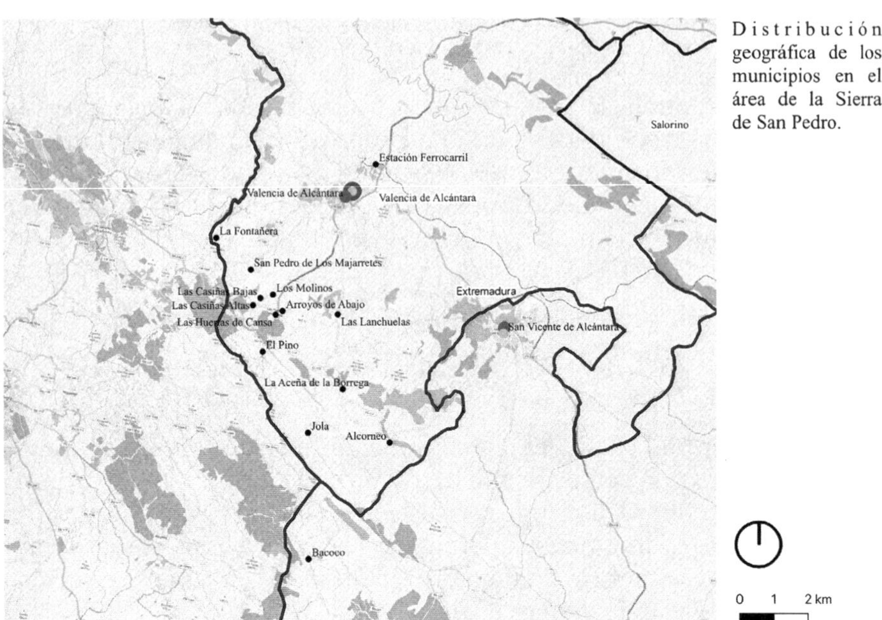

Distribución geográfica de los municipios en el área de la Sierra de San Pedro.

Nota: Elaboración propia a partir de datos obtenidos en IDEEX y Junta de Extremadura.

2. Gestión y planificación de la seguridad

La segunda propuesta consistiría en crear un servicio de gestión sobre la planificación de servicios de seguridad a los pueblos que componen la mancomunidad.

A lo largo del año, son muchas las actividades recreativas o espectáculos públicos que realizan los pueblos rurales, unas actividades que concentran mucha ciudadanía, que necesita de una planificación y diseño de la seguridad que muchos de estos pueblos no tienen o no pueden, por lo que requieren de servicios policiales que en muchas ocasiones no cubren esta necesidad, por lo que se requiere de servicios privados costosos. La contra-

32. En este mapa se observan algunas pedanías que forman parte del municipio de Valencia de Alcántara como: Alcorneo, El Pino, Jola. La Aceña de la Borrega, Las Casiñas, Las Huertas de Cansa, Las Lanchuelas, San Pedro de los Majarretes. Se trata de numerosas poblaciones que requieren de servicios y atención por parte del núcleo principal. A modo de ejemplo, los servicios policiales (Policía Local) deben realizar tareas en estas localidades. También se observa la localidad de Bacoco perteneciente a la provincia de Badajoz, que no forma parte de la mancomunidad analizada en este trabajo.

tación de criminólogos por la mancomunidad permitiría el diseño y planificación de la seguridad en espectáculos y actividades que realicen estos municipios, llevando a cabo el diseño de planes para la seguridad de las personas que asistan a estas actividades, lo que permitiría prevenir las necesidades en cuestiones como personal, acceso a estos espacios públicos o riesgos[33]. La formación de los criminólogos en políticas públicas o seguridad pública y privada permite que estas personas puedan ofrecer estos servicios. Además, la Universidad de Extremadura cuenta con formación en Dirección de Seguridad que complementa esta formación, una titulación que han cursado criminólogos en nuestra Comunidad Autónoma.

Para concluir, se ha de insistir en que existen numerosas tareas que pueden ofrecer el personal formado en Criminología a las mancomunidades. Por ejemplo, la elaboración de guías para la prevención del delito en personas mayores, prevención de conductas adictivas a personas jóvenes[34], ayudar o asesorar a las personas sobre cuestiones judiciales (recordar la desaparición de los juzgados de paz en los pueblos), etc. Sólo sería necesario crear un servicio dentro de esta institución.

IV. CONCLUSIONES

En líneas generales, debemos decir que se trata de un proyecto novedoso y original. Un proyecto que aborda los problemas de seguridad ciudadana en el medio rural, donde menos atención se presta por parte de los operadores políticos y sociales.

A día de hoy, no se conoce en nuestro país un proyecto similar al que estamos desarrollando en el marco general del regional «La reforma de la

33. A modo de ejemplo, una guía elaborada por la Junta de Extremadura, https://www.juntaex.es/documents/77055/621123/Guia+Autoproteccion+Espectaculos+Extremadura.pdf/13b1ab75-33fc-7c54-a21a-40657200037c?t=1693995868644. [Consultado 31/11/2023].

34. La criminología rural es una disciplina que estudia los delitos en las zonas rurales. El principal objetivo de la criminología rural es estudiar las causas de la criminalidad rural y elaborar estrategias para prevenirla y combatirla. Los delitos contra la salud pública, robos de ganado, maquinaria agrícola, vandalismo o la violencia de género son algunos de los problemas que se dan en el medio rural. Autores como Michael J. Lynch, Joseph F. Donnermeyer, John Scott, Paul J. Brantingham y Patricia L. Brantingham o Jan Van Dijk han llevado a cabo un estudio sobre la delincuencia en el medio rural. La venta y consumo de sustancias ilegales es un problema en áreas rurales con desafíos muy significativos frente a los entornos urbanos. El aislamiento geográfico, la falta de oportunidades económicas, la presión del grupo, falta de conciencia y recursos de las administraciones o una cultura del silencio son algunos de los factores que contribuyen al consumo de sustancias ilegales en el medio rural. Sobre estas cuestiones, ver: Donnermeyer, J. y Dekeseredy, W. *Rural Criminology*. Routledge, London, 2014.

administración pública y las políticas públicas ante el reto demográfico en Extremadura». Sólo algunos países cuentan con modelos o propuestas similares con efectos positivos en la comunidad.

Los problemas en materia de Justicia y Seguridad existen en las áreas rurales y tenemos profesionales que pueden reducir o atenuar con su labor diaria estos problemas. Los criminólogos están desarrollando programas en ciudades que están logrando resultados eficientes y evidentes en la población. Trasladar estos proyectos al medio rural puede ser eficaz en muchas áreas rurales de Extremadura.

Este trabajo presenta propuestas concretas sobre temas específicos que generan percepción de inseguridad y miedo entre la población de las zonas rurales, como apuntan investigaciones nacionales e internacionales citadas en capítulos anteriores. Temas tan preocupantes como la violencia de género o la inseguridad de las personas mayores son miedos que pueden ser acometidos por criminólogos.

En definitiva, si queremos comunidades más sostenibles, mejorar la justicia y seguridad a escala local y alcanzar los objetivos de Desarrollo Sostenible de 2030, la figura de los criminólogos puede contribuir a estos logros en el medio rural. Sólo necesitamos que las administraciones y responsables políticos apuesten por una figura que aquellas han creado con la aprobación de titulaciones universitarias en nuestro país.

Por último, presentamos algunas sucintas y directas propuestas para poner en marcha estos proyectos en Extremadura.

V. PROPUESTAS A FUTURO

PRIMERA.

Una de las primeras medidas que debe implementarse es la inclusión en la oferta de empleo público de la Comunidad Autónoma de Extremadura, de las personas graduadas en Criminología y Derecho-Criminología. La formación que se recibe en el grado en Criminología en la Universidad de Extremadura permitiría incluir esta figura en puestos específicos de nuestra región.

SEGUNDA.

A pesar de que la propuesta se centra en el ámbito local, podemos tener en cuenta instituciones y servicios de carácter nacional y regional en las que criminólogos puedan desempeñar sus funciones. A nivel nacional, el personal que ocupe las nuevas Oficinas de Justicia Municipales (sustitutas de los anteriores «Juzgados de Paz») pueden ser personas formadas en Criminología y Derecho.

En el caso extremeño, organismos o servicios como la Secretaria Técnica de Adicciones, el Centro de cumplimiento de medidas judiciales de menores Vicente Marcelo Nessi de Badajoz o el Instituto de la Mujer son servicios públicos que pueden ofrecer puestos a criminólogos y criminólogas.

TERCERA.

Los Objetivos de Desarrollo Sostenible de 2030 son una apuesta internacional también para la actual situación de nuestra Justicia y Seguridad en el mundo rural, lo que obliga a nuestro Estado a actuar de forma decidida en dicho ámbito si quieren ser cumplidos estos objetivos.

CUARTA.

Algunas de las fórmulas para incorporar estas figuras junto a la oferta de empleo público pueden ser mediante la presentación de proyectos en colaboración con otras instituciones u organismos públicos o privados nacionales o internacionales. Sin duda, los proyectos europeos son una magnífica herramienta para implementar estos programas.

Un ejemplo, atendiendo a algunas de las necesidades planteadas, podrían ser los conocidos POCTEP[35], programas que promueven la cooperación transfronteriza entre España y Portugal.

BIBLIOGRAFÍA

Ayuntamiento de Nuñomoral. https://www.nunomoral.es. [Consultado/31/10/2023].

Barrón Cruz, M.G., Campoy Torrente, P. y González García, A. *Efectos que ha generado CSI en México y España*. INACIPE, 2018.

Barroso Gutiérrez, F. *Las Hurdes visión interior*. Diputación de Salamanca, 1993.

Blanco Carrasco, J. P. Las Hurdes: Aislamiento, pobreza y redención social: siglos XVI al XX. Servicios de Publicaciones de la Universidad de Extremadura, 2008.

Cáritas. https://www.caritas.es/blog/trabajo-beneficio-comunidad-reclusos/ [Consultado 30/10/2023].

Ceccato, V. & Abraham, J. *Crime and Safety in the rural*, Springer, 2022.

35. Véase: https://www.poctep.eu [Consultado 28/10/2023].

Col-legi Oficial de Criminología de Catalunya. https://www.criminolegs.cat/web/es/bolsa-de-empleo. [Consultado 12/10/2023].

Colegio Oficial de Criminólogos de la Comunidad Autónoma de Madrid. [En línea]: https://colegiocriminologosmadrid.es/mitad-graduads-criminologia-trabajan-profesion/ [Consultado 21/10/2023].

Donnermeyer, J. y Dekeseredy, W. *Rural Criminology*. Routledge, London, 2014.

Federación Española de Municipios y Provincias. [En línea]: http://femp.femp.es/files/566-2466-archivo/Triptico%20Trabajo%20en%20Beneficio%20de%20la%20Comunidad%20(1).pdf [Consultado 30/10/2023].

Forum Español para la Prevención y Seguridad Urbana. [En línea]: https://fepsu.es/seguridad-y-personas-mayores-una-prospectiva-hecha-realidad/ [Consultado: 23/10/2023].

Guía de tramitación para la creación de mancomunidad de municipios de la Junta de Extremadura: [En línea]: https://www.juntaex.es/documents/77055/621113/PUBLICACIÓN-GUÍA+DE+TRAMITACIÓN-CREACIÓN+DE+MANCOMUNIDAD+DE+MUNICIPIOS.pdf/c9bfc4a7eOa4-44f4-9fa7-9904ece1d064?t=1649054562057 [Consultado 31/10/2023].

Higgins, A. «Police in Place. Why the police need to reconnect locally». *The Police Foundation*, 2021. [En línea]: https://www.police-foundation.org.uk/wp-content/uploads/2010/10/perspectives_police_and_place.pdf [Consultado: 23/10/2023].

Igualdad de Género en el entorno rural y municipal de Extremadura: Diagnóstico y Propuestas: [En línea]: https://www.igualdadrural.es [Consultado 30/10/2023].

Innes, M., Colin, R., Trudy, L. & Innes, H. *Neighbourhoods policing: the rise and fall of a policing model*. Clarendon Studies in Criminology, Oxford University Press, 2020.

Legendre, M., Barcia Mendo, E., Blanco Carrasco, J. P. y Sánchez Miguélez, P. *Las Hurdes: estudio de geografía humana*. Editora Regional de Extremadura, 2006.

Loinaz Calvo, I. *Manual de evaluación del riesgo de violencia: metodología y ámbitos de aplicación*. Pirámide, 2017.

Mancomunidad Integral de la Sierra de San Pedro[En línea]: https://www.mancomunidadsierrasanpedro.es/presentacion [Consultado: 22/10/2023].

Martín Martín, J. A. *Las Hurdes y su cultura*. 2002.

Matías Marcos, D. *La Leyenda de las Hurdes. Geografía, literatura e historia de una comarca mítica*. Diputación de Badajoz, 2020.

Ministerio para la Transición Ecológica y el Reto Demográfico. [En línea]: https://www.miteco.gob.es/es/ministerio.html [Consultado: 23/10/2023].

Naciones Unidas: https://www.un.org/sustainabledevelopment/es/objetivos-de-desarrollo-sostenible/ [Consultado: 23/10/2023].

Observatorio de Turismo de la Junta de Extremadura en: https://www.turismoextremadura.com/es/pie/observatorio.html [Consultado/ 31/10/2023].

Ortiz García, J. y Pavón Pérez J. A. *Los trabajos en beneficio a la comunidad en las entidades locales: una mirada desde el Derecho administrativo sancionador y la criminología*. Tirant lo Blanch, 2023.

Ortiz García, J. y Rufo Rey, M.M. Seguridad y prevención del delito en las comunidades rurales de Extremadura: un estudio de caso desde la criminología, Revista de Estudios Jurídicos y Criminológicos,2023,7, pp. 153-185.

Panelli, R., Kraack, A. & Little, J. «Claiming space and community: Rural women's strategies for living with, and beyond, fear». *Geoforum*, 2005, 36(4), pp. 495-508.

POCTEP https://www.poctep.eu. [Consultado 28/10/2023].

Qgis: https://www.qgis.org/es/site/

Redondo, S. y Garrido, V. *Principios de Criminología*, Tirant lo Blanch, 2013, pp. 71-73.

SEIC. V Simposio de Criminología celebrado en la ciudad de Valencia los días 6 y 7 de julio de 2023. [En línea]: https://criminologia.net/simposios/proximo-simposio/v-simposio-de-investigacion-criminologica-web/ [Consultado 21/10/2023].

Soriano Moreno, S. La respuesta a la violencia de género en las zonas rurales. En Soriano Moreno S. (coord.). *Los derechos de las mujeres en las zonas rurales. Un estudio de caso*. Thompson Reuters Aranzadi, 2022, pp. 281-311.

Timperio, A., Veitch, J & Carver, A. «Safety in numbers: Does perceived safety mediate associations between the neighborhood social environment and physical activity among women living in disadvantaged neighborhoods?». *Preventive Medicine*, 2015, 74, pp. 49-54.

Universidad de Extremadura. Facultad de Derecho. https://www.unex.es/conoce-la-uex/centros/derecho/informacion-academica/programas-asignaturas [Consultado: 23/10/2023].

VIOGEN. https://www.interior.gob.es/opencms/es/servicios-al-ciudadano/violencia-contra-la-mujer/sistema-viogen/

El futuro de la justicia de paz en España: el caso de Extremadura[1]

JORDI ORTIZ GARCÍA
Universidad de Extremadura

MIGUEL ÁNGEL RUFO REY
Universidad de Extremadura

I. INTRODUCCIÓN

Desgraciadamente, el interés por conocer el funcionamiento de los Juzgados de Paz desde el ámbito jurídico y criminológico ha sido insuficiente en nuestro país. La escasa literatura sobre esta figura sólo ha hecho que invisibilizar aún más la labor que vienen desarrollando jueces y juezas de

1. Este trabajo se ha desarrollado en el marco del Proyecto regional I+D+i de investigación IB20117 «La necesaria reforma de las administraciones públicas y del modelo territorial español ante el reto demográfico en Extremadura» (IP: Gabriel Moreno González), cofinanciado por el Fondo Europeo de Desarrollo Regional y la Consejería de Economía, Ciencia y Agenda Digital de la Junta de Extremadura. Se trata de una investigación iniciada con anterioridad a las Elecciones Generales del mes de julio de 2023. Este hecho condiciona el objeto de este estudio, pues la reforma analizada ha quedado sin aprobar con el final de la legislatura anterior. En todo caso, se trata de una cuestión que viene estudiándose años atrás.

paz durante más de un siglo en el medio rural de España[2]. Sus funciones han sido silenciadas lentamente por el legislador hasta dejarlas en tareas meramente simbólicas en la actualidad.

Desafortunadamente, la situación de los Juzgados de Paz continúa en una permanente inestabilidad. La elaboración en 2022 del proyecto de Ley Orgánica de Eficiencia Organizativa del Servicio Público de Justicia, por la que se modifica la Ley Orgánica 6/1985, de 1 de julio, del Poder Judicial (en adelante, LOPJ) para la implantación de los Tribunales de Instancia y las Oficinas de Justicia en los municipios por el entonces Ministerio de Justicia, parece atisbar el final definitivo de esta figura emblemática de la justicia en España. Una reforma interrumpida por unas elecciones generales, pero que no parece impedir el triste final de esta institución histórica.

Este cambio, como apunta la exministra de Justicia Pilar Llop y la propia exposición de motivos del citado Proyecto, tiene como objetivo impulsar una justicia más cercana, eficiente y digital, unas declaraciones que muestran el interés actual de operadores políticos y sociales por la situación de la justicia en las áreas rurales[3]. Una evolución, como afirmó el Director General de Justicia D. Rafael Lafuente, que deberá ser estudiada posteriormente para conocer el éxito de estas nuevas políticas en materia de justicia local, siendo este un hecho poco habitual en nuestro país[4].

---

2. Orduña Gezuraga, I., «Propuestas de futuro para la Justicia de Paz en España». *Revista General de Derecho Procesal*, (44), 2018, pp. 5-6. Los juzgados de paz no se crearon hasta el año 1855. El Decreto de 22 de octubre de 1855 ordenó los cargos de juez de paz y su sustituto.
3. Estas declaraciones fueron realizadas en el marco de unas jornadas desarrolladas en colaboración con la FEMP sobre los proyectos piloto de las Oficinas de Justicia en los Municipios, [En línea]: https://www.lamoncloa.gob.es/serviciosdeprensa/notasprensa/justicia/Paginas/2022/111122-llop-ojm-femp.aspx [Consultado: 11/10/2023]. Sobre esta cuestión, el expresidente de la FEMP D. Abel Caballero se pronunció en una reunión con la Ministra de Justicia D.ª Pilar Llop afirmó: «*Una nueva forma de dar servicios desde la administración de Justicia a los ciudadanos de todos los Ayuntamientos*» o «*Todos los ayuntamientos de España van a tener oficinas municipales de justicia, con independencia de su población*», [En línea]: https://www.femp.es/comunicacion/noticias/todos-los-ayuntamientos-de-espana-van-tener-oficinas-municipales-de-justicia [Consultado: 11/10/2023].
4. Sobre estas declaraciones, véase en: *Carta Local* Revista de la Federación Española de Municipios y Provincia (nov, 2022), n.º 362, p. 12. [En línea]: http://femp.femp.es/files/842-383 fichero/Carta%20Local%20nº%20362,%20noviembre%20de%202022.pdf. [Consultado: 11/10/ 2023]. Sin duda, uno de los principales problemas en nuestro país, es la falta de evaluación de nuestras normas y políticas públicas. Conocer el impacto social o los efectos de estas políticas en la comunidad es fundamental para determinar su eficacia, eficiencia o efectividad. Véase: Subirats, J., Knoepfel, P., Larrue, C. y Varone, F., *Análisis y Gestión de Políticas Públicas*. Ariel, 2012, pp. 211-237.

Con lo que respecta a la figura de los Juzgados de Paz a nivel internacional, países europeos dan un papel más notorio a sus instituciones análogas. En el caso portugués, sus titulares deben ser personas graduadas en Derecho, y entre sus competencias conocen de reclamaciones civiles hasta 4.000 euros y hacen una apuesta clara por la mediación. En Italia, las reclamaciones pueden llegar a 15.000 euros. En Bélgica, estos organismos pueden conocer en materia penal. En Inglaterra o Gales también conocen de asuntos penales, si bien su sistema jurídico y judicial es sustancialmente distinto[5]. En definitiva, un papel más visible de este órgano judicial, con más funciones y mayor profesionalización que en España.

Este trabajo tiene como finalidad no sólo conocer el día a día de este órgano judicial, sino también la opinión de la ciudadanía sobre los Jueces y Juezas de Paz en sus municipios. Por ello, va más allá de un estudio meramente jurídico, intentado entender y comprender mejor la labor diaria de este órgano judicial en el medio rural o, dicho de otro modo, una visión más social y cercana de esta figura. Todo ello con el objetivo de contribuir y mejorar la calidad de vida de las personas que residen en las áreas rurales de España.

Para realizarlo hemos utilizado diferentes herramientas metodológicas habituales en ciencias sociales como son las entrevistas o encuestas. Un estudio realizado en la provincia de Cáceres, durante el segundo semestre del año 2023, en el marco del presente proyecto y que se encuentra en su fase inicial, constituye una investigación que puede ser un excelente punto de partida para futuras investigaciones en nuestro país.

Antes de presentar los resultados del estudio, abordaremos la fase de contextualización y metodología empleada en la investigación.

II. SITUACIÓN ACTUAL Y FUTURA DE LOS JUZGADOS DE PAZ

Como ya hemos apuntado, los Juzgados de Paz son un órgano que jamás ha sido considerado esencial en la estructura judicial. Las continuas reformas legislativas han dejado a esta figura en un órgano judicial casi simbólico.

En la actualidad, los Juzgados de Paz están regulados por las siguientes normas: El capítulo VI del Título IV LOPJ; la Ley 38/1988, de 28 de diciembre, de Demarcación y de Planta Judicial; el Reglamento 3/1995, de 7 de junio, de los jueces de paz, dictado por el CGPJ, en el ejercicio de su potestad

5. Navarro Ojeda, C., *Los Juzgados de Paz*. Tesis Doctoral. Universidad de Las Palmas de Gran Canarias, 2012, pp. 76-103.

reglamentaria; el Real Decreto 257/1993, de 19 de febrero, por el que se regulan las Agrupaciones de Secretarías de Juzgados de Paz; la Ley 1/2000, de 7 de enero, de Enjuiciamiento Civil y el Real Decreto de 14 de septiembre de 1882, que promulgó la Ley de Enjuiciamiento Criminal. Por último, dos instrucciones: La Instrucción 4/2001, de 20 de junio, sobre el alcance y límites del deber de auxilio judicial que deben prestar los Juzgados de Paz y la Instrucción de 28 de mayo de 2008, de la Dirección General de los Registros y del Notariado, sobre funcionamiento y organización de los Registros civiles delegados a cargo de los Juzgados de Paz y su información. Esto es, un conjunto de normas que parecen dar a entender que se trata de un órgano con numerosas funciones, pero cuya realidad es muy distinta a lo que indica nuestra legislación.

Con respecto a sus funciones, las más habituales son: el auxilio a otros órganos judiciales, las conciliaciones preventivas y los juicios verbales determinados por una cuantía de valor inferior a 90 euros, en el ámbito civil, o las conciliaciones preventivas y diligencias de prevención en el ámbito penal. Además, son miembros de la Junta Electoral de Zona, por lo que les corresponden la custodia y entrega de la documentación relativa a comicios. Por último, y tal vez la más importante y más en el medio rural, la mediación vecinal. Una labor oculta y poco gratificante, pero que ha permitido durante años resolver numerosos conflictos que pudieran haber tenido un recorrido mayor en el ámbito judicial[6].

Sin embargo, la nueva propuesta apuesta por cambios muy significativos en este órgano judicial. En primer lugar, sustituir los Juzgados de Paz por Oficinas de Justicia en los municipios[7]. Esta oficina aumentará sus funciones dentro de la Administración de Justicia, aunque se mantiene el papel esencial de los ayuntamientos en el mantenimiento de dichas oficinas, al igual que ha ocurrido durante años con los Juzgados de Paz, una cuestión que analizaremos posteriormente[8].

6. Ordeña Gezuraga, I., Propuesta de futuro... *op. cit.* pp. 11-12.
7. A pesar de que se plantea la creación de estas oficinas judiciales en todos los municipios (aprox. 7.700 municipios), lo cierto es que deberá evaluarse si finalmente estarán en todos, atendiendo a criterios de población.
8. Capítulo IV de las Oficinas de Justicia en los municipios. Art. 439 ter. Del Proyecto de Ley Orgánica de Eficiencia Organizativa del Servicio Público de Justicia, por el que se modifica la LOPJ: 1. Las Oficinas de Justicia en los municipios son aquellas unidades que, sin estar integradas en la estructura de la Oficina judicial, se constituyen en el ámbito de la organización de la Administración de Justicia para la prestación de servicios a la ciudadanía de los respectivos municipios. 2. En cada municipio donde no tenga su sede un Tribunal de Instancia existirá una Oficina de Justicia, que prestará servicios en la localidad donde se encuentre ubicada. 3. Las instalaciones y medios instrumentales de estas Oficinas estarán a cargo del Ayuntamiento respectivo, salvo

Actualmente, contamos con varios proyectos piloto en nuestro país. Sin embargo, La primera localidad en crear este órgano judicial fue Tarazona de la Mancha en la Comunidad Autónoma de Albacete, un municipio que es cabecera de la agrupación de secretarías de Juzgados de Paz del partido judicial de la Roda[9].

En el caso extremeño, la región cuenta con un total de 364 Juzgados de Paz agrupados en 65 secretarías[10]. En el siguiente mapa (Mapa 1), se puede observar en distintas gradaciones de colores las Agrupaciones de Secretarías de Juzgados de Paz en la Comunidad Autónoma de Extremadura.

---

cuando fuere conveniente su gestión total o parcial por el Ministerio de Justicia o la comunidad autónoma con competencias asumidas en materia de Justicia. Los sistemas y equipos informáticos de las Oficinas serán facilitados por el Ministerio de Justicia o la comunidad autónoma respectiva en los casos que tengan asumidas las competencias en materia de Justicia. Art. 439 quáter: En las Oficinas de Justicia en los municipios se prestarán los siguientes servicios: a) La práctica de los actos de comunicación procesal con quienes residan en el municipio o municipios para los que preste sus servicios, siempre que los mismos no se hayan podido practicar por medios electrónicos. b) Los que, en su calidad de oficina colaboradora del Registro Civil, se establezcan en la ley o por vía reglamentaria. c) La recepción de las solicitudes de reconocimiento del derecho a la asistencia jurídica gratuita y su remisión a los Colegios de Abogados y Abogadas encargados de su tramitación, así como las restantes actuaciones que puedan servir de apoyo a la gestión de estas solicitudes y su comunicación a los interesados. d) Las solicitudes o gestión de peticiones de la ciudadanía, dirigidas a las Gerencias Territoriales del Ministerio de Justicia u órganos equivalentes en aquellas comunidades que tienen asumidas competencias en materia de Justicia. e) La colaboración con las unidades de medios adecuados de solución de controversias existentes en su ámbito territorial, en coordinación con la Administración prestacional competente. f) La colaboración con las Administraciones públicas competentes para que, en cuanto el desarrollo de las herramientas informáticas lo permita, se facilite a jueces, juezas, magistrados y magistradas, fiscales, letrados y letradas de la Administración de Justicia y al personal al servicio de la Administración de Justicia que no esté integrado en las relaciones de puestos de trabajo de dichas Oficinas, el desempeño ocasional de su actividad laboral en estas instalaciones, comunicando telemáticamente con sus respectivos puestos. g) Aquellos otros servicios que figuren en convenios de colaboración entre diferentes Administraciones Públicas.

9. Sobre esta cuestión, Redacción. «Albacete, sede del proyecto piloto de Oficinas de Justicia en los Municipios (OJM) para sustituir a los Juzgados de Paz». *elDiario.es*, 29 de septiembre de 2022 [En línea]: https://www.eldiario.es/castilla-la-mancha/provincias/albacete/pueblo-albacete-sede-proyecto-piloto-oficinas-justicia-municipios-ojm-juzgados-paz_1_9581666.html [Consulta: 9/10/2023].

10. Las agrupaciones de Secretarías de Juzgados de Paz están reguladas en el Real Decreto 257/1993, de 19 de febrero, que regula las Agrupaciones de Secretarías de Juzgados de Paz, previstas en el artículo 50 de la Ley 38/1998 de Demarcación y Planta Judicial. Las agrupaciones concentran las actividades de los juzgados de paz y están dotadas de personal al servicio de la Administración de Justicia.

Mapa 1. Distribución geográfica de los Juzgados de Paz en Extremadura

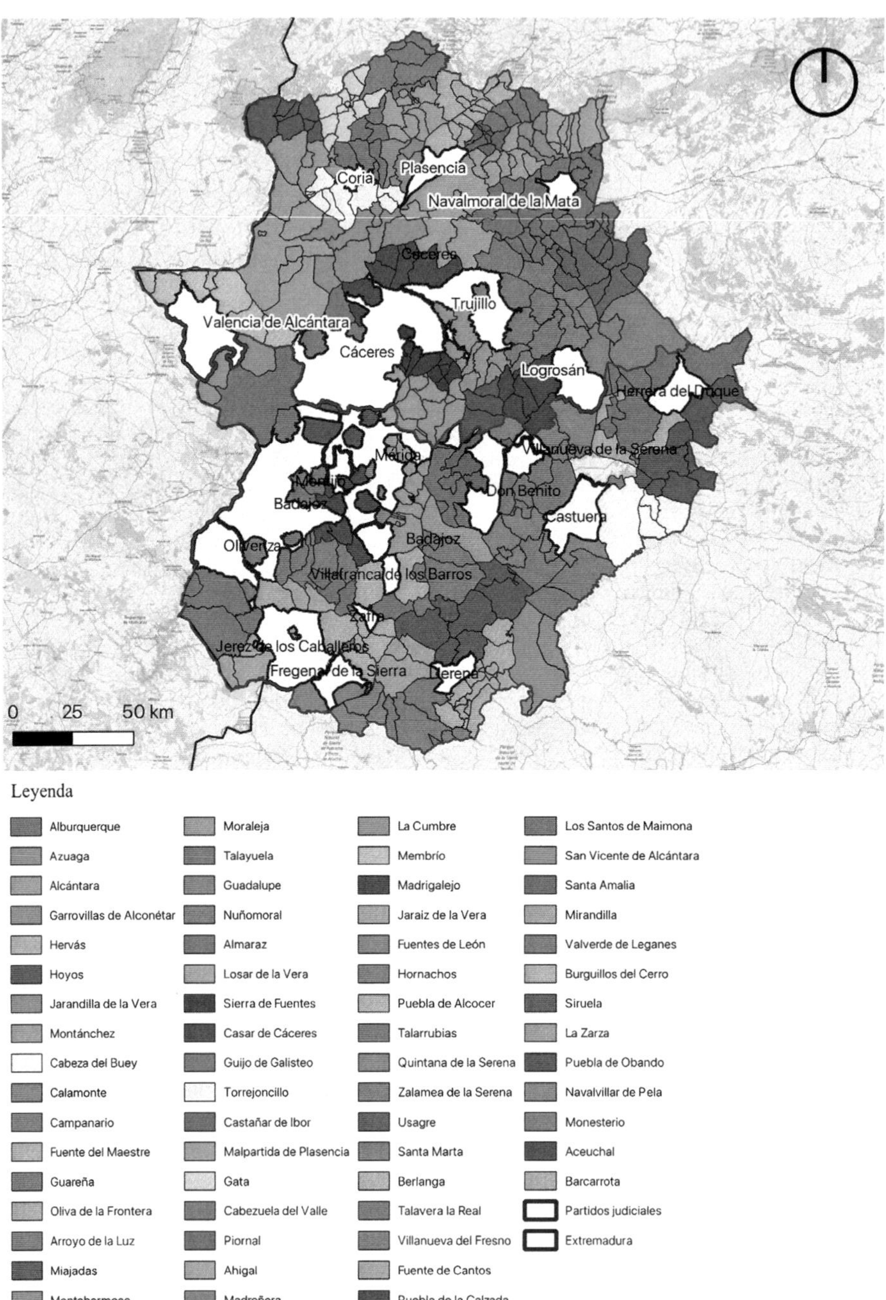

Nota: Elaboración propia a partir de los datos obtenidos del Tribunal Superior de Justicia de Extremadura.

Los Juzgados de Paz en Extremadura desarrollan su labor en una superficie de 40.000 km^2, prestando servicio a más de medio millón de habitantes, lo que supone un 58,10% del total de la población extremeña)[11]. Además, esta región cuenta con algunas Agrupaciones de Secretarías de Juzgados de Paz que, en algunos casos, llegan a atender hasta 14 municipios[12].

Desgraciadamente, la invisibilidad de esta figura no nos permite ofrecer información sobre el perfil de jueces y juezas titulares de los Juzgados de Paz en la región extremeña, salvo alguna característica individual como el sexo. En la actualidad, tenemos 215 hombres (60%) y 149 mujeres (40%) ejerciendo estas funciones en Extremadura[13]. Se trata de un dato estadísticamente significativo, teniendo en cuenta que la media de juezas y magistradas en activo estaría en un 56,2% frente al 43,8% de hombres según el último informe sobre la estructura de la carrera judicial del Consejo General del Poder Judicial en 2023[14].

III. METODOLOGÍA

El objetivo principal de esta investigación es realizar una aproximación a la labor de los Juzgados de Paz en el medio rural y recoger la opinión de la ciudadanía sobre esta institución judicial. La finalidad es realizar un diagnóstico a nivel local del proyecto de Ley Orgánica de eficiencia organizativa del servicio público de Justicia para la implantación de las Oficinas de Justicia en los Municipios.

11. Instituto Nacional de Estadística. Censos de población y viviendas, 2022 [En línea]: https://www.ine.es/dynt3/inebase/index.htm?padre=6225&capsel=6225 [Consultado: 10/07/2023]. Además, podemos encontrar información detallada municipal en el proyecto (SIDAMUN) desarrollado por el Ministerio para la Transición Ecológica y el Reto Demográfico [En línea]: https://www.miteco.gob.es/es/reto-demografico/temas/analisis-cartografia.html [Consultado: 23/10/2023].
12. A modo de ejemplo, la agrupación de Hervás: Hervás, Abadía Aldeanueva del camino Baños de Montemayor, Cabezabellosa, Casas del Monte, Gargantilla, Jarilla, La Garganta, La Granja, Oliva de Plasencia Segura de Toro, Villar de Plasencia y Zarza de Granadilla. Sobre la realidad del medio rural en Extremadura, véase el Informe elaborado por profesorado de la Facultad de Derecho de la Universidad de Extremadura «Igualdad de Género en el entorno rural y municipal de Extremadura: Diagnóstico y propuestas». [En línea]: https://www.igualdadrural.es [Consultado: 2/10/2023].
13. Según datos del Tribunal Superior de Justicia de Extremadura el número total de jueces de paz sustitutos en Extremadura según el sexo es: 155 hombres y 213 mujeres.
14. *Vid.* Estadísticas Número y Características de Jueces y Magistrados de carrera. Consejo General del Poder Judicial, 2023 [En línea]: https://www.poderjudicial.es/cgpj/es/Temas/Estadistica-Judicial/Estadistica-por-temas/Estructura-judicial-y-recursos-humanos--en-la-administracion-de-justicia/Magistrados-y-jueces-de-carrera/Caracteristicas-y-numero-de-magistrados-y-jueces-de-carrera/ [Consultado: 22/10/2023].

Para ello, hemos realizado dos estudios. Por un lado, hemos entrevistado a titulares de los Juzgados de Paz y funcionariado del Ministerio de Justicia que ejercen sus funciones en las Secretarías de las Agrupaciones de los Juzgados de Paz en Extremadura. La segunda de las investigaciones ha consistido en conocer la opinión de la ciudadanía sobre el papel de los Juzgados de Paz y la Justicia municipal. Los pasos llevados a cabo para desarrollar estos trabajos han sido los siguientes:

Para la primera investigación se diseñó una entrevista semiestructurada a jueces y juezas de paz y funcionariado de las Agrupaciones de Secretarías de los Juzgados de Paz. Para llevarlas a cabo, el equipo de investigación se desplazó a varios municipios de la provincia de Cáceres, previa cita con las personas entrevistadas. Esta primera fase ha sido la más compleja, dada la dificultad a la hora de fijar las entrevistas con los Juzgados de Paz por los horarios tan limitados del personal a entrevistar. Las entrevistas se grabaron para su posterior estudio y codificación con el programa webQDA, un *software* de análisis cualitativo de datos, que nos ha permitido analizar estos audios[15]. La muestra final obtenida para este primer trabajo ha sido la siguiente: 7 titulares de los Juzgados de Paz, 9 secretarios de juzgados de paz y 2 auxiliares de los jueces de paz.

Para el segundo análisis, se diseñó una encuesta con la herramienta Microsoft Forms. Además, esta encuesta está siendo utilizada para otras investigaciones por el equipo de investigación sobre políticas locales de seguridad. La información que recoge esta encuesta es la siguiente: *Características individuales* (sexo, edad, nacional, estado civil, nivel educativo y situación laboral), *Victimización* (percepción de inseguridad, factores de inseguridad o si ha sido víctima de un hecho delictivo en los últimos 12 meses) y *Justicia* (¿Sabe que desaparecen los Juzgados de Paz?, ¿Está de acuerdo con la medida?, ¿Ha necesitado de su ayuda en algún momento?, ¿Por qué motivo ha necesitado de su ayuda? o ¿Considera que la Administración de Justicia más cercana está lejos de su municipio?). La muestra obtenida ha sido de 135 personas residentes en aquellos municipios en los que se hicieron las entrevistas a jueces, juezas y personal de secretaría de las agrupaciones[16].

15. Sobre este software para análisis de datos cualitativos, véase: https://www.webqda.net [Consultado: 20/10/2023].
16. Se han realizado encuestas en 34 municipios rurales de la provincia de Cáceres.

En último lugar, hay que indicar que toda la información relativa al número de Juzgados de Paz y variables individuales de los titulares de los Juzgados de Paz fue facilitada por el Tribunal Superior de Justicia de Extremadura, y las capas *shape* de municipios, límites administrativos y red de carreteras fueron obtenidas de la plataforma IDEEX de la Junta de Extremadura[17]. Se han elaborado varios mapas temáticos mediante el *software* geoestadístico Qgis (versión 3.30), que permiten dar una visión más clara de la situación de estos órganos judiciales[18].

El área de estudio es la provincia de Cáceres. En el siguiente mapa puede observarse en distintas tonalidades los Juzgados de Paz de la provincia de Cáceres por Agrupaciones (Mapa 2). Esta provincia cuenta con un total de 212 Juzgados de Paz y 30 Agrupaciones de Secretarías de Juzgados de Paz. Hemos elegido la provincia de Cáceres atendiendo a criterios sociodemográficos y de falta de servicios públicos con respecto a la provincia de Badajoz[19].

17. Véase: Infraestructura de Datos Espaciales de Extremadura. 2023 [En línea]: http://www.ideextremadura.com/Geoportal/ [Consultado: 20/10/2023].
18. Ver, QGIS [En línea]: https://www.qgis.org/es/site/ [Consultado: 20/10/2023].
19. Sin duda, existen importantes diferencias entre la provincia de Cáceres y Badajoz. Véase: Gutiérrez Gallego, J.A. y Pérez Pintor, J. M., *Accesibilidad territorial y recursos endógenos. Incidencia en la competitividad regional*. Diputación de Badajoz, 2019.

Mapa 2. Agrupaciones de Juzgados de Paz en la provincia de Cáceres. Área de Estudio

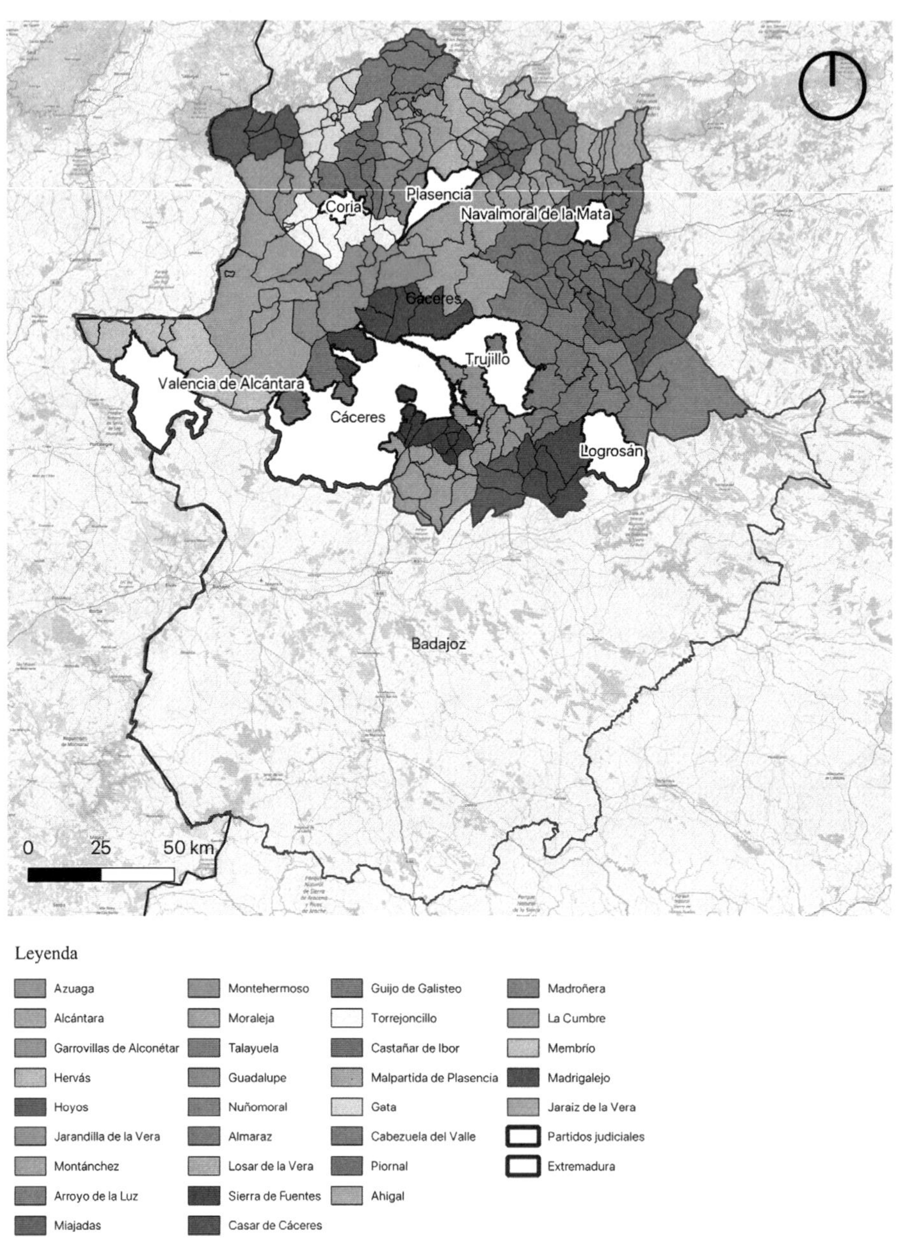

Nota: Elaboración propia a partir de los datos obtenidos del Tribunal Superior de Justicia de Extremadura.

La investigación comenzó durante el segundo semestre del año 2023. Actualmente, el estudio se encuentra en una fase intermedia, llevando a cabo una segunda fase de recogida de entrevistas y encuestas en municipios de la provincia de Cáceres. Los primeros resultados arrojan datos de gran interés jurídico y criminológico.

En último lugar, cabe indicar que, como cualquier investigación, no ha estado exenta de limitaciones. Los principales problemas siguen siendo las dificultades logísticas a la hora de llevar a cabo las entrevistas al personal de la administración de justicia y la falta de datos oficiales.

IV. RESULTADOS

En líneas generales, los primeros resultados apuntan a un cambio lento en el modelo judicial municipal. Dicho de otra manera, la desaparición de los Juzgados de Paz será, con casi toda seguridad, tediosa y tardía[20].

La información obtenida en esta investigación se presenta en dos bloques. De este modo, podemos ofrecer los resultados de una manera más descriptiva y detallada. En primer lugar, presentaremos los resultados obtenidos de las entrevistas. En segundo lugar, los resultados de la encuesta a la población de los municipios rurales de la provincia de Cáceres.

1. ENTREVISTAS A SECRETARIOS DE LAS AGRUPACIONES DE JUZGADOS DE PAZ, JUECES Y JUEZAS DE PAZ

Como hemos apuntado en el apartado metodológico, se han visitado 12 Juzgados de Paz en la provincia de Cáceres. Algunos de ellos, son cabecera de las Agrupaciones de Secretarías de los Juzgados de Paz, por lo que no sólo hemos podido entrevistar a jueces de paz, sino también al funcionariado de las Agrupaciones.

La entrevista semiestructurada incluía varias preguntas, dejando cierta flexibilidad, pero manteniendo ciertas pautas que nos permitieran posteriormente poder recopilar datos fiables.

Las preguntas fueron las siguientes: ¿Conoce el nuevo modelo organizativo judicial y la sustitución de los juzgados de paz por oficinas de justicia?, ¿Está de acuerdo con la medida?, ¿Cuenta con los medios necesarios para llevar a cabo sus funciones?, ¿Cuál es su actividad frecuente y número

20. Cabe recordar que esta investigación comenzó con anterioridad a la celebración de las Elecciones Generales del 23 de julio de 2023. Por lo tanto, la reforma analizada en esta investigación queda sin aprobar, por lo que debería presentarse nuevamente este proyecto de reforma.

aproximado de asuntos? y, ¿qué aspectos positivos y negativos tendrá la creación de las nuevas oficinas de justicia en los municipios?[21].

Tras el análisis, codificación y consultas de las grabaciones con el *software* WebQDA, los principales resultados obtenidos de las entrevistas los hemos clasificado en cuatro bloques:

1. A día de hoy, no existe ninguna notificación oficial por parte del Ministerio de Justicia a los jueces y juezas de paz sobre la posible reforma judicial que provocaría su desaparición. El conocimiento de los titulares de los Juzgados de Paz de este proyecto ha sido por noticias de prensa, por el secretario judicial de la agrupación o por el funcionariado de la Administración de Justicia que ha visitado las instalaciones donde se ubican estos órganos. Por el contrario, sí lo conocían los secretarios de las Agrupaciones de los Juzgados de Paz, debido a la información realizada por sus sindicatos.

2. Del total de jueces y juezas de paz a quienes se entrevistó, el 50% considera que, dada las funciones actuales de esta figura judicial, su desaparición es positiva. Eso sí, la totalidad de las personas entrevistadas destacan la cercanía y la autoridad que ha tenido está figura en el vecindario desde sus orígenes.

3. En cuanto a las funciones de los Juzgados de Paz, las personas entrevistadas destacan que las más habituales son: bodas civiles y aquellas relativas al registro civil.

4. En último lugar, el cien por cien de las personas entrevistadas pone mucho énfasis en la falta de medios: falta de medios tecnológicos (ordenadores o impresoras), problemas de acceso a internet, programas desactualizados o falta de acceso a bases de datos (Sistema Minerva)[22].

Además, hemos querido destacar algunas respuestas y reflexiones individuales de las personas entrevistadas:

21. La entrevista recoge datos individuales como la edad, sexo, lugar de residencia o situación laboral. Sin embargo, el equipo investigador ha considerado que no era necesario publicar esta información para esta investigación.

22. El sistema Minerva es un programa de gestión para la tramitación de los procedimientos judiciales, ver: https://www.administraciondejusticia.gob.es/-/soluciones-minerva [Consultado: 15/9/2023].

1. La Comunidad Autónoma de Extremadura cuenta con numerosos municipios sin servicios policiales[23] y el nuevo modelo de asistencia telemática que regula el Proyecto de Ley Orgánica contempla la toma de declaraciones en procesos judiciales en las Oficinas Judiciales Municipales, una actuación que debería contar con efectivos policiales por motivos de seguridad. Algunas personas entrevistadas apuntan que la falta de estos servicios también ha provocado situaciones de inseguridad durante las notificaciones de alzamientos.

2. El retraso en las sustituciones por asuntos propios o bajas de los jueces de paz o funcionariado de la administración.

3. El transporte público. En el caso extremeño, muchos municipios no tienen conexión directa a la cabecera de la agrupación, por lo tanto, las personas que no tienen vehículo propio pueden tener dificultades para acceder a estos nuevos servicios.

4. En último lugar, una de las personas entrevistadas hizo referencia al respeto y dignidad de la Administración de Justicia. El uso de la toga en audiencia pública de jueces y magistrados (art. 187.1 LOPJ), se identifica con aspectos que van más allá de un acto de diferenciación técnica con respecto a la ciudadanía, y de la propia idiosincrasia del ámbito judicial. Los efectos que pueden producirse con un aumento de las funciones de las Oficinas de Justicia Municipal sin la presencia del juez deben ser estudiados, pues los comportamientos de las personas pueden verse condicionados en este tipo de procedimientos sin la presencia de estas personas y su toga, lo que se conoce en un argot más coloquial «el efecto toga»[24].

Con anterioridad a presentar las principales conclusiones e individualización de las respuestas, hemos querido realizar un análisis específico de un área concreta de la provincia de Cáceres. Concretamente, en la Agrupación de Secretarías de los Juzgados de Paz de Sierra de Fuentes (Mapa 3). Esta agrupación comprende 9 municipios, cuya cabecera se sitúa en la localidad de Sierra de Fuentes. Su ubicación provoca un grave problema para aquellas personas que no tienen vehículo propio. A modo de ejemplo, si

23. Ortiz García, J., *Mito o Realidad: un estudio criminológico sobre la seguridad en las comunidades rurales de Extremadura*, Dykinson, Madrid, 2022. Ortiz García, J., y Rufo Rey, M. A., «Seguridad y prevención del delito en las comunidades rurales de Extremadura: un estudio de caso desde la criminología», *Revista de estudios Jurídicos y Criminológicos*, n.º 7, 2023, pp. 153-185.

24. A pesar de que no existen evidencias científicas, puede resultar de enorme interés jurídico y sociológico el estudio de esta cuestión.

una persona tiene que desplazarse en autobús desde la localidad de Valdefuentes a Sierra de Fuentes para realizar un trámite en la cabecera de la agrupación, esta persona tiene que pasar obligatoriamente por la ciudad de Cáceres, algo incomprensible, ya que la ciudad de Cáceres ya cuenta con estos servicios, y podría realizar estos trámites en esta ciudad. Se trata de un modelo, que puede extenderse a otras agrupaciones de la provincia, lo que nos lleva a creer que la distribución actual de las agrupaciones debe ser replanteada previamente a la creación o puesta en marcha de estas Oficinas.

Mapa 3. Agrupación Juzgados de Paz Sierra de Fuentes (Provincia de Cáceres)

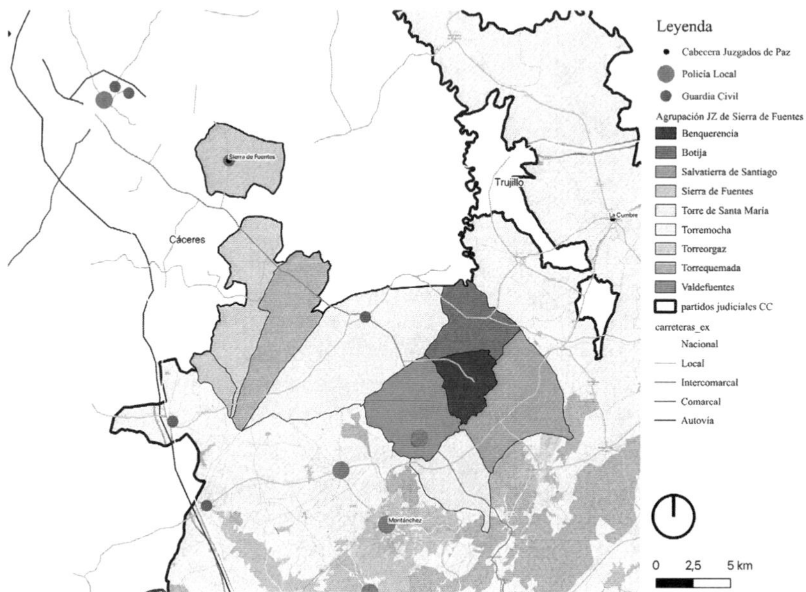

Nota: Elaboración propia a partir de obtenidos de la Junta de Extremadura y TSJ de Extremadura.

2. ENCUESTA DE OPINIÓN

Para escuchar la opinión de la ciudadanía sobre la justicia en el medio rural y el papel de los Juzgados de Paz en Extremadura se preguntó lo siguiente: ¿Sabe que desaparecen los Juzgados de Paz?, ¿Está de acuerdo con la medida?, ¿Ha necesitado de su ayuda en algún momento?, ¿Por qué motivo ha necesitado de su ayuda? y, ¿Considera que la Administración de Justicia más cercana está lejos de su municipio?, siendo los resultados obtenidos los siguientes:

En cuanto a la primera cuestión, *¿Sabe que desaparecen los Juzgados de Paz?* Un total de 108 personas (80%) respondieron que no sabían que suprimen los Juzgados de Paz, frente a un 20 % (n=27) que sí conocían su desaparición, como puede verse en el siguiente gráfico.

Gráfico 1. ¿Sabe que desaparecen los Juzgados de Paz?

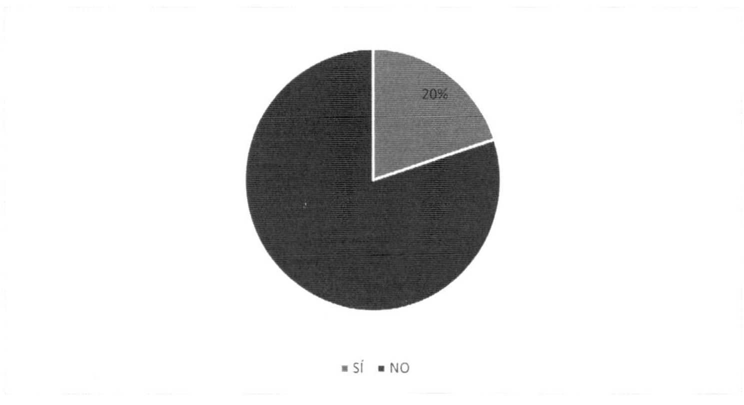

Nota: Elaboración propia a partir de los datos obtenidos en la encuesta.

Sobre la aprobación o desaprobación de esta medida, el 80% (n=108) de las personas encuestadas no están de acuerdo con la desaparición de los Juzgados de Paz, sólo un 10% (n=12) está a favor de la eliminación de estos juzgados, como puede verse en el siguiente gráfico:

Gráfico 2. ¿Está de acuerdo con la medida?

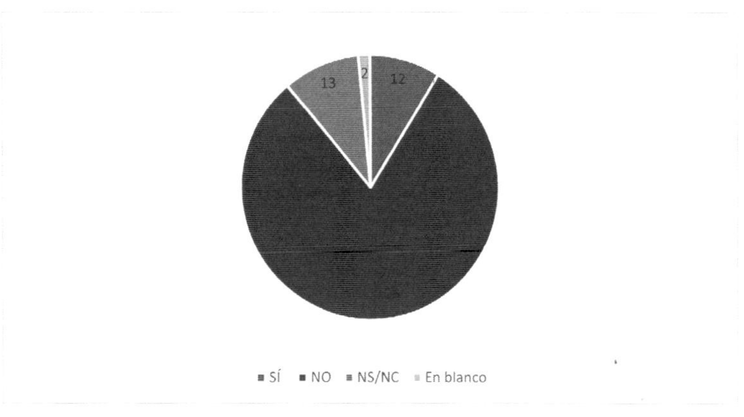

Nota: Elaboración propia a partir de los datos obtenidos en la encuesta.

La principal causa de la desaparición de este órgano judicial es la falta de funciones. Sin embargo, de la muestra analizada en este trabajo, un 33% (n=45) de las personas encuestadas ha necesitado de la ayuda de los Juzgados de Paz, lo que supone un dato de enorme interés, frente a personal investigador o la propia Administración de Justicia que consideran que está figura debe desaparecer, como se observa en el siguiente gráfico:

Gráfico 3. ¿Ha necesitado de su ayuda en algún momento?

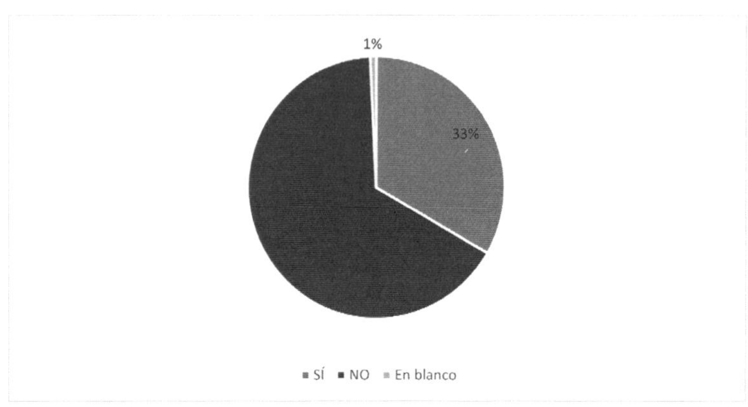

Nota: Elaboración propia a partir de los datos obtenidos en la encuesta.

Los motivos por los que han necesitado el auxilio de los Juzgados de Paz los hemos agrupado en: gestión administrativa, hecho delictivo, problemas de convivencia u otros. Para está pregunta, se ha permitido la respuesta múltiple. Los resultados muestran que un 25% (n=35) de las personas que han necesitado ayuda de los Juzgados de Paz ha sido por motivos administrativos, un 8% (n=11) por motivos de convivencia[25], un 1,5% (n=2) por hechos delictivos y el 3% (n=4) por otras causas, como puede verse en el siguiente gráfico:

25. El proyecto de investigación ha analizado los problemas de seguridad en los municipios extremeños. La colaboración de FEMPEX ha permitido preguntar a los alcaldes y alcaldesas de 148 localidades extremeñas qué problemas de seguridad tienen. Los resultados muestran que un 55% de los responsables políticos entrevistados consideran como primer problema de seguridad en su localidad el vandalismo e incivismo. Además, un 41% señala como tercer problema después de los robos agrícolas-ganaderos, las disputas entre vecinos.

Gráfico 4. ¿Por qué motivo ha necesitado de su ayuda?

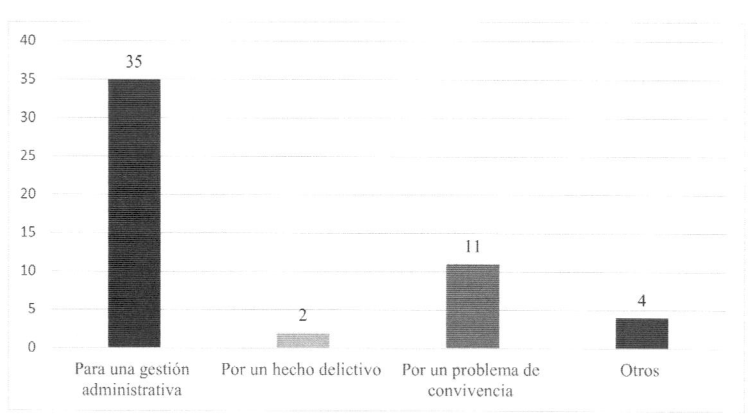

Nota: Elaboración propia a partir de los datos obtenidos en la encuesta.

En último lugar, hemos preguntado: *¿Consideran que la Administración de Justicia está lejos de su localidad?* Un 44% (n = 59) cree que la Administración de Justicia está lejos de su localidad, frente a un 52%. (n = 69) que piensa que no está lejos de su municipio. Respecto al sexo de las personas que consideran que la Administración de Justicia está alejada de su municipio, el 47% (n = 28) son mujeres, frente al 53% (n = 31) que son hombres. Por lo tanto, no encontramos diferencias estadísticamente significativas, a pesar de que algunas investigaciones concluyen que el vehículo familiar es utilizado mayoritariamente por los hombres dentro del núcleo familiar, lo que puede hacernos creer que tengan una opinión o percepción distinta las mujeres que los hombres[26].

26. Sobre el uso del vehículo según el sexo, véase: Informe «Igualdad de Género en el entorno rural y municipal de Extremadura: Diagnóstico y propuestas», 2022. [En línea]: https://www.igualdadrural.es [Consultado: 2/10/2023].

Gráfico 5. ¿Considera que la Administración de Justicia más cercana está lejos de su municipio

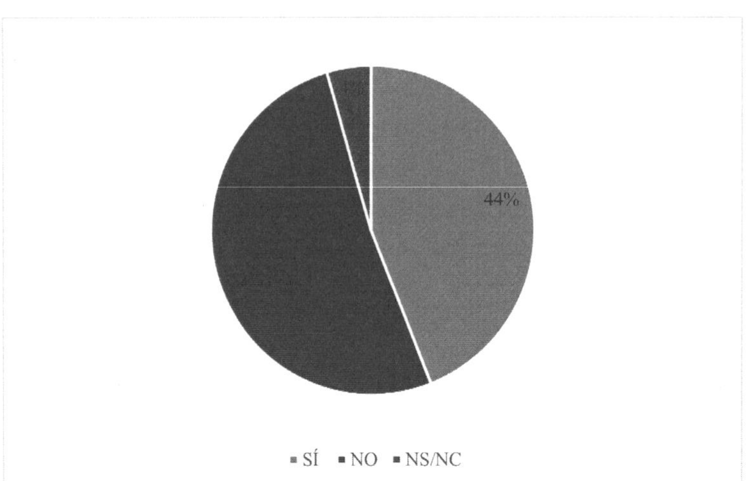

Nota: Elaboración propia a partir de los datos obtenidos en la encuesta.

V. CONCLUSIONES

Primera.

Sin ninguna duda, el resultado más sorprendente de nuestra investigación es el desconocimiento por parte de los titulares de los Juzgados de Paz de la propuesta de reforma presentada por el Ministerio de Justicia y apoyada por la FEMP. Este hecho resulta insólito, teniéndose en cuenta que se trata de su desaparición y el cierre de estos órganos judiciales.

Segunda.

Unas de las principales preocupaciones del personal de la administración y titulares de los Juzgados de Paz son los recursos materiales. El nuevo proyecto mantiene a los ayuntamientos como principales proveedores de recursos de estas Oficinas. Las entrevistas ofrecen opiniones muy dispares sobre la colaboración que dan los gobiernos municipales a estos juzgados. En ningún caso sobre la atención por parte de los responsables políticos, sino por la rapidez o urgencia con que estos gobiernos locales pueden procurar el apoyo a estos órganos, teniendo en cuenta sus presupuestos o el personal que tienen estos ayuntamientos (por ejemplo, personal especializado en informática).

Tercera.

El acceso a Internet es, junto a la falta de ordenadores, programas informáticos actualizados o dispositivos periféricos como las impresoras, el principal problema en el medio rural. La investigación ha puesto de manifiesto que existen problemas de conexión a Internet en algunas localidades del norte de la provincia de Cáceres. La creación de estas Oficinas de Justicia Municipal y la celebración de juicios telemáticos requerirá la instalación de infraestructuras para el uso de las TIC, si queremos una justicia digital. En caso contrario, será otro factor de exclusión de las áreas rurales.

Cuarta.

El aislamiento geográfico tiene un impacto negativo sobre el buen funcionamiento de la justicia local. Tanto las entrevistas como las encuestas muestran serias dudas sobre la accesibilidad de la ciudadanía a la Justicia en los municipios rurales. Por lo tanto, la ubicación actual de los Juzgados de Paz o las futuras Oficinas debe ser estudiada para evitar convertir a la población del medio rural en ciudadanía de segunda clase.

Quinta.

De las respuestas obtenidas por parte de la ciudadanía, debemos destacar que la mayoría de las personas encuestadas está en contra de eliminar los Juzgados de Paz. Cierto es que desconocen la reforma de este órgano y la creación de las Oficinas de Justicia Municipal. Sin embargo, es probable que muchos municipios no cuenten con este nuevo órgano y sólo se ubiquen en la actual cabecera de las agrupaciones. Otro de los aspectos destacados es el papel que han tenido los jueces y juezas de paz en la resolución de conflictos. En este sentido, podemos afirmar que estos juzgados han sido una institución de control del delito tan importante como la propia policía, el vecindario en las zonas rurales o la seguridad privada[27]. A pesar del número de personas que han necesitado ayuda de este órgano, no podemos hablar de datos estadísticamente significativos. En este sentido, un estudio realizado recientemente a 152 responsables de ayuntamientos extremeños detecta que uno de los principales problemas de seguridad en sus localidades es la convivencia y las discusiones entre el vecindario, un problema al que se han enfrentado en numerosas ocasiones los titulares de los Juzgados de Paz en el medio rural.

27. Sobre las distintas instituciones, actores o conceptos en el control del delito, véase: Medina Ariza, J. (Coord.), *Instituciones de Control del Delito*. Madrid, Dykinson, 2022.

VI. NUEVAS PROPUESTAS

Tras analizar los resultados en esta investigación, queremos ofrecer algunas propuestas e ideas respecto a los actuales Juzgados de Paz o las futuras Oficinas de Justicia Municipal:

1. Como apuntan algunos estudios, la aprobación de esta nueva organización judicial municipal debería ir acompañada necesariamente de una norma ordinaria de desarrollo de estas oficinas, que recoja claramente cuestiones como: ubicación, personal, funciones o recursos materiales y económicos, entre otros[28].

2. Continuando con lo expuesto en el apartado anterior, la necesidad de tener estas oficinas en todos los pueblos, no sólo en las cabeceras. De este modo podremos contar con personal que reside en estos municipios, por ejemplo personas jóvenes graduadas en Derecho o Criminología. Apostar porque estas plazas sean cubiertas por personas jóvenes puede ayudar a fijar población en áreas rurales, una importante medida frente a la despoblación y el reto demográfico en nuestro país.

3. El elemento geográfico y servicios: la ubicación de los Juzgados de Paz o de las futuras oficinas, debería seguir criterios geográficos y de servicios, no sólo demográficos, como sucede actualmente. Las entrevistas y encuestas realizadas muestran que la falta de servicios públicos puede ser determinante en la gestión de estos órganos judiciales (ej. servicios policiales o transporte público). La movilidad y accesibilidad en un territorio como el extremeño, con municipios diseminados y aislados, o la falta de servicios policiales, deben ser variables esenciales a la hora de elegir la ubicación de estos órganos. Por lo tanto, los responsables políticos deberían analizar con anterioridad la ubicación eficaz y eficiente de estas oficinas según criterios de accesibilidad y de servicios públicos[29].

4. En cuanto a los recursos materiales y económicos, para el buen funcionamiento de este órgano judicial, la dotación económica debería correr a cargo directamente del Estado. Otro modelo sería la aportación económica de las diputaciones provinciales para recursos materiales como ordenadores o impresoras, pero en nin-

---

28. Ordeña Gezuraga, I., Propuesta de futuro... *op. cit.*
29. Marchena Galán, S. M.ª, «Experiencias en el transporte a la demanda en zonas rurales de España y Portugal. Una propuesta para Extremadura», En Soriano Moreno, S. (Coord.)., *Los Derechos de las Mujeres en las Zonas Rurales. Un Estudio de Caso*. Pamplona, Thompson Reuters Aranzadi, 2022, pp. 149-175.

gún caso, dado los resultados de la investigación, deberían ser asumidos por los Ayuntamientos. La precaria situación de los gobiernos locales y la falta de personal han limitado siempre un buen hacer de estas figuras judiciales, por lo que podríamos caer en el mismo error, en el caso de no cambiar estas políticas.

5. Si queremos mejorar la vida de las personas residentes en municipios rurales y cumplir con los objetivos y metas de desarrollo sostenible establecidos por la Asamblea General de Naciones Unidas en el año 2015, como es el acceso a la justicia del ODS 16 (Paz, Justicia e Instituciones Sólidas), no podemos descuidar el mundo rural.

6. Para concluir, queremos insistir en que esta información pueda ser útil para responsables políticos y sociales de cara a mejorar la labor de la justicia en el mundo rural. Además, los resultados de este trabajo contribuyen a aumentar la literatura en este campo, de tal forma que pueda servir de base para futuras investigaciones.

AGRADECIMIENTOS

Los autores quieren agradecer a la Presidenta del Tribunal Superior de Justicia de Extremadura, D.ª María Félix Tena Aragón, su colaboración en esta investigación. También a los jueces y juezas de paz, y secretarios y secretarias de las Agrupaciones que ejercen su labor diaria en el medio rural de nuestra región.

BIBLIOGRAFÍA

Carta Local. Revista de la Federación Española de Municipios y Provincia (nov, 2022), n.º 362, p. 12.

Comisión de Bioética y Bioseguridad de la Universidad de Extremadura. [En Línea]: https://www.unex.es/organizacion/gobierno/vicerrectorados/viceinves/estructura/comision-de-bioetica-y-bioseguridad [Consultado: 20/10/2023].

Estadísticas Número y Características de Jueces y Magistrados de carrera. Consejo General del Poder Judicial, 2023 [En línea]: https://www.poderjudicial.es/cgpj/es/Temas/Estadistica-Judicial/Estadistica-por-temas/Estructura-judicial-y-recursos-humanos--en-la-administracion-de-justicia/Magistrados-y-jueces-de-carrera/Caracteristicas-y-numero-de-magistrados-y-jueces-de-carrera/ [Consultado: 22/10/2023].

FEMP sobre los proyectos piloto de las Oficinas de Justicia en los Municipios, [En línea]:https://www.lamoncloa.gob.es/serviciosdeprensa/notasprensa/justicia/Paginas/2022/111122-llop-ojm-femp.aspx [Consultado: 11/10/2023].

AAVV, «Igualdad de Género en el entorno rural y municipal de Extremadura: Diagnóstico y propuestas», 2022. [En línea]: https://www.igualdadrural.es [Consultado: 2/10/2023].

Infraestructura de Datos Espaciales de Extremadura, 2023 [En línea]: http://www.ideextremadura.com/Geoportal/ [Consultado: 20/10/2023].

Instituto Nacional de Estadística. Censos de población y viviendas, 2022 [En línea]: https://www.ine.es/dynt3/inebase/index.htm?padre=6225&capsel=6225 [Consultado: 10/07/2023].

Gutiérrez Gallego, J. A. y Pérez Pintor, J. M., *Accesibilidad territorial y recursos endógenos. Incidencia en la competitividad regional*. Diputación de Badajoz, 2019.

Marchena Galán, S. M.ª, «Experiencias en el transporte a la demanda en zonas rurales de España y Portugal. Una propuesta para Extremadura», En Soriano Moreno, S. (Coord.)., *Los Derechos de las Mujeres en las Zonas Rurales. Un Estudio de Caso*. Pamplona, Thompson Reuters Aranzadi, 2022, pp. 149-175.

Medina Ariza, J. (Coord.), *Instituciones de Control del Delito*. Madrid, Dykinson, 2022.

Navarro Ojeda, C., *Los Juzgados de Paz*. Tesis Doctoral. Universidad de Las Palmas de Gran Canarias, 2012, pp. 76-103.

Orduña Gezuraga, I., «Propuestas de futuro para la Justicia de Paz en España». *Revista General de Derecho Procesal* (44), 2018.

Ortiz García, J., *Mito o Realidad: un estudio criminológico sobre la seguridad en las comunidades rurales de Extremadura*, Dykinson, Madrid, 2022.

Ortiz García, J. y Rufo Rey, M. A., «Seguridad y prevención del delito en las comunidades rurales de Extremadura: un estudio de caso desde la criminología», *Revista de estudios Jurídicos y Criminológicos*, n.º 7, Universidad de Cádiz, 2023, pp. 153-185.

Subirats, J., Knoepfel, P., Larrue, C. y Varone, F., *Análisis y Gestión de Políticas Públicas*. Ariel, 2012, pp. 211-237.

QGIS [En línea]: https://www.qgis.org/es/site/ [Consultado: 20/10/2023].

WebQDA [En línea] https://www.webqda.net [Consultado: 20/10/2023].

La prestación del servicio público local de protección civil en Extremadura: el papel de las mancomunidades ante el reto demográfico[1]

ANA B. LUCAS TOBAJAS
Profa. Contratada Doctora de Derecho Administrativo
Universidad de Extremadura

1. Este trabajo se ha desarrollado en el marco del Proyecto regional I+D+i de investigación IB20117 «La necesaria reforma de las administraciones públicas y del modelo territorial español ante el reto demográfico en Extremadura» (IP: Gabriel Moreno González), cofinanciado por el Fondo Europeo de Desarrollo Regional y la Consejería de Economía, Ciencia y Agenda Digital de la Junta de Extremadura.

I. INTRODUCCIÓN

El presente trabajo tiene por objeto poner de manifiesto la importancia del correcto desempeño del servicio público de protección civil para revertir el proceso de despoblación que afecta a tantos municipios de la Comunidad Autónoma de Extremadura.

Por este motivo, no nos hallamos frente a un estudio del servicio público de protección civil en el ámbito local, aunque ello no obsta a que abordamos un somero análisis de las normas básicas reguladoras tanto en el ámbito estatal, como en el local para que el lector cuente con la información necesaria para comprender la inevitable conexión entre el citado servicio público y la despoblación de municipios.

Efectivamente, el servicio público de protección civil se encuentra, en la actualidad, experimentando un proceso de *vis expansiva* ya que su aplicación resulta determinante en los ámbitos de la seguridad pública, el urbanismo, el medio ambiente, las comunicaciones, todos ellos factores fundamentales en la evolución social y económica de un municipio.

Por lo que se refiere a la gestión de emergencias, son diversos los textos internacionales que se empeñan en calificar como «relevantes» las funciones otorgadas a la Administración local. Incluso, encontramos textos nacionales como la Estrategia Nacional frente al Reto Demográfico aprobada en 2017, en el que el Gobierno de la Nación impulsa un conjunto de medidas en el ámbito local a partir de las cuales diseña una respuesta conjunta para paliar el progresivo envejecimiento de la población y la baja tasa demográfica, y reconoce la trascendencia del servicio público de protección civil al constituir uno de las ámbitos esenciales sobre los que se debería actuar, a pesar de su escasísima dotación económica.

Por su parte, el denominado «Plan de Recuperación. 130 medidas frente al reto demográfico» aprobado por el Gobierno de la Nación en el año de 2021 recoge diez ejes de actuación. Concretamente, su eje número siete es titulado «Refuerzo de los servicios públicos e impulso de la descentralización», prevé la prestación de los servicios públicos básicos a toda la población, sin que la distancia o las debilidades demográficas sean motivo de reducción de su calidad y accesibilidad. El objetivo fundamental de dicho eje no es otro que garantizar a las personas que vivan en el medio rural la prestación eficaz de los servicios públicos, especialmente en ámbitos como la seguridad o la protección y, para ello, propone reforzarlos e intensificar la atención ciudadana por parte de la Administración Pública.

Así se plantea mejorar la prestación de servicios básicos en el medio rural a las personas y, de forma particular, reforzar la seguridad y mejorar los mecanismos de protección civil.

Con todo ello, podemos afirmar que la protección civil y las emergencias se configuran como un servicio esencial que ha de ser potenciado en atención a la obtención de los fines planteados por el reto demográfico, puesto que su prestación efectiva no sólo garantiza la seguridad de los ciudadanos, sino también porque, de forma transversal, persigue otros muchos objetivos como la protección del medio ambiente, la protección de la salud o la protección del patrimonio histórico-artístico, dirigidos a frenar la sangría de población por la que atraviesan muchos de los municipios que conforman nuestra región extremeña.

Precisamente, respecto a esta cuestión, las autoridades locales desempeñarán un papel protagonista, hasta ahora infravalorado, en la prestación del servicio público de protección civil como instrumento estratégico frente a la despoblación. Como ya hemos mencionado, por el proceso de vis expansiva que experimenta este servicio podemos afirmar que nos hallamos ante una actividad con multitud de aristas, todas ellas fundamentales en el proceso de regeneración poblacional tan necesario en nuestros municipios.

Con base a ello, este trabajo pretende llamar a la reflexión a las autoridades competentes sobre el papel que desempeña la prestación del servicio público de protección civil en el proceso de despoblación, y poner en valor los extraordinarios beneficios que este proporciona al mejorar las condiciones de seguridad frente a riesgos existentes en atención a la naturaleza del territorio, frenar los procesos de desertificación mediante la implantación de medidas de prevención de incendios y sequías, evitar los daños generados por inundaciones, prevenir las epidemias, entre otros muchos riesgos, algunos, incluso, por determinar aún.

Iniciemos, a continuación, nuestro estudio con el análisis de la normativa básica reguladora de la protección civil y emergencias en nuestro país.

II. LA NORMATIVA ESTATAL DE SERVICIO PÚBLICO DE PROTECCIÓN CIVIL Y SU CONEXIÓN CON EL DERECHO LOCAL

1. LOS ENTES LOCALES COMO TITULARES DEL SERVICIO PÚBLICO DE PROTECCIÓN CIVIL

La protección civil es definida en la Ley 17/2015, de 9 de julio, del Sistema Nacional de Protección Civil como un «servicio público que protege a las personas y bienes garantizando una respuesta adecuada ante los distintos tipos de emergencias y catástrofes originadas por causas naturales o derivadas de la acción humana, sea ésta accidental o intencionada».

Efectivamente, este servicio público está adquiriendo una relevancia extraordinaria tanto en el ámbito internacional como en el nacional y, por supuesto, a nivel local exigiendo la colaboración de una pluralidad de Administraciones Públicas para su correcto ejercicio. Esta cuestión, junto a la compleja estructura necesaria para garantizar su adecuado funcionamiento, otorga a este servicio público un carácter peculiar. Como ha afirmado Barcelona Llop «no sabemos cuál es el contenido esencial funcional del servicio de protección civil»[2], sin embargo, nosotros consideramos que, sin perjuicio, de las peculiaridades que presenta el mismo, pues carece de los elementos esenciales que lo identifican en el sentido más tradicional del término, nos hallamos ante un servicio de prestación esencial[3], al hallarse vinculado a la seguridad pública de los ciudadanos. Efectivamente, tanto la titularidad del mismo, como el contenido de su prestación varían en atención a la naturaleza de la emergencia frente a la que nos hallemos, en todo caso, lo que no admite discusión alguna es su consideración de servicio permanente, al prestarse de manera continua, independientemente de la existencia o no de una situación de emergencia.

En nuestro país, las políticas públicas de protección civil han sido incluidas en la Estrategia de Seguridad Nacional, dotándolas así de una mayor trascendencia y amplitud. Como ha afirmado la Exposición de Motivos de la Ley 17/2015, «las Comunidades Autónomas y las Entidades Locales han desplegado sus competencias propias en la materia, regulando su actuación, configurando sus propios servicios de protección civil, desarrollando unos órganos competentes de coordinación de emergencias que han supuesto un avance sustantivo en la gestión de todo tipo de emergencias y eficaces servicios municipales de protección civil. Los Estatutos de Autonomía recientemente aprobados confirman de manera expresa las respectivas competencias autonómicas, si bien, como es natural, con respeto de las propias del Estado y en colaboración con este».

A lo largo de la Ley 17/2015 y del Real Decreto 524/2023, de 20 de junio, por el que se aprueba la Norma básica de Protección Civil, se pueden encontrar alusiones a las competencias de las Administraciones locales respecto de dicho servicio, a todas luces insuficientes dada la importancia que

2. Barcelona Llop, J: «Las competencias de los municipios en materia de protección civil» en Anuario Aragonés del Gobierno Local 2017, núm. 9, p. 259.
3. *Vid.* sobre esta cuestión, Lucas Tobajas, Ana B. «Una aproximación a la protección civil como servicio público: A propósito de la Ley 17/2015, de 9 de julio, del Sistema Nacional de Protección Civil» en la obra De Brito, P. (Coord.): *Estudios de Derecho Iberoamericano Vol III.* pp. 565 y ss.

adquiere en estos casos la gestión realizada por la administración más cercana al ciudadano o, en este caso, al origen de la emergencia.

Las disposiciones de las citadas normas aluden, sin ánimo de ser exhaustivos, entre otras cuestiones, a la capacidad de las Administraciones locales para la elaboración de los denominados Planes Territoriales, sin perjuicio de que estos deban integrarse en otros de mayor amplitud territorial[4]. También se prevé que el Estado colabore con las Comunidades Autónomas y con las Entidades Locales, facilitando los recursos humanos y materiales disponibles en caso de emergencias siempre que no hayan sido declaradas de interés nacional, en los términos que se acuerden en el Consejo Nacional de Protección Civil. Asimismo, se recoge la participación de la Administración local en la Comisión de Coordinación, integrada por representantes de las Administraciones estatal, autonómica y local afectadas por una emergencia[5].

También contempla la participación de la Administración Local en el Consejo Nacional de Protección Civil, a través de la Federación Española de Municipios y Provincias como asociación de Entidades Locales de ámbito estatal con mayor implantación[6].

Finalmente, la Disposición Adicional novena alude a los alcaldes como órganos competentes para la resolución de los procedimientos sancionadores en el ámbito de protección civil.

La trascendencia de los objetivos planteados por el servicio público de protección civil no ha sido obstáculo para que las autoridades europeas hayan puesto de manifiesto la relevancia de las autoridades locales en la gestión del mismo. Así la Résolution 129 (2002) sur les autorités locales confrontées aux catastrophes naturelles et situations d'urgence, ha destacado el importante papel de la Administración local tanto en la gestión de los desastres naturales (inundaciones, tormentas, terremotos, avalanchas, sequías o incendios forestales, por citar algunos ejemplos), como los vinculados a la actividad humana (la contaminación del agua y del aire, los riesgos industriales, los relacionados con las infraestructuras de transportes y comunicaciones, epidemias, cambio climático, entre otros).

En base a ello, se les ha asignado a las autoridades locales la competencia de evaluar los riesgos y amenazas a los que se somete su población en el ejercicio de la importante tarea de prevención. Así, respecto de los desastres y peligros naturales como las inundaciones, el poder local puede analizar

4. Art. 15 de la Ley 17/2015 y arts. 14 y ss. del Real Decreto 524/2023.
5. Arts. 19 y 25 de la Ley 17/2015.
6. Art. 39 de la Ley 17/2015.

y estudiar el curso natural del agua y, conforme a ello, gestionar de forma adecuada las construcciones urbanísticas. De esta forma, se evitará la edificación en zona de riesgo, se conseguirá mantener en buen estado las infraestructuras de saneamiento y evacuación de aguas tanto en terreno urbano, como rústico; en aquellas zonas en las que sean habituales la formación de fenómenos tormentosos con fuerte descarga eléctrica se podrá contar con una reserva adecuada de generadores para asegurar el suministro de agua y electricidad; permitirá mantener en adecuadas condiciones los edificios con valor histórico; en las zonas con riesgo sísmico se asegurará la construcción de edificios sismorresistentes; se delimitará las zonas de riesgo en caso de avalanchas; se prevendrán los incendios forestales mediante la imposición de obligaciones a los propietarios como la de abrir cortafuegos, la correcta señalización de las zonas sensibles a los incendios o la de mantener el bosque en adecuado estado de limpieza de matorral y arbustos, así como prever las sequías mediante una gestión, tratamiento y tarificación eficiente del agua como recurso escaso.

Entre los riesgos generados por el hombre la actuación local puede resultar relevante para evitar la contaminación del agua, mediante la limitación de instalaciones industriales junto a los ríos; controlar la contaminación del aire a través de la implementación de medidas que reduzcan la emisión de gases y fomenten el uso de energías alternativas; garantizar una ubicación adecuada de las instalaciones industriales a distancia suficiente de los núcleos residenciales; asegurar la movilización y coordinación de recursos en caso de emergencia; o elaborar programas de información de riesgos que prevean sistemas de alerta. Una vez producida la emergencia, los poderes locales han de colaborar en las operaciones, asistir a las víctimas y ayudar en la coordinación de los servicios de emergencias. Finalizado el suceso catastrófico se podrán adoptar las medidas necesarias para restaurar las áreas afectadas, procurando el retorno a la normalidad en el menor tiempo posible[7].

Con todo lo anterior, queda patente cómo los textos internacionales ponen de manifiesto la trascendencia en la gestión de las emergencias por parte de las autoridades locales, incluso instan a los gobiernos a dotar económicamente a estas últimas puesto que los sistemas nacionales de protección civil han de completarse mediante los planes locales de actuación. Estos comprenden desde la recopilación de datos históricos y geográficos sobre las áreas de riesgo, el diseño de mapas de riesgos y la implementación de planes de prevención, hasta la creación de sistemas de alerta para la población que se encuentre en situación de riesgo, la organización de primeros

7. Congrès des Pouvoirs Locaux et Régionaux de L'Europe. Résolution 129 (2002)1 sur les autorités locales confrontées aux catastrophes naturelles et situations d'urgence.

auxilios para evitar la situación de pánico y el mantenimiento y reparación de infraestructuras dañadas, entre otras[8].

Por lo que se refiere a Extremadura, su situación geográfica exige fomentar la cooperación transfronteriza con un doble objetivo: el primero, para reforzar los mecanismos existentes en materia de protección civil, en base a ello, los instrumentos de cooperación transfronteriza que, hasta ahora, regulaban la actuación coordinada de España y Portugal en materia de protección civil, han de someterse a una profunda revisión con la finalidad de ofrecer las herramientas adecuadas para la creación de programas específicos que propongan una respuesta eficaz ante riesgos no sólo naturales, sino también de origen humano o tecnológico. En este sentido, la creación de una base institucional sólida constituye uno de los aspectos esenciales para lograr los objetivos planteados. La existencia de límites de actuación en caso de catástrofe en municipios fronterizos impide un análisis adecuado del riesgo, pues frustra cualquier intento de conocer, de forma exhaustiva, las vulnerabilidades a las que puede estar expuesta la población. Por todo ello, se imponen nuevas formas de cooperación entre administraciones regionales y locales con la finalidad de intensificar los intercambios de capacidades y recursos; el segundo objetivo, garantizar la seguridad pública de los ciudadanos en el ámbito local y el desarrollo sostenible de los territorios contribuirá, sin duda, a afrontar las dificultades que plantea frenar la despoblación.

2. EL RÉGIMEN LOCAL EN MATERIA DE PROTECCIÓN CIVIL

La Ley 7/1985, de 2 de abril, Reguladora de las Bases del Régimen Local asigna a los Municipios, en su artículo 25.2.f, la competencia de protección civil y la prevención y extinción de incendios que la ejercerán, en todo caso, como competencia propia. Por su parte, el artículo 26 de la citada Ley dispone que en los Municipios con población superior a 20000 habitantes deberán prestar servicios de protección civil, prevención y extinción de incendios, entre otros.

Los artículos 25, 26 y 86 de la LRBRL conforman el régimen jurídico de los servicios públicos locales y en ellos concurren una pluralidad de términos como competencias locales, actividades, servicios, servicios públicos cuyos conceptos se hallan separados por una delgada línea por lo que su delimitación no siempre resulta sencilla.

El artículo 25 de la LRBRL apunta que los Municipios deberán «promover todo tipo de actividades y prestar cuantos servicios públicos» sean

8. *Vid.* Rapport CPL (12) 2 Partie II. FR. Les catastrophes naturelles et industrielles (2005) y el Marco de Sendai para la Reducción del Riesgo de Desastres 2015-2030.

necesarios con el fin de satisfacer las necesidades de los vecinos, a continuación enumera un conjunto de competencias que ejercerá «en cualquier caso», como son:

«a) Urbanismo: planeamiento, gestión, ejecución y disciplina urbanística. Protección y gestión del Patrimonio histórico. Promoción y gestión de la vivienda de protección pública con criterios de sostenibilidad financiera. Conservación y rehabilitación de la edificación.

b) Medio ambiente urbano: en particular, parques y jardines públicos, gestión de los residuos sólidos urbanos y protección contra la contaminación acústica, lumínica y atmosférica en las zonas urbanas.

c) Abastecimiento de agua potable a domicilio y evacuación y tratamiento de aguas residuales.

d) Infraestructura viaria y otros equipamientos de su titularidad.

e) Evaluación e información de situaciones de necesidad social y la atención inmediata a personas en situación o riesgo de exclusión social.

f) Policía local, protección civil, prevención y extinción de incendios.

g) Tráfico, estacionamiento de vehículos y movilidad. Transporte colectivo urbano.

h) Información y promoción de la actividad turística de interés y ámbito local.

i) Ferias, abastos, mercados, lonjas y comercio ambulante.

j) Protección de la salubridad pública.

k) Cementerios y actividades funerarias.

l) Promoción del deporte e instalaciones deportivas y de ocupación del tiempo libre.

m) Promoción de la cultura y equipamientos culturales.

n) Participar en la vigilancia del cumplimiento de la escolaridad obligatoria y cooperar con las Administraciones educativas correspondientes en la obtención de los solares necesarios para la construcción de nuevos centros docentes. La conservación, mantenimiento y vigilancia de los edificios de titularidad local destinados a centros públicos de educación infantil, de educación primaria o de educación especial.

ñ) Promoción en su término municipal de la participación de los ciudadanos en el uso eficiente y sostenible de las tecnologías de la información y las comunicaciones.

o) Actuaciones en la promoción de la igualdad entre hombres y mujeres así como contra la violencia de género».

Por su parte el artículo siguiente, el 26, enumera un conjunto de servicios que el Municipio deberá prestar de forma obligada en todo caso, como son: el alumbrado, cementerio, recogida de residuos, limpieza de calles, alcantarillado, abastecimiento de agua, entre otros. Posteriormente, incrementa estos servicios dependiendo de la población del municipio. Así en aquellos con población superior a 20.000 habitantes, además de los anteriores deberá prestarse el servicio de protección civil y el servicio de prevención y extinción de incendios, entre otros.

Finalmente, el artículo 86.3 establece una reserva sobre una serie de servicios esenciales para determinadas actividades como el abastecimiento y depuración de aguas, recogida, tratamiento y aprovechamiento de residuos, sin mencionar, de forma expresa, el servicio de protección civil, aunque ello no tenga carácter excluyente, pudiendo ampliar dicho elenco a otras actividades y servicios. Ello se prevé en base al carácter económico de algunos servicios y a la posibilidad de prestarlos de forma directa o bien de forma indirecta. Sin embargo, el servicio de protección civil posee un carácter esencial al formar parte de la seguridad pública por lo que debía haber sido mencionado expresamente en el artículo 86. De esta forma, hubiera diferenciado nítidamente entre los servicios esenciales y los de carácter económico que puede prestar el municipio.

Así, la reserva a su favor de un servicio acarrearía dos importantes consecuencias; por un lado, la asunción, por parte del municipio, de la titularidad sobre la actividad objeto de reserva; por otro, la exclusión o prohibición de la iniciativa privada de operar en el sector reservado. En este sentido, debemos matizar que la reserva implica una titularidad pública del servicio, pero en modo alguno condiciona la gestión del mismo que podrá llevarse a cabo en régimen de libre concurrencia o bien, si se considera necesario, excluir la iniciativa de los particulares como la de otras Administraciones Públicas, podrá prestarse en régimen de monopolio. Sin embargo, al tratarse de un servicio vinculado a la seguridad pública consideramos que sí excluiría su gestión por terceros y exigiría la asunción de la competencia de forma directa por el municipio o por una entidad supramunicipal de carácter territorial.

III. LA REGULACIÓN DEL SERVICIO DE PROTECCIÓN CIVIL EN LA LEGISLACIÓN AUTONÓMICA Y SUS CONDICIONANTES A PARTIR DE LA SITUACIÓN DE DESPOBLACIÓN

1. LA PROTECCIÓN CIVIL EN EL ESTATUTO DE AUTONOMÍA EXTREMEÑO

La regulación de la Protección civil y Emergencias resulta extraordinariamente parca en el Estatuto de Autonomía de Extremadura[9], su artículo 9.1.42 atribuye a la Comunidad Autónoma de Extremadura la competencia exclusiva en dicha materia. Dicha afirmación no es correcta, pues como ya hemos advertido en anteriores ocasiones[10], en la regulación de la materia de protección civil se produce una conjunción de competencias estatales, autonómicas, provinciales y municipales al coincidir diversos intereses sobre un mismo ámbito territorial. Además, la atribución en exclusiva de esta materia tampoco se compadece con la trascendencia que le otorga el propio texto autonómico, pues la materia protección civil y emergencias tan sólo es citada en una ocasión, a pesar de tratarse de una cuestión de seguridad pública, ya que ni siquiera recuerda la importancia de las competencias locales en esta materia.

2. LA IMPORTANCIA DE LA DESPOBLACIÓN EN LA PRESTACIÓN DEL SERVICIO PÚBLICO DE PROTECCIÓN CIVIL

La aprobación de la Ley 45/2007, de 13 de diciembre, para el desarrollo sostenible del medio rural, puso de manifiesto los problemas que acuciaban a los núcleos de población rural en nuestro país. Entre sus objetivos se encontraron los de garantizar el desarrollo rural sostenible, impulsar las zonas rurales y la gestión de los servicios públicos suficientes y de calidad. Se trata de una norma que contempla acciones generales dirigidas a regular el marco normativo de acción de la Administración General del Estado en el ámbito de sus competencias y establecer los criterios de colaboración con el resto de las Administraciones Públicas, en las materias relacionadas con el desarrollo sostenible del medio rural.

Por lo que se refiere a la protección civil elude la utilización de este término, aunque a lo largo del texto legal puede apreciarse cómo nos hallamos frente a una competencia esencial en la protección y el mantenimiento

9. Aprobada mediante Ley Orgánica 1/2011, de 28 de enero, de reforma del Estatuto de Autonomía de la Comunidad Autónoma de Extremadura.
10. Lucas Tobajas, A. B.: «La distribución de competencias entre el Estado y las Comunidades Autónomas en materia de protección civil». Revista Española de Derecho Administrativo, 209, 2020, pp. 215-254.

del medio rural. Ello puede advertirse cuando destaca, entre las denominadas acciones generales para el desarrollo sostenible, la lucha contra la desertificación, la reforestación, la restauración hidrológico-forestal, la prevención de riesgos naturales, la prevención contra incendios y la recuperación de la cubierta vegetal, especialmente la protección contra incendios de los núcleos de población del medio rural y de los espacios naturales protegidos[11]. En relación con la gestión del agua en el medio rural, se propone la implantación y ejecución de planes que afronten las situaciones de escasez y sequía y las acciones de protección contra posibles inundaciones[12]. En el ámbito de la seguridad ciudadana, se procura incrementar las actuaciones de protección del medio ambiente rural y fomentar los instrumentos de colaboración entre las diferentes Administraciones Públicas competentes[13]. Efectivamente, todas las actuaciones mencionadas se encuentran integradas en el ámbito de la protección civil y las emergencias. Aunque se elude una referencia expresa se pone de manifiesto no sólo su trascendencia en el desarrollo del mundo rural, sino también su carácter trasversal al estar presente en multitud de competencias locales.

Por su parte, la Ley 3/2022, de 17 de marzo, de medidas ante el reto demográfico y territorial de Extremadura, recoge como principal objetivo«*...establecer un marco de actuación en materia demográfica y territorial en Extremadura, prestando especial atención a la lucha contra la despoblación, así como garantizar los servicios básicos e igualdad de oportunidades para sus habitantes, mediante la adopción de medidas que promuevan el desarrollo social inclusivo, económico, cultural y ambiental, sostenible y equilibrado, en todo el territorio regional.*

(...) 2. Para la consecución del mencionado objetivo la ley propugna la coordinación de las políticas públicas autonómicas, el fomento de la colaboración y la cooperación entre las distintas Administraciones Públicas, la participación de los interlocutores sociales y económicos de Extremadura y la alineación con las prioridades y estrategias estatales y europeas.»[14].

Pues bien, la citada Ley decide ignorar entre las políticas públicas que contempla la relativa a la protección civil, desvinculándose así de la línea general de actuación marcada por la Ley 45/2007. Tan sólo alude, de forma

11. Art. 19.1 de la Ley 45/2007, de 13 de diciembre, para el desarrollo sostenible del medio rural.
12. Art. 25 de la Ley 45/2007, de 13 de diciembre, para el desarrollo sostenible del medio rural.
13. Art. 27.e de la Ley 45/2007, de 13 de diciembre, para el desarrollo sostenible del medio rural.
14. Art. 1 de la Ley 3/2022, de 17 de marzo, de medidas ante el reto demográfico y territorial de Extremadura.

somera, a la protección civil en su Sección 2.ª denominada «Protección civil, interior y espectáculos públicos», para referirse a los criterios de discriminación positiva por razones demográficas aplicadas a la concesión de subvenciones que pueden percibir las agrupaciones de voluntarios de protección civil[15]. Asimismo, también hallamos una brevísima referencia a las situaciones de emergencia cuando su artículo 23.2 afirma que: «Las actuaciones incluidas en los referidos Planes de acondicionamiento y mejora abarcarán tanto a los caminos rurales municipales, como a los supramunicipales y a los de evacuación en situaciones de emergencia».

Así pues, entendemos que las menciones a la protección civil resultan claramente insuficientes en la Ley 3/2022. Consideramos que, con ello, se desprecian los extraordinarios beneficios que puede proporcionar una gestión adecuada del servicio público de protección civil al proceso de degradación demográfica, social y económica que padecen los municipios extremeños en la actualidad. Como ha puesto de manifiesto la Ley 45/2007, la materia de protección civil se presenta como una materia muy relevante en ámbitos como el de la seguridad pública, la salud pública, el urbanismo, la gestión de los recursos naturales o la protección del medio ambiente, todos ellos decisivos para el adecuado mantenimiento y desarrollo de las zonas rurales. En base a lo anterior, consideramos que la Ley 3/2022 comete un gran error al omitir una de las políticas públicas esenciales en la gestión eficaz frente a la despoblación. La protección civil proporciona al desarrollo rural de Extremadura seguridad pública a los ciudadanos, así como un entorno seguro y sostenible, por lo que ha de incluirse como uno de los ejes estratégicos de la lucha frente a la despoblación.

3. LAS MANCOMUNIDADES DE EXTREMADURA COMO TITULARES DEL SERVICIO DE PROTECCIÓN CIVIL

Como ya hemos comprobado al analizar lo dispuesto en la Ley 7/1985, la cuestión demográfica adquiere una importancia extraordinaria en la prestación del servicio público de protección civil. A esta cuestión, ha de añadirse que la Comunidad Autónoma de Extremadura está formada, fundamentalmente, por pequeños municipios especialmente castigados por la despoblación y, como consecuencia, por la escasez de recursos que condicionan no sólo su desarrollo, sino también su propia subsistencia. Efectivamente, en el ámbito de las emergencias resulta especialmente dramático pues, en definitiva, se trata de proteger la vida de los ciudadanos. Aunque debemos afirmar que la Ley 3/2019, de 22 de enero, de garantía de la auto-

15. Art. 70.1 de la Ley 3/2022, de 17 de marzo, de medidas ante el reto demográfico y territorial de Extremadura.

nomía municipal de Extremadura ha reforzado la protección civil y las emergencias como competencia propia de los municipios.

Ante esta situación, la mancomunidad se muestra como una solución óptima a los problemas planteados a partir de la despoblación de municipios. En este sentido, la Ley 17/2010, de 22 de diciembre, de mancomunidades y entidades locales menores de Extremadura pretende ser el instrumento adecuado para «afrontar de forma asociada la compleja realidad social, económica y de servicios a la que se enfrentan en la actualidad».

Dado que el modelo tradicional de mancomunidad no ofrecía las respuestas necesarias a los retos demográficos, económicos, sociales, medioambientales, entre otros muchos que se plantean en la actualidad, su posición ante el ciudadano ha de experimentar una transformación radical, con el objeto de mejorar la prestación de servicios públicos.

En base a lo anterior, la Ley 17/2010 contempla un nuevo régimen de mancomunidades denominadas integrales en las que la eficiencia en la gestión y la utilidad de la asociación constituyen los instrumentos básicos en la persecución del desarrollo local. Es decir, las mancomunidades integrales persiguen un doble objetivo: por un lado, la óptima gestión de servicios públicos; y por otro, el desarrollo del degradado entorno local. Estos fines han condicionado su propia naturaleza jurídica, ya que aunque son consideradas «entidades locales voluntarias de carácter no territorial»[16], se les reconoce la potestad expropiatoria (con autorización previa de la Junta de Extremadura), la potestad reglamentaria y de autoorganización, las potestades tributaria y financiera o la potestad sancionadora[17], todas ellas propias de Administraciones de carácter territorial. Por supuesto, con tales reconocimientos se cercena cualquier debate en relación a su capacidad de gestionar una competencia de seguridad pública como sería la relativa a la protección civil y emergencias.

En este sentido, la citada Ley tan sólo se refiere en una ocasión a la materia de protección civil y emergencias, en relación a los servicios que ha de prestar para la obtención de la condición de mancomunidad integral. Así, su artículo 19.2.g) dispone que: «*Para ser calificadas como integrales y para conservar la calificación como tal, las mancomunidades deberán cumplir los siguientes requisitos:*

(...)

16. Art. 5 de la Ley 17/2010, de 22 de diciembre, de mancomunidades y entidades locales menores de Extremadura.
17. Art. 5 de la Ley 17/2010, de 22 de diciembre, de mancomunidades y entidades locales menores de Extremadura.

g) Prestar efectivamente servicios al menos a la mitad de los municipios o entidades locales menores integrados en ella, o a un número inferior que represente, al menos, a la mitad de la población, en un número no inferior a tres de las áreas competenciales que se citan a continuación:

- *Urbanismo.*
- *Abastecimiento de agua potable a domicilio y evacuación y tratamiento de aguas residuales.*
- *Infraestructura viaria y otros equipamientos.*
- *Protección civil, prevención y extinción de incendios.*
- *Información y promoción turística.*
- *Protección de la salubridad pública y sostenibilidad medioambiental.*
- *Deporte y ocupación del tiempo libre.*
- *Cultura.*
- *Participación ciudadana en el uso de las TICS.*
- *Evaluación e información de situaciones de necesidad social y la atención inmediata de personas en situación de riesgo de exclusión social».*

La gestión del servicio público de protección civil plantea diversos problemas en distintos órdenes. El primero de ellos referido a la utilización de la Mancomunidad como estructura administrativa para la resolución de problemas demográficos, económicos o sociales, entre otros. En este sentido, debemos afirmar que la gestión de servicios públicos que realizan las Mancomunidades no está exenta de dificultades, así en el ámbito institucional han planteado problemas de legitimidad democrática en el ejercicio de competencias en base a la proporcionalidad de su representación política, cuestión que bien podría aplicarse al de la seguridad pública, ámbito en el que se desarrolla la protección civil y las emergencias. Por lo que se refiere a la gestión administrativa, también ha mostrado un elevado riesgo de ineficacia al duplicar estructuras o solapar la prestación de servicios con el consiguiente aumento de gastos[18]. El segundo de los problemas suscitados puede advertirse del propio contenido de la Ley de Mancomunidades, en la que se cita de forma expresa la materia de «*Protección civil, prevención y extinción de incendios*», sin llegar a delimitar con precisión el contenido de

18. Durán García, F.J.: «Mancomunidades integrales en Extremadura: estrategia, trayectoria y revisión», REALA, núm. 14, 2020, pp. 161-179.

la misma, es decir, si nos hallamos frente a una competencia de ejecución o si se extiende a competencias de planificación. Además de la anterior, entendemos que la materia de protección civil también se encuentra en otras de naturaleza trasversal como la relativa a la *«Protección de la salubridad pública y sostenibilidad medioambiental»*, en la que podría considerarse que la anterior desempeña un papel destacado, por ejemplo, en la gestión de epidemias[19].

IV. EL PAPEL RELEVANTE DE LA ADMINISTRACIÓN LOCAL EN LA LEY 10/2019, DE 11 DE ABRIL, DE PROTECCIÓN CIVIL Y DE GESTIÓN DE EMERGENCIAS DE LA COMUNIDAD AUTÓNOMA DE EXTREMADURA

Conviene acudir en este punto a la legislación sectorial para desarrollar dos cuestiones directamente relacionadas con la prestación del servicio público de protección civil en el ámbito local. La Ley 10/2019 reconoce, de forma expresa, a las entidades locales como titulares de competencias en la prestación de dicho servicio, al constituir la unidad administrativa básica por ser la más cercana al ciudadano y contar con un conocimiento exhaustivo del medio en el que puede producirse la situación de emergencia.

Por este motivo, el artículo 33 de la citada Ley recoge que:

«1. Los municipios elaboran y ejecutan la política de protección civil dentro del ámbito de su competencia, correspondiéndoles:

a) *Crear y organizar la estructura municipal de protección civil.*

b) *Elaborar y aprobar el plan territorial municipal de protección civil, así como los planes de actuación municipal.*

c) *Tomar las medidas necesarias para asegurar la difusión de los Planes de Protección Civil entre todos los servicios afectados y garantizar el suficiente conocimiento de su contenido por parte de los responsables y el personal que ha de intervenir en su aplicación.*

d) *Supervisar los equipos y las capacidades de los servicios de emergencia asignados al plan territorial municipal a efectos del catálogo de medios y recursos previsto en este plan.*

19. En Extremadura hay constituidas 30 Mancomunidades, de las que 16 se encuentran en la Provincia de Badajoz y 14 en la provincia de Cáceres. La mayoría de ellos han asumido competencias en materia de protección civil y emergencias.

Velar por el cumplimiento de las exigencias de autoprotección en centros, establecimientos, dependencias y actividades que pueden dar origen a situaciones de emergencia según se establezca normativamente.

f) *Elaborar y mantener actualizados el catálogo y mapa de riesgos del muni-*
e) *cipio y el catálogo de medios y recursos movilizables.*

g) *Canalizar y organizar las iniciativas en materia de protección civil por parte del voluntariado en el término municipal.*

h) *Elaborar y ejecutar programas municipales de previsión y prevención, promoviendo a tal fin campañas de concienciación y sensibilización de la población, divulgando las medidas de autoprotección y favoreciendo prácticas y simulacros de protección civil.*

i) *Requerir a las entidades privadas y a los ciudadanos la colaboración necesaria para cumplir las obligaciones establecidas en esta ley.*

j) *Aquellas otras que les atribuya la legislación vigente.*

2. El alcalde es la máxima autoridad de protección civil en el término municipal y del sistema de protección civil municipal; como tal, le corresponde ejercer las labores de dirección y coordinación que se prevean en el plan territorial municipal de protección civil, así como solicitar el concurso de medios y recursos de otras Administraciones públicas y la activación de planes de ámbito superior.

3. La Junta de Extremadura, sin perjuicio de otras Administraciones Públicas, dotarán económicamente a los municipios para poder ejercer las competencias que se les atribuyen. Asimismo, se les prestará asistencia y asesoramiento con el mismo fin».

Conforme a ello, la Administración local cuenta con competencias en todas y cada una de las fases que componen el servicio de protección civil: la anticipación, mediante la creación y organización de estructuras municipales; la planificación, mediante la aprobación del plan territorial municipal de protección civil y de los planes de actuación municipal, así como su gestión y ejecución, correspondiendo al Alcalde del municipio las labores de dirección y coordinación que se prevean; finalmente, también le compete la fase de recuperación, dirigida al restablecimiento de la zona siniestrada. Para el cumplimiento de estas funciones deberán ser dotados de la correspondiente asignación presupuestaria.

Para la activación, gestión y desactivación de los planes territoriales locales se contará con el Centro de Coordinación Operativa Municipal (CECOPAL), este apoyará las acciones determinadas a nivel municipal por la Dirección del Plan Territorial de Protección Civil de ámbito local (PEMU), tras la activación del mismo, velando por la buena coordinación de los medios y recursos municipales integrados en él.

Si la utilización de medios adscritos al Plan Territorial de Protección Civil de ámbito local (PEMU) sobrepasa la capacidad de respuesta de los mismos, «se activará el Plan Territorial de Protección Civil de la Comunidad Autónoma de Extremadura (PLATERCAEX), coexistiendo como órganos de coordinación el CECOP y el CECOPAL bajo la dirección de la persona que ostente la dirección del PLATERCAEX. Dicha persona, cuando la naturaleza o extensión del riesgo abarque a varios municipios, podrá crear un Centro de Coordinación Operativa Municipal Integrado (CECOPALI) constituido por las alcaldías de los municipios afectados»[20].

Así pues, como dispone el artículo 26 de la Ley 10/2019, los entes territoriales locales de Extremadura aprobarán los denominados Planes Territoriales de Protección Civil de ámbito local en cuanto instrumento organizativo de respuesta para hacer frente a las emergencias que se puedan producir en dicho ámbito territorial. La dirección de estos planes y el Mando único corresponderá a la alcaldía del municipio respectivo.

La elaboración de estos Planes Territoriales corresponde a la autoridad u órgano local que determine su legislación aplicable y serán informados por la Comisión de Protección Civil de Extremadura con la finalidad de adecuarlos al Sistema Nacional de Protección Civil. Una vez informados estos planes por la Comisión de Protección Civil de Extremadura serán aprobados por la autoridad u órgano local que determine su legislación aplicable, y entrarán en vigor con posterioridad y debiéndose publicar en la web del municipio respectivo[21].

Asimismo, la Administración local formará parte de la denominada Mesa Social de la Protección Civil y Emergencias de la Comunidad Autónoma de Extremadura, integrado por representantes de los ciudadanos, organizaciones y agentes sociales más representativos en ese ámbito[22].

Una vez delimitadas las competencias de la Administración Local en el ámbito de la protección civil conviene detenerse en la regulación ofrecida por la Ley 10/2019 del voluntariado de protección civil, dada la importancia otorgada al mismo por la Ley 3/2022. Actualmente, las agrupaciones locales de voluntariado de protección civil y emergencias constituyen unos de los

20. Art. 31. 5 de la Ley 10/2019, de 11 de abril, de Protección Civil y de Gestión de Emergencias de la Comunidad Autónoma de Extremadura.
21. Art. 29 de la Ley 10/2019, de 11 de abril, de Protección Civil y de Gestión de Emergencias de la Comunidad Autónoma de Extremadura.
22. Arts. 46 y ss. de la Ley 10/2019, de 11 de abril, de Protección Civil y de Gestión de Emergencias de la Comunidad Autónoma de Extremadura.

pilares básicos sobre los que asienta el Sistema Nacional de Protección Civil y, en particular, su ejecución en el ámbito local. Así puede comprobarse en la Ley 17/2015 en la que dedica su artículo 8 a regular los aspectos fundamentales de este grupo de personas que, libre y desinteresadamente, participan de manera organizada en la prevención en actividades públicas y colaboran con otros servicios operativos en la protección y socorro de personas, bienes y medioambiente en situaciones de riesgo, emergencia o catástrofe, sin que en ningún caso entrañe una relación de empleo con la administración actuante[23]. Esta regulación ha sido desarrollada por el Decreto 100/2021, de 1 de septiembre, por el que se aprueba el estatuto del voluntariado de protección civil y emergencias de la Comunidad Autónoma de Extremadura.

La participación del voluntariado ha de ser entendida como una respuesta social a situaciones de emergencia en el ejercicio de una función de colaboración, sin que ello deba confundirse con el deber general de colaboración que asiste a todos los ciudadanos. En todo caso, las actividades del voluntariado en el ámbito de la protección civil se orientan, principalmente, a la prevención en actividades públicas y a la colaboración con otros servicios dirigidos a la protección y socorro de personas, bienes y medio ambiente en situaciones de riesgo, emergencia o catástrofe, sin que en ningún caso entrañe una relación de empleo con la administración actuante[24]. Por este motivo, las agrupaciones y organizaciones de voluntariado deberán suscribir, por un lado, un seguro de responsabilidad civil por daños a terceros derivados del cumplimiento de sus funciones propias; por otro, un seguro de riesgo por accidente que cubra al personal que las integra en el ejercicio de tales funciones.

La integración en el sistema de protección civil del voluntariado corresponderá a los municipios y a la Administración de la Comunidad Autónoma que serán las encargadas de intervenir en el desarrollo, el mantenimiento y la operatividad de las agrupaciones de voluntariado de protección civil homologadas mediante su encuadre operativo, la coordinación, el suministro y mantenimiento de sedes y equipos, las transmisiones, el aseguramiento, la formación, el reconocimiento de las actividades y otras acciones que puedan considerarse necesarias[25]. De esta forma, aunque la legislación reguladora se empeña en desvincular laboralmente a las agru-

23. Art. 8 de la Ley 10/2019, de 11 de abril, de Protección Civil y de Gestión de Emergencias de la Comunidad Autónoma de Extremadura.
24. Art. 3 del Decreto 100/2021, de 1 de septiembre, por el que se aprueba el estatuto del voluntariado de protección civil y emergencias de la Comunidad Autónoma de Extremadura.
25. Art. 8 de la Ley Art. 8 de la Ley 10/2019, de 11 de abril, de Protección Civil y de Gestión de Emergencias de la Comunidad Autónoma de Extremadura.

paciones de voluntarios de protección civil de la Administración local, lo cierto es que estas últimas dependerán orgánica y funcionalmente de los entes locales o del Director del plan respectivo en el caso de que actúen en una situación de emergencia[26]. Además, el ente local será competente para la adopción del acuerdo de creación de la agrupación dependiente de aquella, así como, en su caso, el de su modificación y el de su disolución; aprobar el reglamento de organización y funcionamiento de la agrupación o solicitar la inscripción, las modificaciones y la baja de la agrupación en el registro de agrupaciones locales de voluntariado de protección civil de la Comunidad Autónoma de Extremadura[27].

La inscripción en el registro será condición indispensable para que las agrupaciones participen en el Sistema Regional de Protección Civil, en el mismo se regulará un registro de agrupaciones de protección civil, donde se recogerán tanto el número de agrupaciones de Extremadura como sus componentes, medios, recursos, aseguramientos y aquellos otros aspectos que puedan favorecer la minimización de los efectos de una catástrofe.

Para el ejercicio de sus funciones el voluntariado de Protección Civil de Extremadura que preste sus servicios dentro de las agrupaciones de voluntariado dispondrá de uniforme, distintivos y medios de identificación para el desempeño de su actividad, debiéndose estos, en todo caso, adaptarse a las diferencias y necesidades morfológicas de hombres y mujeres y costearse por las propias agrupaciones y organizaciones de voluntariado.

Resulta de extraordinaria importancia los límites recogidos en la Ley 10/2019 sobre la actividad de voluntariado. En primer lugar, la acción voluntaria en ningún caso podrá reemplazar actividades que estén siendo desarrolladas por medio de trabajo remunerado o servir para eximir a los poderes públicos de garantizar las prestaciones o servicios que ya hayan sido asumidos por las Administraciones Públicas; en segundo lugar, las actividades realizadas por agrupaciones de voluntarios no sustituirán a las prestaciones que formen parte de los servicios públicos, sino que tan sólo los complementarán, de la misma forma que no sustituirán al trabajo remunerado. Estos dos condicionantes recuerdan el carácter complementario de las actividades desempeñadas por el voluntariado de protección civil, es decir, realizan una función suplementaria a otra principal desarrollada por los distintos profesionales que forman parte del servicio público de protec-

26. Art. 6 del Decreto 100/2021, de 1 de septiembre, por el que se aprueba el estatuto del voluntariado de protección civil y emergencias de la Comunidad Autónoma de Extremadura.
27. Art. 5 del Decreto 100/2021, de 1 de septiembre, por el que se aprueba el estatuto del voluntariado de protección civil y emergencias de la Comunidad Autónoma de Extremadura.

ción civil. En base a ello, podemos afirmar que tanto la Ley 3/2022 como la Ley 17/2020 otorgan un protagonismo desmesurado e incluso trasladan una responsabilidad impropia a agrupaciones de ciudadanos frente a situaciones que, en ocasiones, pueden resultar extraordinariamente peligrosas. Además, como ya hemos mencionado, las actividades que engloba la protección civil no se agotan en la intervención en situaciones de emergencia, sino que, dado su carácter trasversal, resultaría de extraordinaria utilidad en tareas de fomento del desarrollo rural y actuaciones que sirvan de freno contra la despoblación, actividades de carácter permanente que tales agrupaciones tampoco podrían realizar.

El género del reto demográfico: situación y propuestas [1]

SILVIA SORIANO MORENO
Universidad de Extremadura

I. INTRODUCCIÓN: LA PERSPECTIVA DE GÉNERO EN LAS POLÍTICAS DE DESPOBLACIÓN

La incorporación de la perspectiva de género en el análisis de la despoblación y en las medidas necesarias para su abordaje es una necesidad tenida en cuenta por distintos instrumentos. Así, el antiguo Comisionado del Gobierno frente al reto demográfico, en su análisis inicial, concluía que

1. Este trabajo se ha desarrollado en el marco del Proyecto regional I+D+i de investigación IB20117 «La necesaria reforma de las administraciones públicas y del modelo territorial español ante el reto demográfico en Extremadura» (IP: Gabriel Moreno González), cofinanciado por el Fondo Europeo de Desarrollo Regional y la Consejería de Economía, Ciencia y Agenda Digital de la Junta de Extremadura.

«El interior peninsular no es sólo la "España Vacía". Es la España vacía de mujeres y, sobre todo, vacía de mujeres jóvenes y adultas»[2].

En el marco europeo, podemos destacar que el Parlamento Europeo adoptó en 2017 la Resolución sobre las mujeres y su papel en las zonas rurales[3] donde se abordan los distintos desafíos para las mujeres en las zonas rurales que deberían atender la Unión Europea y los Estados miembros.

A nivel estatal, la cuestión se venía tratando desde la lógica del desarrollo rural, teniendo su principal herramienta en la Ley 45/2007, de 13 de diciembre, de desarrollo sostenible del medio rural. Con el tiempo, se ha podido constatar el fracaso en la implementación y eficacia de esta norma[4], que ha llevado a una suerte de cambio de paradigma. Así, en los últimos años se ha prestado una especial y creciente atención de los poderes públicos al conocido como reto demográfico[5]. Con esta novedosa atención llega también el reconocimiento de la necesaria perspectiva de género y así, las Directrices Generales de la Estrategia Nacional frente al Reto Demográ-

2. Ministerio de Política Territorial y Función Pública, Comisionado del Gobierno frente al Reto Demográfico, «Despoblación, reto demográfico e igualdad», 2019. https://www.mptfp.gob.es/dam/es/portal/reto_demografico/Documentos_interes/Despoblacion_Igualdad.pdf0.pdf

3. Parlamento Europeo, Resolución, de 4 de abril de 2017, sobre las mujeres y su papel en las zonas rurales (2016/2204(INI)). https://www.europarl.europa.eu/doceo/document/TA-8-2017-0099_ES.html

4. Son múltiples los problemas identificados para la eficacia de la Ley 45/2007. En Regidor, Jesús G. «Desarrollo rural en España: una política de estado inaplazable». *Documentación Social. Revista de estudios sociales y de sociología aplicada,* 185 (2017): 103-119, se hace referencia a haber asignado su responsabilidad al Ministerio de Agricultura y las consejerías de agricultura; la ausencia de dotación presupuestaria en la Memoria económica de la Ley; y la falta de grupos políticos y sociales que reivindicaran la correcta aplicación de la Ley. Por su parte, en Molina Ibáñez, Mercedes y Hernando Sanz, Felipe. «¿Por qué nos deben interesar los territorios despoblados y desfavorecidos de la España interior?». En *Leyendo el territorio. Homenaje a Miguel Ángel Troitiño,* coord. por Rogelio Martínez Cárdenas, Luis Felipe Cabrales Barajas, María García Hernández, Manuel De La Calle Vaquero, M.ª del Carmen Mínguez García, Libertad Troitiño Torralba, 440-454. Guadalajara: Universidad de Guadalajara, 2022, se incide en los problemas competenciales y de coherencia, presupuestario y las dificultades políticas y administrativas, que han tenido como consecuencia la no implementación de la Ley.

5. Destacando la creación del Comisionado del Gobierno frente al Reto Demográfico en 2017, sustituido en 2020 por la Secretaría General para el Reto Demográfico, inscrita actualmente en el Ministerio para la Transición Ecológica y el Reto Demográfico, denominación también pionera en un Ministerio, lo que muestra la entidad que se le ha querido otorgar al problema.

fico[6] la contemplan, reconociendo que «La Estrategia es una herramienta necesaria para garantizar la igualdad de derechos y oportunidades de las mujeres y los hombres en España, sin que puedan existir diferencias por la edad o el lugar en el que se resida»[7]. El documento se refiere a las mujeres, a las desigualdades de género, a las particularidades de la violencia de género en zonas rurales, a las mujeres de mayor edad, a la conciliación y a la igualdad de oportunidades en el ámbito agrario y en el mercado de trabajo. Otro documento de referencia de ámbito estatal, el Plan de Recuperación: 130 medidas ante el Reto Demográfico, también se refiere a las desigualdades de género. En este sentido, «el Plan aborda de forma específica la cohesión territorial con perspectiva de género. El Gobierno tiene como prioridad eliminar las brechas de género derivadas de la falta de cohesión territorial, en relación con la masculinización del territorio, la falta de oportunidades para las mujeres en el ámbito rural y las zonas en declive demográfico, la carga de cuidados hacia la mujer derivada del envejecimiento de la población, así como la violencia de género. Cohesión y mujer son dos ejes prioritarios en el Plan de Recuperación, y, por ello, la igualdad de derechos y oportunidades de las mujeres en el territorio, además de ser un objetivo transversal, también es uno de los ejes de actuación de este Plan»[8].

En el ámbito autonómico se han venido elaborando a lo largo del tiempo diferentes planes específicos, muchos de ellos en el marco de la citada Ley 45/2007 y con la lógica del desarrollo rural[9], y en algunos ejemplos con políticas específicas posteriores y ya en la nueva lógica de la despoblación. Sin embargo, para la cuestión que nos ocupa, haremos referencia a las tres leyes específicas sobre despoblación aprobadas en comunidades autónomas: la Ley 5/2021, de 2 de febrero, de impulso demográfico de Galicia; la

6. Sus Directrices Generales fueron aprobadas en 2019 y se encuentran disponibles en https://www.miteco.gob.es/es/reto-demografico/temas/directricesgeneralesenfrd_tcm30-517765.pdf
7. Ministerio de Política Territorial y Función Pública, «Directrices Generales Estrategia Nacional frente al Reto Demográfico», 2019, p. 5. http://www.mptfp.es/portal/reto_demografico/Estrategia_Nacional.html
8. Ministerio para la Transición Ecológica y el Reto Demográfico, «Plan de Recuperación: 130 medidas ante el Reto Demográfico», 2021, p. 16. https://www.miteco.gob.es/es/reto-demografico/temas/medidas-reto-demografico/
9. Todas las Comunidades Autónomas elaboraron un Programa de Desarrollo Rural para el periodo 2007-2013, disponibles en Ministerio de Agricultura, Pesca y Alimentación, «Periodo de programación 2007-2013». https://www.mapa.gob.es/es/desarrollo-rural/temas/programas-ue/periodo-de-programacion-2007-2013/programas-de-desarrollo-rural/default.aspx. Posteriormente, se aprobaron los respectivos Programas para el periodo 2014-2020, disponibles en Ministerio de Agricultura, Pesca y Alimentación, «Programas autonómicos 2014-2020». https://www.mapa.gob.es/es/desarrollo-rural/temas/programas-ue/periodo-2014-2020/programas-de-desarrollo-rural/programas-autonomicos/Default.aspx

Ley 2/2021, de 7 de mayo, de Medidas Económicas, Sociales y Tributarias frente a la Despoblación y para el Desarrollo del Medio Rural en Castilla-La Mancha; y la Ley 3/2022, de 17 de marzo, de medidas ante el reto demográfico y territorial de Extremadura[10]. Sin entrar en un análisis detallado del contenido de las normas, en las tres se recogen distintas medidas y previsiones relativas a las mujeres, la igualdad, los cuidados o la conciliación, entre otras[11]. Con ello, observamos que los ejemplos disponibles a nivel autonómico han tenido también en cuenta, al menos formalmente, las desigualdades y la necesidad de la perspectiva de género en la despoblación[12].

Los ejemplos expuestos nos muestran que la perspectiva de género en las políticas públicas relativas a despoblación es una necesidad, y en esa línea se viene trabajando en las distintas administraciones públicas. Sin embargo, y siendo positivo encontrar estos ejemplos, ello no supone que las previsiones estén teniendo una eficacia real, que la perspectiva de género se encuentre en la implementación de las medidas, ni que lo que se prevé sea con esa necesaria perspectiva. Este es el objetivo de esta contribución, analizar esta realidad y proponer mejoras de la situación. Para lograr este objetivo se parte de un análisis y diagnóstico previo sobre la situación de las mujeres en las zonas rurales de Extremadura, que nos aportará la base material e interdisciplinariedad necesarias[13].

El trabajo que aquí se presenta tiene un doble objetivo. En primer lugar, analizar si el reto demográfico tiene género, mediante una breve aproximación a la situación de las mujeres en la despoblación. Tras ello, se plantearán algunas medidas concretas en relación con la reforma de las administraciones públicas de Extremadura que permitan mejorar la situación, no sin antes hacer una referencia a la problemática competencial que tiene esta cuestión.

10. Otras comunidades autónomas, como Comunitat Valenciana o Aragón, habían avanzado en textos legislativos propios, que no llegaron a aprobarse antes de la convocatoria electoral de mayo de 2023.
11. Cabría citar la existencia de una norma específica a este respecto, la Ley 6/2019, de 25 de noviembre, del Estatuto de las Mujeres Rurales de Castilla-La Mancha.
12. Hemos analizado este contenido desde las metodologías jurídicas feministas en Soriano Moreno, Silvia. «Metodologías jurídicas feministas para el abordaje del reto demográfico». *Journal of Feminist, Gender and Women Studies*, 13 (2022): 5-26.
13. Esta tarea se realizó a través del Proyecto de Investigación «Igualdad de género en el entorno rural y municipal de Extremadura: diagnóstico y propuestas» (IB18128), cuyo informe final, materiales y referencias a las principales publicaciones se recogen en https://www.igualdadrural.es/

II. DIAGNÓSTICO INICIAL: SITUACIÓN ACTUAL

Cualquier propuesta de política pública seria y con ánimo de eficacia debería venir necesariamente precedida de un adecuado diagnóstico de la situación. Conocer la realidad sobre la que se quiere incidir es una obviedad que no siempre se lleva a cabo con el rigor metodológico y la profundidad necesarias. Evidentemente, no es objetivo de esta contribución realizar este diagnóstico, pero sí reivindicar su necesidad y tener en cuenta aquellos que se hayan podido realizar previamente. Sin embargo, sí resulta clave realizar una aproximación a la situación actual de las desigualdades de género y la despoblación, por lo que tendremos en cuenta dos cuestiones: si hay género en la despoblación, es decir, si se van más las mujeres de las zonas menos pobladas; y qué problemas encontramos en muchas de las propuestas actuales que relacionan a las mujeres con la despoblación.

1. ¿SE VAN MÁS LAS MUJERES?

Si bien es necesario incorporar la perspectiva de género a cualquier estudio, análisis y política pública para evitar perpetuar desigualdades[14], en el caso de la despoblación podemos afirmar que el propio problema tiene un importante componente de género. Las referencias que aúnan género y ruralidad o despoblación parten de considerar que las mujeres se van más de los pueblos que los hombres[15]. Sin embargo, a pesar de ser una realidad que se da por supuesta y que ha sido abordada en trabajos científicos, no resulta sencillo encontrar el dato exacto que así lo indique[16], además de problemas de definición. La falta de identidad en cada análisis de qué se entiende por zona despoblada es un elemento que dificulta el contar con datos concretos relativos al sexo de las personas que emigran de las zonas

14. Aunque en esta contribución centramos la atención en la perspectiva de género, que necesariamente debe ser interseccional, no es la única perspectiva que debe implementarse de manera transversal para evitar desigualdades. Así, será necesario tener en cuenta otros elementos de desigualdad: territorio, edad, origen nacional, discapacidad, clase, etc.

15. Un ejemplo muy interesante de este abordaje en Camarero, Luis y Sampedro Gallego, Rosario. «¿Por qué se van las mujeres? El "continuum" de movilidad como hipótesis explicativa de la masculinización rural». *REIS: Revista Española de Investigaciones Sociológicas*, 124 (2008): 73-106.

16. La Estadística de Variaciones Residenciales del INE, en su última publicación de 2021, ofrece el dato por tamaño de municipio de destino y procedencia (con la categoría «Menos de 10.000 habitantes», lo que no resulta de utilidad), pero no desagregado por sexo; los datos desagregados por sexo se ofrecen por provincia, comunidad autónoma o municipio, no permitiendo un resultado que ofrezca una panorámica por tamaño de municipio. Ver en INE, «Estadística de Variaciones Residenciales», 2021. https://www.ine.es/dynt3/inebase/es/index.htm?padre=8663&capsel=8664

despobladas[17]. Pero, a pesar de estas dificultades estadísticas, sí que contamos con algunas investigaciones que nos arrojan luz a esta realidad.

Estudios realizados sobre la cuestión en la última década del pasado siglo ya indicaban la tendencia de que las mujeres salían con más frecuencia de los pueblos, además de que las propias familias entendían esa salida como una mejora de las condiciones de vida[18]. La extensión de los estudios superiores en la población en general en ese momento ofrecía a las mujeres jóvenes salir de las zonas rurales y con menores oportunidades laborales y así poder desarrollar una alternativa vital. Estudios actuales nos siguen mostrando esta tendencia, aunque advierten de la importancia de lo identitario en estos procesos: si bien la falta de oportunidades de desarrollo —no sólo laboral, sino también personal— hace que las mujeres jóvenes entiendan como natural la salida de los pueblos, el arraigo y la nostalgia identificada nos indican que, con políticas públicas adecuadas, se conseguiría revertir estos procesos[19].

El informe «Despoblación, reto demográfico e igualdad» aporta el dato, a partir de la Estadística de Variaciones Residenciales de 2017, de que dos de cada tres personas que salieron de los municipios con menor población fueron mujeres, siendo que el 40% de ellas tenían entre 16 y 44 años[20]. En el caso de Extremadura, el número de mujeres y hombres que salieron de sus municipios en 2021 se recoge en la siguiente gráfica, representada en función del número de habitantes de cada municipio:

17. Por ejemplo, las comunidades autónomas hicieron su propia adecuación en los decretos de aplicación de la Ley 45/2007; la Unión Europea utiliza las Nomenclatura de Unidades Territoriales Estadísticas (NUTS); Castilla-La Mancha ha realizado su propia zonificación en aplicación de la Ley 2/2021, de 7 de mayo, de Medidas Económicas, Sociales y Tributarias frente a la Despoblación y para el Desarrollo del Medio Rural en Castilla-La Mancha; el uso en algunas bases de datos del concepto «zona rural» y en otros de «zona despoblada»; etc.

18. Podemos citar como ejemplo de estos trabajos: Camarero, Luis; Vicente-Mazariegos, J. Ignacio; Sampedro Gallego, Rosario. *Mujer y ruralidad. El círculo quebrado*. Madrid: Instituto de la Mujer, 1992; Díaz Méndez, Cecilia y Díaz Martínez, Capitolina. «De mujer a mujer: estrategias femeninas de huida del hogar familiar y del medio rural». *Agricultura y sociedad*, 76 (1995): 205-218; Sampedro Gallego, Rosario. «Mujeres jóvenes en el mundo rural». *Estudios de juventud*, 48 (2000): 83-90.

19. Un estudio muy interesante a este respecto en Álvarez Muguruza, Iraide. «Indagaciones encarnadas sobre el deseo de irse de las mujeres rurales jóvenes». *Revista Iberoamericana de Estudios de Desarrollo*, 1 (2021): 288-308.

20. Ministerio de Política Territorial y Función Pública, «Despoblación, reto demográfico e igualdad», 2017. Disponible en https://www.miteco.gob.es/content/dam/miteco/es/reto-demografico/temas/documentos-interes/despoblacion_igualdad_tcm30-517792.pdf

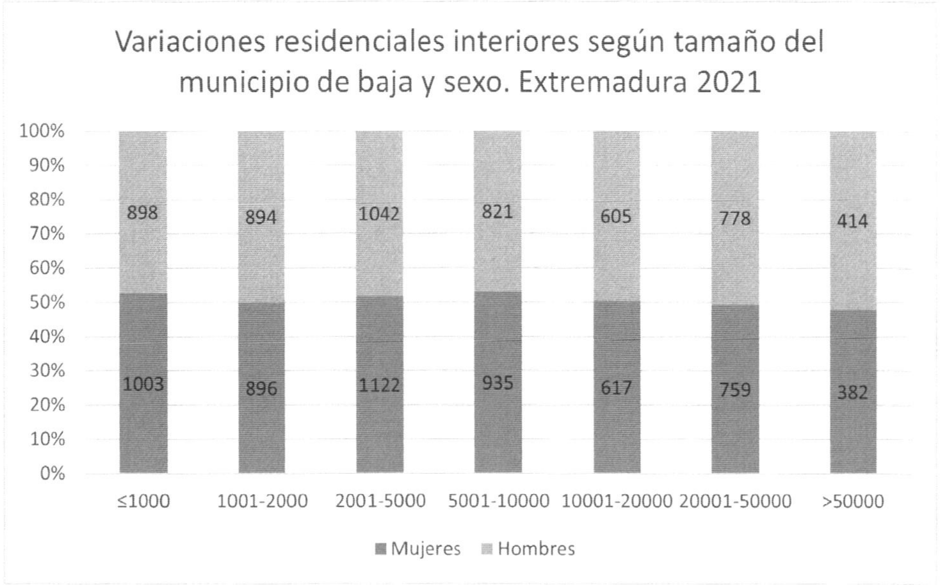

Elaboración propia con datos del Instituto de Estadística de Extremadura[21].

Como se puede observar, aunque el porcentaje es menor que el estatal antes indicado en el citado informe, se observa que son más mujeres que hombres las que dejan los municipios menos poblados. En el caso de Extremadura, el mayor número de mujeres que abandonan los municipios lo hacen en la franja de edad de 20 a 39 años.

Respecto a la masculinización de los municipios, el informe estatal aludido nos indica que el porcentaje de mujeres residentes en los pueblos es inversamente proporcional al tamaño de los mismos, siendo en todos los casos de municipios de menos de 50.000 habitantes inferior a la media estatal, por encima del 51%. Teniendo en cuenta los datos relativos a Extremadura, observamos la misma tendencia en los municipios catalogados como rurales, con los datos que se representan en el siguiente gráfico.

21. Instituto de Estadística de Extremadura, «Estadísticas de Género: 1.5. Variaciones residenciales», 2021. https://www.juntaex.es/ieex/informacion-sobre-genero

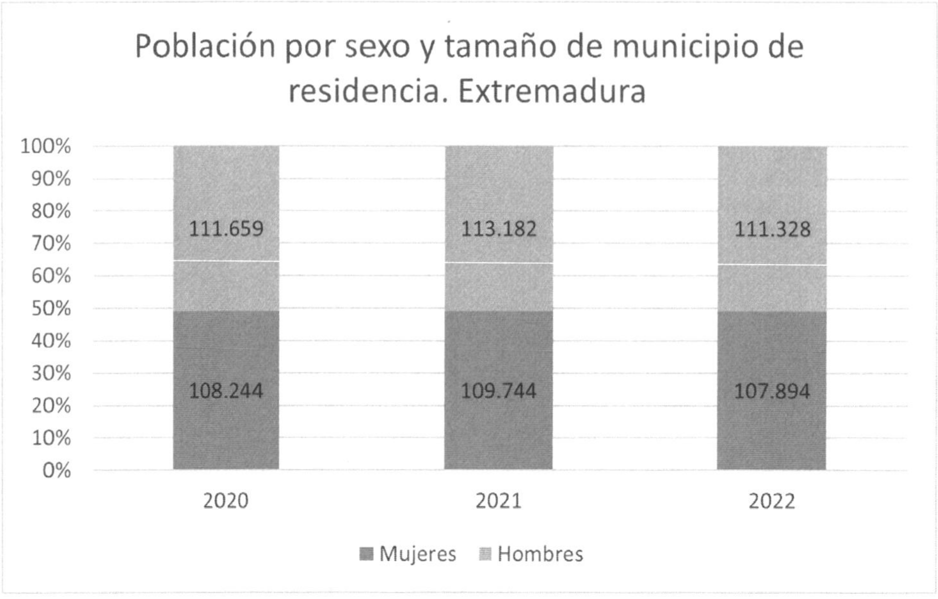

Elaboración propia con datos del Instituto de Estadística de Extremadura[22].

Con todo ello, cabe concluir en este apartado que la despoblación tiene género. Por una parte, porque hay menos mujeres en los municipios con menor población; por otra parte, porque de las personas que salen de esos municipios cada año, la mayoría son mujeres jóvenes. Por tanto, la perspectiva de género en reto demográfico no es sólo una obligación genérica de las normas y las políticas públicas, sino que es una necesidad ante un problema que les afecta especialmente a ellas.

2. MUJERES Y DESPOBLACIÓN EN LAS PREVISIONES ACTUALES

Como se viene exponiendo, el género del reto demográfico ha sido ya reconocido por parte de los poderes públicos, a través de informes, datos y políticas públicas específicas. Aunque estos informes y políticas son muy recientes y, por tanto, de difícil evaluación, un análisis iusfeminista de las previsiones actuales nos lleva a la necesidad de tener en cuenta dos cuestiones que podrían resultar problemáticas para un abordaje efectivo. Por ello, en este apartado centraremos la atención en el uso de medidas de acción positiva de manera generalizada, así como el tipo de mujeres hacia las que se dirigen las políticas públicas actuales.

22. Instituto de Estadística de Extremadura, «Estadísticas de Género: 1.1. Población», 2021. https://www.juntaex.es/ieex/informacion-sobre-genero

a) Medidas de acción positiva

Las medidas de acción positiva se plantean a partir del derecho antidiscriminatorio que surge en Estados Unidos en relación, especialmente, con las protestas de los grupos racializados en los años 60 del pasado siglo, en el marco de la consecución de los conocidos allí como derechos civiles. Podríamos entenderlas como actuaciones activas de los poderes públicos para paliar una situación de desigualdad o discriminación[23]. En nuestro sistema constitucional tendrían su marco constitucional en el mandato a los poderes públicos del art. 9.2 CE. Así lo entiende el Tribunal Constitucional, cuando en el FJ 4 de la STC 12/2008, de 29 de enero recuerda que el objetivo del art. 9.2 CE es la consecución de la igualdad sustantiva, siendo que «el constituyente completa la vertiente negativa de proscripción de acciones discriminatorias con la positiva de favorecimiento de esa igualdad material», además de que «la caracterización de nuestro modelo de Estado como social y democrático de Derecho, con los valores superiores de libertad, justicia, igualdad y pluralismo político que dotan de sentido a esta caracterización, representa el fundamento axiológico para la comprensión del entero orden constitucional».

A pesar de este anclaje en el texto constitucional y en la doctrina del Tribunal Constitucional, la utilización de medidas de acción positiva en las políticas públicas para mejorar la situación de la igualdad social sigue generando problemas. Por una parte, por generar rechazo en diversos espacios políticos y sociales; por otra parte, por cuanto se ha venido utilizando, en ocasiones, como recurso simple para justificar la incorporación de la perspectiva de género.

Para entender el primero de los problemas apuntados es necesario acudir a la configuración histórica del sujeto jurídico y de la ciudadanía. Los feminismos jurídicos han puesto reiteradamente de manifiesto que el mundo del derecho está construido sobre un falso universalismo y un sujeto aparentemente neutro[24]. Esa falsa neutralidad y universalismo no están superados en la actualidad, lo que da lugar a que el derecho siga apuntalando las desigualdades existentes. La idea del sujeto jurídico surge en el marco del constitucionalismo liberal, mediante un proceso de abstracción del sujeto que requiere la ocultación de las diferencias existentes en la rea-

23. Barrère Unzueta, María Ángeles. «Igualdad y discriminación positiva: Un esbozo de análisis teórico-conceptual». *Cuadernos electrónicos de filosofía del derecho*, 9 (2003).

24. Una aproximación en Costa, Malena. *Feminismos jurídicos*. Ciudad Autónoma de Buenos Aires: Ediciones Didot, 2016; o en Jaramillo, Isabel Cristina. «La crítica feminista al derecho, estudio preliminar». En *Género y teoría del derecho*, editado por Robin West, 27-66. Bogotá: Siglo de Hombres Editores y Ediciones Uníandes, Instituto Pensar, 2000.

lidad que, además, impide que esas diferencias se incorporen al ámbito jurídico, lo cual sería condición del proceso constituyente[25]. Esto es posible gracias a la construcción teórica del contractualismo: la creación del Estado y del constitucionalismo se teorizó a través del contrato social; pero este proceso fue posible gracias al conocido como contrato sexual, que suponía la subordinación de las mujeres, su permanencia en el ámbito privado y, con ello, su exclusión de lo público[26]. El contrato sexual supondría la exclusión de la posibilidad de que las mujeres llegaran a ser iguales, libres y parte de la fraternidad que, por definición, sería masculina[27]. La abstracción teórica y la ruptura con la realidad en la construcción del sujeto no impidieron que este sujeto se base en un modelo, siendo este el de quienes formaran parte de la fraternidad y, así, fueran libres e iguales: «varones adultos blancos propietarios y nacidos en tierras nacionales»[28].

Frente a esta realidad histórica, los feminismos jurídicos han venido planteando reformas y adaptaciones necesarias en el derecho positivo frente a esa discriminación. Sin embargo, la idea de la neutralidad del derecho permanece en muchas ocasiones inalterable, lo que tiene como consecuencia que sean las propias medidas incorporadas las que se reciban como discriminatorias. Así, si se entiende el derecho como neutro, la reacción es doble: entender que por sí solo no genera y consolida desigualdades, además de que será la incorporación de previsiones expresas en favor de quienes eran sujetos de la exclusión lo que se va a entender como discriminatorio y, por tanto, como negativo y rechazable[29]. Podemos encontrar un ejemplo de esta visión en el Voto particular que formula el Magistrado Jorge Rodríguez-Zapata Pérez a la ya citada STC 12/2008, que analiza la constitucionalidad de las conocidas como cuotas electorales. Como ejemplo de lo indicado, podríamos recoger su cita a Sieyès, cuando sostiene que «el ciudadano es el hombre desprovisto de toda clase o grupo y hasta de todo interés personal; es el individuo como miembro de la comunidad despojado de todo lo que pudiera imprimir a su personalidad un carácter particular», o cuando afirma que «El nuevo modelo de representación política que se inaugura con la Ley Orgánica 3/2007, de 22 de marzo, interpone la condición sexual entre la soberanía y la condición de ciudadano», ya que hasta entonces

25. De Cabo Martín, Carlos. *Dialéctica del sujeto, dialéctica de la Constitución*. Madrid: Trotta, 2010, pp. 35-61.
26. Cobo Bedia, Rosa. «La democracia moderna y la exclusión de las mujeres». *Cuadernos del Guincho*, 5-6 (1998): 184-195.
27. Pateman, Carole. *El contrato sexual*. Madrid: Ménades, 2019, pp. 159 y ss. Sobre la construcción de la fraternidad, también Agra Romero, María Xosé. «Fraternidad (un concepto político a debate)». *Revista internacional de filosofía política*, 3 (1994): 143-166.
28. Costa, Malena, *op. cit.*, p. 33.
29. Barrère Unzueta, María Ángeles, *op. cit.*

hombres y mujeres eran «personas indiferenciadas en el ejercicio del derecho de sufragio». Con ello, se observa el problema a que hacemos referencia: la percepción es que el derecho es neutro, que desconocer las desigualdades no las perpetúa y que es este reconocimiento y las medidas para mejorar la situación lo que es un trato desigual. Con ello, podemos explicar la existencia de resistencias jurídicas y políticas a las medidas de acción positiva, lo que dificulta su eficacia.

Por otra parte, cabe hacer referencia a la sobreutilización que en ocasiones se realiza de las medidas de acción positiva. Si las políticas públicas estuvieran basadas en diagnósticos adecuados, identificar los elementos y las causas que generan desigualdad permitiría concretar medidas en aquellos elementos que tuvieran una incidencia directa. El problema es que muchas veces esos diagnósticos no se realizan y se cubre la necesidad con una medida de acción positiva que se centre en el número de mujeres implicadas. Y este tipo de medidas no siempre es efectivo, pero tampoco acostumbra a evaluarse adecuadamente[30]. Además, las medidas de acción positiva basadas en el número pueden conllevar problemas añadidos y relativos a la invisibilidad. Por lo general, las mujeres sobre las que se proyecta una medida de acción positiva cuentan con unas características concretas desde el punto de vista del origen étnico, la clase, o las tareas de cuidados[31]. Por ello, se puede generar ese efecto perverso de que, si el cómputo numérico del sexo es aceptable se invisibilice el resto de dificultades. Reconociendo la importancia que tienen las medidas de acción positiva y los efectos necesarios que en muchas ocasiones producen, no podemos olvidar también que en algunos casos su utilidad es limitada y no mejora las condiciones de acceso y vida de las mujeres a servicios públicos[32]. Por ejemplo, cuando se exige la titularidad de mujeres en las explotaciones para el acceso a ayudas o su presencia en los organismos de toma de decisión de cuestiones agrícolas, las medidas tienden a centrar su atención en el número de mujeres y hombres, sin atender a las condiciones materiales que en muchas ocasiones limitan la participación efectiva y voluntaria de las mujeres. Podemos preguntarnos si esta exigencia numérica —sin duda necesaria— es de mayor utilidad que la democratización de la participación —eligiendo los horarios y la duración de las reuniones, por ejemplo—,

30. Hemos hecho una aproximación a la efectividad de las cuotas electorales en Soriano Moreno, Silvia. *Violencia y acoso contra las mujeres en el ámbito político como límite a los derechos de participación*. Pamplona: Thomson Reuters Aranzadi, 2022, pp. 85-91.

31. Podemos encontrar una aproximación en Freixas Farre, Anna. «Ministras y ministros, vínculos y cuidados». *El País*, 22 mayo 2004. https://elpais.com/diario/2004/05/22/espana/1085176826_850215.html; o Peñacoba, Paula. «Nosotras limpiamos sus casas para que ellas rompan el techo de cristal». *Público*, 15 abril 2019. https://www.publico.es/sociedad/28-limpiamos-casas-rompan-techo-cristal.html

32. A este respecto, ver Barrère Unzueta, M.ª Ángeles. «La acción positiva: Análisis del concepto y propuestas de revisión». *Cuadernos electrónicos de filosofía del derecho*, 9 (2003).

la posibilidad de contar con ayudas a la conciliación —como un servicio de ludoteca—, o los problemas económicos que las titularidades compartidas generan en las familias[33]. Un adecuado diagnóstico nos ayudaría en esta toma de decisiones y una adecuada evaluación de las medidas nos indicaría si estas exigencias resultan útiles.

b) Estereotipos y esencialismo

Alda Facio realizó una propuesta de metodología jurídica feminista para analizar textos legales a partir de seis pasos[34]. No siendo la exposición de esta metodología la tarea que nos ocupa, simplemente cabe identificar estos pasos en los siguientes: 1. Tomar conciencia de la subordinación del sexo femenino en forma personal; 2. Identificar las distintas formas en que se manifiesta el sexismo en el texto; 3. Identificar cuál es la mujer que en forma visible o invisible está en el texto; 4. Identificar cuál es la concepción de mujer que sirve de sustento al texto; 5. Analizar el texto tomando en cuenta la influencia de y los efectos en los otros componentes del fenómeno legal; y 6. Ampliar la toma de conciencia de lo que es el sexismo y colectivizarla.

Anteriormente hemos constatado que las legislaciones autonómicas en materia de despoblación han tratado de incorporar la perspectiva de género y realizan un considerable número de previsiones relacionadas con las mujeres, la igualdad o los cuidados. Partiendo de la metodología propuesta, podemos analizar estos textos en relación con tres de los pasos desarrollados por la autora: la mujer-sujeto presente en los textos (Paso 3), la concepción de las mujeres en el texto (Paso 4) y los efectos sobre otros componentes del fenómeno legal (Paso 5)[35]. En este sentido, observamos que no se incorporan otras identidades que confluyan en las mujeres, como la condición de migrante, tener discapacidad o ser cuidadora[36]. Por otra parte, hemos constatado en diversas ocasiones la identificación de las mujeres que resi-

33. Sobre los problemas para la efectividad de la titularidad compartida de las explotaciones agrarias, ver Chano Regaña, Lorena. «Igualdad real y efectiva en la actividad agraria: propuestas de mejora a partir del caso extremeño». En *Los derechos de las mujeres en las zonas rurales. Un estudio de caso*, coordinado por Silvia Soriano Moreno, 121-147. Pamplona: Thomson Reuters Aranzadi, 2022.

34. Facio, Alda. Cuando el género suena, cambios trae. Una metodología para el análisis de género del fenómeno legal. San José de Costa Rica: ILANUD, 1991.

35. Hemos realizado este análisis con respecto a la Ley 3/2022, de 17 de marzo, de medidas ante el reto demográfico y territorial de Extremadura en Soriano Moreno, Silvia. «Metodologías jurídicas feministas…», *op. cit.*

36. Un análisis de la discapacidad, la dependencia y los cuidados en zonas rurales en Díaz Calvarro, Julia. «Análisis del sistema de cuidados en Extremadura. Propuestas en clave de género desde el Derecho Financiero y Tributario». En *Los derechos de las mujeres en las zonas rurales. Un estudio de caso*, coordinado por Silvia Soriano Moreno, 235-279. Pamplona: Thomson Reuters Aranzadi, 2022.

den en zonas rurales con la vulnerabilidad, lo cual, realizado sin diagnósticos adecuados, parte de una visión estereotipada de las mujeres y supone el riesgo de plantear medidas paternalistas y que no tengan en cuenta la agencia de las mujeres que residen en zonas rurales y la importancia de su participación en las medidas que les afecten. Además, cuando se hace referencia a las mujeres y la despoblación se utilizan de manera recurrente planteamientos natalistas —las mujeres son necesarias para la reproducción, por tanto, frente a la despoblación—. Estos planteamientos se observan en algunas de las políticas públicas de referencia, ya que se adjudica una importancia clave a la reproducción[37], pero no a otras necesidades de salud sexual y reproductiva, por lo que las mujeres son concebidas en los textos como reproductoras. En relación con el Paso 5 de la metodología, podemos citar la ausencia de perspectiva de género de los operadores jurídicos que tienen que poner en marcha la norma, y su lenguaje vago e impreciso que dificultará previsiblemente su implementación y la ya reivindicada y necesaria evaluación.

III. PROBLEMÁTICA: EL ENTRAMADO COMPETENCIAL

Antes de tratar las propuestas de medidas y reformas concretas necesarias para el abordaje del reto demográfico desde la perspectiva de género, se hace necesario tener en cuenta una cuestión de partida que va a condicionar las propuestas y su posible eficacia. Aunque ocurre con muchas otras cuestiones, la despoblación y la igualdad requieren de una mirada y un enfoque transversal, que se materialice en todas las decisiones y en todas las materias que se aborden desde las políticas públicas. Y ello, en un sistema constitucional como el español, requiere tener en cuenta que el modelo de distribución territorial del poder va a suponer un reto adicional, puesto que el reparto de las competencias relativas a las diversas materias implicadas supone que las mismas van a ser ejercidas y reguladas por diversos entes.

La Constitución Española de 1978 configura un sistema complejo de articulación competencial. En este sentido, se encuentran competencias exclusivas de las Comunidades Autónomas que estas hayan adoptado en sus respectivos Estatutos de Autonomía, mientras que el art. 149.1 CE determina las competencias exclusivas del Estado. Sin embargo, sabemos que este tipo de competencias no suponen que el Estado realice todas las funciones relacionadas con las materias, ya que algunas de estas competencias se ejercitarán de manera compartida con las Comunidades Autó-

37. Especialmente en la Ley 5/2021, de 2 de febrero, de impulso demográfico de Galicia y en la Ley 3/2022, de 17 de marzo, de medidas ante el reto demográfico y territorial de Extremadura.

nomas por el sistema bases-desarrollo o legislación-ejecución, además de competencias concurrentes propiamente dichas —cultura—.

Para la cuestión que nos ocupa, centraremos la atención en primer lugar en aquellas competencias recogidas en el art. 149.1 CE que tienen un alcance transversal sobre el resto del modelo competencial: los arts. 149.1.1 CE (igualdad en el ejercicio de los derechos) y 149.1.13 CE (ordenación de la economía). Estos títulos competenciales se proyectan sobre un gran número de materias, lo que podría llegar a entenderse como que el Estado estaría facultado para regular las condiciones básicas del ejercicio de cualquier derecho, así como la ordenación de los aspectos de la economía relativo a cualquier cuestión, aunque no tenga competencia sobre la materia sobre la que se proyecta. Esta interpretación de las competencias transversales del Estado ha hecho afirmar a parte de la doctrina que las competencias exclusivas de las Comunidades Autónomas serían verdaderamente inexistentes[38]. Otro sector doctrinal aclara que estas competencias transversales no darían al Estado más competencias ni más ámbitos materiales de su competencia, sino que simplemente serviría para interpretar el alcance de los que ya tiene[39]. Lo que es seguro, es que estas competencias transversales cumplen una función clara como cláusulas de igualdad territorial en un modelo constitucional de descentralización territorial del poder[40].

El alcance de la transversalidad de estos títulos competenciales ha sido interpretado por parte del Tribunal Constitucional con diverso resultado y planteamiento a lo largo del tiempo[41]. En una interpretación inicial, el Tribunal Constitucional entiende que la Constitución reserva al Estado la competencia para la regulación de derechos, sin que la misma se vea afectada

38. Corretja Torrens, Mercè. «El sistema competencial español a la luz de la eficiencia: indefinición, duplicidades, vulnerabilidad de las competencias autonómicas y conflictividad». *Cuadernos Manuel Giménez Abad*, 5 (2013): 35-44; y Viver i Pi-Sunyer, Carles. «La voluntad de transformación del estatuto de autonomía de Cataluña». En *Jornadas Evolución del Estado Autonómico: La autonomía aragonesa treinta años después*, 1-16. Zaragoza: Fundación Manuel Giménez Abad, 2012.

39. Barceló i Serramalera, Mercè y De Carreras Serra, Francesc. Derechos y deberes constitucionales en el Estado Autonómico: un análisis sobre la relación entre la organización territorial del Estado y la regulación de los derechos y deberes constitucionales. Barcelona: Civitas, 1991, pp. 103 y ss.

40. Soriano Moreno, Silvia. Derechos e igualdad territorial en la evolución del Estado social autonómico. Valencia: Tirant lo Blanch, 2020, pp. 66 y ss.

41. Puede consultarse un análisis detallado de la jurisprudencia Barnes, Javier. *Problemas y perspectivas del artículo 149.1.1.ª CE*. Barcelona: Institut d'Estudis Autonòmics, 2004. Por su parte, un análisis de las diversas posiciones doctrinales en Cabellos Espiérrez, Miguel Ángel. *Distribución competencial, derechos de los ciudadanos e incidencia del derecho comunitario*. Madrid: CEPC, 2001, pp. 41 y ss.

por el reparto competencial[42]. Pronto se encuentra una matización a esta postura inicial, ya que se tendrá en cuenta el principio de autonomía, reconociendo que los derechos no serán uniformes en todo el territorio, pero que la competencia transversal del art. 149.1.1 CE supone asegurar las condiciones fundamentales de los derechos, siendo esta la interpretación más consolidada a lo largo del tiempo[43], aunque la doctrina ha criticado el uso de fórmulas vagas y poco concretas —rigurosa y monolítica uniformidad, posiciones jurídicas fundamentales, mínimo común denominador o condiciones básicas—, lo que dificulta saber qué debe ser regulado por el Estado cuando desarrolla su competencia para asegurar la igualdad en el ejercicio de los derechos[44]. Una línea interpretativa más limitada ha entendido las competencias transversales como límites a las competencias autonómicas[45]. Finalmente, y de forma más reciente, se ha podido observar un cambio interpretativo que se ha entendido como un proceso de recentralización competencial. Ejemplo de ello pueden ser las SSTC 107/2014[46], 170/2014[47], 93/2015[48] o 62/2016, entre otras.

42. De este primer momento destacan la STC 5/1981, de 13 de febrero y la STC 25/1981, de 14 de julio.
43. Ejemplo de esta interpretación serían las SSTC 37/1981, 37/1987, 102/1995, 156/1995 y 61/1997 además de las SSTC 150/1990, de 4 de octubre; 186/1993, de 7 de junio o 114/1994, de 14 de abril.
44. Soriano Moreno, Silvia, *Derechos e igualdad…, op. cit.*, p. 70.
45. Como ejemplo, la SSTC 87/1985, 136/1991 o 173/1998.
46. En la STC 107/2014, de 26 de junio, el Tribunal reconoce la competencia en favor del Estado por vía del art. 149.1.1 CE. Destacan el Voto particular de la Magistrada Adela Asúa Batarrita, al que se adhiere el Magistrado Fernando Valdés Dal-Ré donde se afirma que «la invocación del art. 149.1.1 CE, aplicado a un ámbito ejecutivo, desconoce la doctrina respecto a este título competencial que la restringe al ámbito normativo»; así como el Voto particular de la Magistrada Encarnación Roca Trías, al que se adhiere el Magistrado Juan Antonio Xiol Ríos, que afirma que «Es la primera vez que este Tribunal utiliza este título para justificar la atribución de una competencia ejecutiva, es más, es la primera vez que utiliza este título para atribuir competencias materiales, sean del tipo que sean. La doctrina constitucional, unánime durante más de treinta años, ha definido la competencia que asiste al Estado *ex* art. 149.1.1 CE como la competencia exclusiva para incidir sobre los derechos y deberes constitucionales desde la concreta perspectiva de la garantía de la igualdad en las posiciones jurídicas fundamentales».
47. En la STC 170/2014, de 23 de octubre, el Tribunal atribuye al Estado una competencia ejecutiva a partir del art. 149.1.1 CE. El voto particular del Magistrado Juan Antonio Xiol Ríos, al que se adhieren Adela Asua Batarrita, Luis Ignacio Ortega Álvarez, Encarnación Roca Trías y Fernando Valdés Dal-Ré, afirma que la Sentencia supone «una reinterpretación del art. 149.1.1 CE en la línea, (…) de un proceso de recentralización de competencias en el Estado en detrimento de las que tanto la Constitución como los Estatutos de Autonomía reservan a las nacionalidades y regiones», además de que «no puede justificarse constitucionalmente si no es como producto de una hiperestesia acerca de los inconvenientes que se asocian al principio de diversidad, esencial en el Estado autonómico».

Con todo ello, la doctrina ha tratado la cuestión de qué suponen esos mínimos o condiciones básicas a las que se refieren las competencias transversales del Estado, teniendo en cuenta que estas «condiciones básicas» no se refieren a las «bases» utilizadas en el lenguaje competencial[49], aunque se haya debatido al respecto[50]. Así, cabría entender que lo que supone es que el Estado deberá asegurar las condiciones materiales y de hecho para la prestación de bienes y servicios, garantizando unas condiciones materiales mínimas[51], mientras que las Comunidades Autónomas contarían con el ejercicio de sus competencias materiales sobre las que se proyectan los derechos para ampliar las garantías de los mismos, funcionando como una suerte de competencia concurrente[52].

Además de la cuestión de las conocidas como competencias transversales, debemos tener en cuenta que cuando hacemos referencia a las materias implicadas en la lucha contra la despoblación y para la igualdad, debemos partir de considerar que las Comunidades Autónomas tienen competencia para regular aquello que afecte a la despoblación y la igualdad en el ámbito material de sus propias competencias. En este sentido, podríamos destacar sectores materiales como empleo, sanidad, educación, vivienda, seguridad, prestaciones sociales, medio ambiente o transporte, entre otros. Con ello, si atendemos a lo previsto por el art. 149.1 CE, podemos observar que la competencia sobre la mayoría de estos sectores se ejerce de manera compartida entre el Estado y las Comunidades Autónomas. El reparto competencial define las habilitaciones y potestades que posee cada nivel territorial en el marco del Estado descentralizado. De hecho, lo repartido son

48. La STC 93/2015, de 14 de mayo, se refiere al art. 149.1.13 CE en relación con la vivienda. El voto particular de la Magistrada Adela Asúa Batarrita recoge que «la Sentencia aporta un nuevo constreñimiento de las competencias autonómicas, que se añade a una serie —ya excesiva— de pronunciamientos recientes, que, como he señalado en votos anteriores, si no se corrigen, terminarán redundando en una grave erosión y distorsión del sistema de distribución competencial consagrado por la Constitución».

49. En este sentido se ha pronunciado el Tribunal Constitucional en la STC 61/1997, de 20 de marzo (FJ 14), así como las SSTC 61/1997, de 20 de marzo (FJ 7), 164/2001, de 11 de julio (FJ 5) o 247/2007, de 12 de diciembre (FJ 17), donde se recoge expresamente que «la competencia *ex* art. 149.1.1 CE no se mueve en la lógica de las bases estatales-legislación autonómica de desarrollo».

50. Sobre este debate, Tudela Aranda, José. *Derechos constitucionales y autonomía política*. Madrid: Civitas, 1994, p. 311 y López Guerra, Luis. «Consideraciones sobre la regulación de las condiciones de vida básicas en el artículo 149.1.1 CE». En *Normativa básica en el ordenamiento jurídico español*, dirigido por Alberto Pérez Calvo, 79-94. Madrid: MAP, 1990.

51. Villaverde Menéndez, Ignacio. La igualdad en la diversidad. Forma de Estado y derechos fundamentales. Madrid: CEPC, 2012, p. 203.

52. Albertí Rovira, Enoch. Federalismo y cooperación en la República federal de Alemania. Madrid: CEC, 1988, p. 89.

materias o funciones[53] que se ejercen sobre determinada materia —legislación, ejecución, bases o desarrollo—. En este sentido, la STC 32/1981 recoge en su FJ 5 que *«El apartado primero del art. 149 de la Constitución está construido por referencia a materias o actividades concretas del poder respecto de determinados fines sociales»*[54].

El objetivo de este apunte es el de mostrar cómo el entramado competencial dificulta en muchas ocasiones la efectividad de las previsiones y de las políticas públicas, ya que se requiere un grado de coordinación institucional y administrativa que no siempre se da. Ya en la introducción se apuntaba cómo esta podría ser una de las principales causas de la ineficacia de la Ley 45/2007, de 13 de diciembre, de desarrollo sostenible del medio rural. Esta realidad ha sido tenida en cuenta por la doctrina encargada del análisis de políticas públicas, al considerar que la fragmentación institucional y una inadecuada adaptación a la misma pueden provocar importantes deficiencias en el alcance de la política pública, en lo que se ha considerado como «un punto sensible de las políticas públicas en entornos gubernamentales descentralizados»[55].

Resulta clave tener en cuenta esta realidad a la hora de comprender y analizar las medidas concretas que se vayan a proponer de cara a mejorar las condiciones de vida de las mujeres que residen en zonas poco pobladas. Pero también este apunte nos lleva a poder plantear la primera propuesta imprescindible y que afecta a las administraciones públicas en el abordaje del reto demográfico y la igualdad: la necesidad de coordinación de las administraciones públicas de todos los niveles territoriales.

IV. PROPUESTAS DE MEJORA DE LA SITUACIÓN EN EXTREMADURA

Tras los elementos expuestos y siendo que esta obra se refiere a la realidad territorial de Extremadura, a continuación se plantearán algunas propuestas de mejora en lo relativo a cambios necesarios en el seno de las administraciones públicas que se ocupen del reto demográfico con la necesaria y requerida perspectiva de género. Evidentemente, las propuestas

53. Balaguer Callejón, Francisco. Fuentes del Derecho II. Ordenamiento General del Estado y ordenamientos autonómicos. Madrid: Tecnos, 1992, p. 243. Aclara que «aquí nos encontramos con que sobre una misma materia recae la competencia normativa de dos órganos distintos».
54. Puede consultarse un análisis detallado de la labor inicial del Tribunal Constitucional en materia competencial en Tomás y Valiente, Francisco. *El reparto competencial en la jurisprudencia del Tribunal Constitucional*. Madrid: Tecnos, 1988, pp. 105 y ss.
55. Subirats, Joan et al, Análisis y gestión de políticas públicas, Barcelona: Ariel, 2012, pp. 160-161.

materiales de mejora de la situación a través de políticas públicas específicas son muy variadas, pero en esta ocasión centraremos la atención en las administraciones públicas implicadas.

1. PUNTO DE PARTIDA: ASEGURAR LA TRANSVERSALIDAD Y LA ESPECIALIZACIÓN

La Ley 3/2022, de 17 de marzo, de medidas ante el reto demográfico y territorial de Extremadura, atribuye en su art. 14 a la Consejería competente en materia demográfica y territorial las principales competencias relativas a la ejecución de políticas demográficas y la adscripción de la Comisión Interdepartamental de Población, prevista en su art. 15. Desde la aprobación de la Ley y a pesar de haberse producido un cambio de gobierno autonómico, estas competencias han sido adjudicadas a la Consejería con competencias en materia de agricultura[56].

Esta realidad supone que políticas necesariamente transversales serán ejecutadas e impulsadas por una Consejería que no cuenta con esta vocación. Si tomamos el ejemplo de Castilla-La Mancha, vemos cómo las funciones relacionadas con reto demográfico han sido adjudicadas a la Vicepresidencia primera que, además, ostenta funciones de coordinación de las Consejerías y Secretaría del Consejo de Gobierno, lo cual supone mayor coherencia para poder implementar la transversalidad necesaria. Algo similar ya ocurrió con la aplicación de la Ley 45/2007, «el primer gran error consistió en responsabilizar a un ministerio como el de Agricultura, sectorial por excelencia, para llevar a cabo un programa de acción básicamente multisectorial y territorial»[57].

Además del ámbito material de la cuestión, podemos entender que con la apuesta de la Ley 3/2022, se puede producir una suerte de apropiación de las medidas relativas a la despoblación que tampoco facilite su transversalidad. En ocasiones, cuando la ejecución de las políticas públicas se asigna a un organismo específico, el resto tiene dificultades para implementar los objetivos. Así, por ejemplo, hemos visto cómo se encuentran dificultades en la implementación de medidas relativas a despoblación e igualdad por consejerías clave para ello, como pudieran ser las competentes en sanidad o educación. En este sentido también hemos visto, por ejemplo,

56. Actualmente adjudicadas mediante Decreto 233/2023, de 12 de septiembre, por el que se establece la estructura orgánica de la Consejería de Agricultura, Ganadería y Desarrollo Sostenible y se modifica el Decreto 77/2023, de 21 de julio, por el que se establece la estructura orgánica básica de la Administración de la Comunidad Autónoma de Extremadura.

57. Regidor, Jesús G. *op. cit.* p. 108.

las dificultades de asignación de fondos o consejerías diferentes de la responsable[58].

A pesar de que la incorporación de la perspectiva de género en las normas y las políticas públicas es un requisito desde hace ya años en todos los niveles territoriales, la realidad constatada a partir del análisis de la legislación y de su aplicación que se viene realizando por parte de la doctrina iusfeminista, nos indica que esta perspectiva de género está lejos de encontrarse y de ser eficaz[59]. El principal condicionante de esta realidad es la falta de especialización y formación del personal que se encarga de realizar estas tareas, que se asignan por lo general al funcionariado del organismo correspondiente. En algunos territorios se ha trabajado en los últimos años para mejorar la situación[60], pero en otros casos persiste el problema. Por ello, es clave reivindicar que tanto los diagnósticos, el diseño y la planificación, como la evaluación de las políticas públicas en materia de igualdad y en materia de despoblación se realicen por personal con la formación adecuada, además de reivindicar adecuados programas formativos, los cuales en muchas ocasiones resultan insuficientes. Del mismo modo que asumimos que para la realización de algunas tareas se requiere imprescindiblemente una formación adecuada (imaginemos una tarea mecánica o sanitaria), también es imprescindible que las administraciones públicas asuman que es imprescindible una especialización adecuada para este objetivo. Sin una adecuada formación, el diseño de las políticas no incorporará correcta ni eficazmente la perspectiva de género ni el conocido como *rural proofing*[61]; igualmente, sin esa adecuada formación, la evaluación no tendrá en cuenta el impacto de género ni el impacto demográfico de las medidas.

58. Por ejemplo, los fondos del Pacto de Estado contra la Violencia de Género no han llegado a todos los actores responsables del cumplimiento de las medidas previstas en dicho Pacto.

59. Podemos citar como ejemplo este análisis sobre los informes de impacto de género que deben acompañar los proyectos normativos del Gobierno, donde se constata que la gran mayoría resultan deficientes. Likadi. «Estudio Informes de impacto de género que acompañan a los proyectos normativos desde la aprobación de la Ley 20/2003». Ministerio de Sanidad, Servicios Sociales e Igualdad, 2016.

60. Podemos citar como referencia la labor desarrollada por Emakunde (Gobierno Vasco) y que puede consultarse en https://www.emakunde.euskadi.eus/informacion/evaluacion-impacto/webema01-contentemas/es/

61. El rural proofing o «mecanismo rural de garantía» es un instrumento para la incorporación de la perspectiva rural y de impacto demográfico en las iniciativas públicas. Para una profundización, ver Sanz Larruga, Francisco Javier. «Instrumentos de evaluación y participación para la cohesión territorial y ante el reto demográfico». *Revista Española de la Función Consultiva*, 33 (2022): 69-92. https://www.cjccv.es/pdfs/pub/refcn33.pdf#page=69

Por ello, se plantea aquí una primera propuesta general: revisar la responsabilidad de la administración en el cumplimiento de las medidas frente a la despoblación para asegurar la necesaria transversalidad, además de asegurar la formación y especialización en su desarrollo y evaluación.

2. MEDIDAS CONCRETAS

Habiendo podido realizar un diagnóstico de la situación de la igualdad de género en las zonas rurales de Extremadura, a continuación se recogerán algunas propuestas que se consideran necesarias para la mejora de la situación en lo que respecta a dos ejes temáticos destacados que, sin ánimo de exhaustividad, se refieren a aquellas cuestiones que implican medidas que afectan directamente a la organización de las administraciones públicas en el territorio[62].

A nivel general, y para garantizar la necesidad puesta en marcha en el apartado anterior se recogía la necesidad de ese personal especializado —bien en organismo autónomo o bien integrado en los ya existentes— en cada consejería, con el objetivo de garantizar la transversalidad. En el ámbito municipal, siendo realistas ante la imposibilidad de contar con este personal en cada municipio, esta tarea debería ser provista desde las diputaciones y/o las mancomunidades. Esto no impide que resulte también clave que los cargos públicos y el resto de personal técnico de los entes locales cuente con una formación básica en materia de igualdad.

Por otra parte, y también como cuestión genérica, resulta clave asegurar los recursos públicos suficientes para poner en marcha las medidas necesarias, así como la incorporación de la perspectiva de género en los presupuestos municipales.

Finalmente, y en clave de medidas materiales, cabe reivindicar el cumplimiento íntegro y efectivo de la Ley 3/2022, de 17 de marzo, de medidas ante el reto demográfico y territorial de Extremadura. Salvando el lenguaje vago y poco preciso, y los problemas de responsabilidad de su cumplimiento que ya se han indicado, la Ley contiene una cantidad de medidas interesantes y que serían de gran utilidad para la población de los municipios poco poblados de Extremadura. En el mismo sentido, cuenta con medidas que mejorarían la situación concreta de las mujeres de estos lugares, en lo relativo a sanidad, cuidados, actividad agraria, etc. No es el objetivo de

62. El diagnóstico al que se hace referencia se encuentra principalmente en Soriano Moreno, Silvia. *Los derechos de las mujeres en las zonas rurales. Un estudio de caso*. Pamplona: Thomson Reuters Aranzadi, 2022; y en el Informe «Igualdad de género en el entorno rural y municipal de Extremadura: diagnóstico y propuestas». https://www.igualdadrural.es/

este trabajo enumerar necesidades materiales y políticas públicas necesarias, sino tratar la cuestión relativa a las administraciones públicas, en la que centramos la atención, pero sin pasar por alto la necesidad de cumplimiento —y evaluación constante— de lo previsto en la citada Ley.

2.1. Participación política

Las mujeres que residen en las zonas rurales de Extremadura participan en política y en los asuntos públicos que les afectan por encima de la media del resto de la población[63]. Sin embargo, su presencia en las instituciones sigue siendo minoritaria. Si bien en el caso de las concejalías la situación es casi paritaria —en 2023 de 46% de las concejalías están ocupadas por mujeres, por encima de la media estatal, del 42,8%—, la situación de las alcaldías resulta mucho más desoladora —el 26,55% de las alcaldesas son mujeres, aunque por encima de la media estatal, del 24,46%— [64].

Es necesario recordar que el art. 44 bis de la LOREG, que incorporó las listas electorales paritarias, no será aplicable en las candidaturas que se presenten en los municipios con un número de residentes igual o inferior a 3.000 habitantes, por lo que en la mayoría de municipios de Extremadura la presencia de mujeres estará condicionada a la voluntad política de cada una de las candidaturas. Por otra parte, el art. 205 de la LOREG, que determina el procedimiento de composición de las Diputaciones provinciales, no contiene ninguna previsión para su composición paritaria. Respecto de las legislaciones que prevén medidas para la representación equilibrada entre mujeres y hombres en el ámbito local, podemos constatar que las mismas son escasas en la legislación autonómica y ninguna en la legislación estatal[65].

63. Podemos citar, por ejemplo, que más de la mitad de las mujeres participa en asuntos públicos en sus pueblos, aunque en los municipios de entre 301 y 500 habitantes, el porcentaje se eleva hasta casi el 70% de las mujeres. Respecto a la edad, salvo en el caso de las mujeres mayores de 70 años, la tendencia es que aumenta el grado de participación a mayor edad de las mujeres.
Respecto al espacio donde participan, el principal es el asociativo, con un 43,92% de mujeres que participan en sólo en asociaciones, pero el dato se eleva al 65,58% de las mujeres si añadimos a la asociación otro espacio de participación. Por otra parte, el 18,72% de las mujeres de los pueblos participan en partidos políticos. Datos completos en Soriano Moreno, Silvia. *Violencia y acoso... op. cit.* pp. 144-146.

64. Instituto de las Mujeres. «Mujeres en Cifras-Poder y Toma de Decisiones-Administración Local». https://www.inmujeres.gob.es/MujerCifras/PoderDecisiones/Admon- Local.htm

65. La Ley 2/2016, de 7 de abril, de Instituciones Locales de Euskadi se refiere a la composición equilibrada de los órganos municipales: el art. 25.5 establece un principio general sobre las candidaturas a elecciones locales, aunque no es una medida con efectos en las normas electorales, el art. 69.6 en relación con los órganos de participación, el art. 76.4 sobre las personas expertas para la deliberación de las políticas públicas, y los arts. 87

Para las mujeres que participan en la política institucional local, las dificultades de conciliación también resultan un lastre que, en ocasiones, hace que dejen sus puestos[66]. Ante esta situación, pocos son los ejemplos de legislaciones que prevean medidas como por ejemplo la delegación del voto o el voto telemático en caso de maternidad[67]. Tanto la Ley 7/1985, de 2 de abril, Reguladora de las Bases del Régimen Local, como la Ley 3/2019, de 22 de enero, de garantía de la autonomía municipal de Extremadura atribuyen a los ayuntamientos la aprobación de su reglamento orgánico, por lo que habrá que atender a lo dispuesto en cada caso. Si bien el art. 46.2.b Ley 7/1985, de 2 de abril, Reguladora de las Bases del Régimen Local hace referencia expresa a la presencialidad, el extenso marco legislativo existente en materia de conciliación indica la posibilidad de contar con este tipo de previsiones[68].

Por otra parte, se ha podido constatar la existencia de una considerable segregación horizontal en función de si la persona titular de la concejalía es hombre o es mujer. Así, de una muestra de 110 municipios de la provincia de Cáceres las mujeres ocupaban especialmente las concejalías de política social y sanidad (64), cultura (55) e igualdad (50). Por su parte, ocupaban en menor medida las concejalías de policía (5), economía (11) o urbanismo (19)[69].

Por ello, en este punto caben tres propuestas de mejora: el necesario compromiso de los partidos políticos para la incorporación de mujeres en las listas electorales; la incorporación de previsiones en los reglamentos

---

y 89 sobre la Comisión de Gobiernos Locales de Euskadi. La Ley 5/2010, de 21 de junio, Canaria de Fomento a la Participación Ciudadana, en su art. 17.3 se refiere a la promoción de la composición equilibrada de los instrumentos de participación. La Ley 8/2010, de 23 de junio, de régimen local de la Comunitat Valenciana, se refiere en su art. 66 a la elección de vocalías de la junta vecinal. La Ley 3/2019, de 22 de enero, de garantía de la autonomía municipal de Extremadura, en su art. 30 se refiere a la composición del Consejo de Política Local.

66. Entre otras situaciones, tengamos en cuenta que en la mayoría de municipios de Extremadura, en los que ni alcaldía ni concejalías tienen dedicación exclusiva, los plenos municipales se celebran por la tarde o por la noche, para compatibilizarlos con las obligaciones laborales.

67. Respecto de la legislación autonómica, sólo en la Ley 2/2016, de 7 de abril, de Instituciones Locales de Euskadi y en la Ley Foral 6/1990, de 2 de julio, de la Administración Local de Navarra, existen mecanismos de delegación de voto de las concejalas en caso de maternidad, siendo que en otras Comunidades Autónomas se encuentran problemas en estas situaciones.

68. Sólo se ha podido acceder a los reglamentos orgánicos de los municipios más poblados de Extremadura, encontrando previsiones de voto telemático por razón de maternidad, paternidad, enfermedad grave o embarazo de riesgo en los de Cáceres (art. 24.3) y Mérida (art. 57.1).

69. Datos completos en Soriano Moreno, Silvia. *Violencia y acoso… op. cit.* p. 153.

orgánicos que permitan la participación de quienes ostentan un cargo político y necesitan conciliar; y acabar con la asignación de tareas políticas en función de roles de género, imprescindible para una verdadera paridad política y no exclusivamente numérica.

2.2. Respuesta a la violencia de género

Extremadura cuenta con una herramienta propia y muy importante para la atención a víctimas de violencia de género y para la prevención a través de actividades y formación con actuación directa en las zonas rurales. Esto es posible a través de la Red Extremeña de Atención a Víctimas de Violencia de Género, creada por el art. 87 de la Ley 8/2011, de 23 de marzo, de Igualdad entre mujeres y hombres y contra la violencia de género en Extremadura. Dentro de la Red se enmarcan las Oficinas de Igualdad y Violencia de género, cuya Red de Oficinas fue creada por el art. 12 de la citada Ley 8/2011, que son las que operan en el territorio[70]. En la actualidad existen 35 Oficinas, siete de ellas en Ayuntamientos (Almendralejo, Badajoz, Cáceres, Don Benito, Mérida, Plasencia y Villanueva de la Serena) y el resto en las Mancomunidades[71]. Por su parte, el art. 88.2,c de la Ley 8/2011, prevé los Puntos de Atención Psicológica (PAP) que también forman parte de la Red de Atención a las Víctimas de Violencia de Género de Extremadura[72], recurso que se encarga del asesoramiento, diagnóstico e intervención individualizada o grupal mujeres, y a sus hijos e hijas, que sufran o hayan sufrido violencia de género y su labor se extiende también a todo el territorio[73].

Ambos recursos, las Oficinas y los PAP, resultan fundamentales en las zonas rurales y menos pobladas a la hora de abordar la violencia de género, así como la sensibilización y acompañamiento. A pesar de las dificultades de acceso[74] son un recurso especializado[75] que se encuentra más cercano a

70. Puede consultarse el mapa de las Oficinas en Extremadura en la web https://www.igualdadrural.es/mapas-de-extremadura/
71. Ver Resolución de 8 de octubre de 2018, de la Dirección General del Instituto de la Mujer de Extremadura, por la que se da publicidad a la configuración de la red de oficinas de igualdad y violencia de género.
72. Desarrollado posteriormente a través del Decreto 16/2013, de 26 de febrero, por el que se autorizan los Reglamentos de Régimen Interno de los dispositivos de la Red Extremeña de Atención a las Víctimas de Violencia de Género.
73. También puede consultarse el mapa con la ubicación de los PAP en https://www.igualdadrural.es/mapas-de-extremadura/
74. El personal de las Oficinas ha identificado los problemas de transporte como la principal dificultad de acceso a los recursos existentes en materia de violencia de género. Datos completos disponibles en Soriano Moreno, Silvia et al, Informe «Igualdad de género en el entorno rural y municipal de Extremadura: diagnóstico y propuestas», pp. 184-185. Disponible en https://www.igualdadrural.es/informe/

las mujeres que residen en zonas poco pobladas y que cumple un papel clave en la cuestión que nos ocupa en este trabajo.

Sin embargo, y en este sentido se realiza la correspondiente propuesta, la inestabilidad que han venido sufriendo estos recursos a lo largo de los años obliga a una propuesta de reforma administrativa que asegure la continuidad, especialización y reciclaje y estabilidad del servicio[76]. El problema es que son las entidades locales de las que depende la convocatoria y la contratación, aunque la coordinación y los principios generales se establecen desde el Instituto de la Mujer de Extremadura, y la subvención para la contratación del personal llega por parte de la Junta de Extremadura[77]. De ahí que, al ser un personal cuya contratación depende de la subvención, se dificulta su estabilidad. Pero, además, en los últimos años la situación se ha agravado, con el nuevo marco normativo[78] que obligaría a la contratación estable por parte de las entidades locales. Por ello hubo problemas por parte de las entidades locales a la hora de realizar una convocatoria de plazas de personal que tendrá que contratarse como indefinido a pesar de no tener

75. La idea de la especialización se refiere al ámbito material de sus funciones, ya que de la formación especializada también surgen algunas dudas. Como hemos podido analizar previamente, «La formación especializada del personal que compone las Oficinas de Igualdad y Violencia de Género, en virtud del art. 6 del Reglamento de Organización y Funcionamiento de la Red de Oficinas de Igualdad y Violencia de Género, será de un mínimo de 200 horas o 12 meses de experiencia laboral en esta materia. La previsión no hace referencia a los contenidos mínimos ni a criterios de calidad de esas horas de formación, por lo que los perfiles de especialización son muy variados.», en Soriano Moreno, Silvia. «La respuesta a la violencia de género en zonas rurales». En *Los derechos de las mujeres en las zonas rurales. Un estudio de caso*, coordinado por Silvia Soriano Moreno, 281-311. Pamplona: Thomson Reuters Aranzadi, 2022.

76. Consciente de este problema, así lo ha indicado la Ley 3/2022, de 17 de marzo, de medidas ante el reto demográfico y territorial de Extremadura, cuyo art. 95.j establece: «Garantizar el mantenimiento y refuerzo de la red territorial de Oficinas de Igualdad y Puntos de Atención Psicológica a víctimas de violencia de género como principales figuras técnicas que garantizan la transversalidad y transmisión de las políticas de igualdad en el ámbito local».

77. Decreto 205/2018, de 18 de diciembre, por el que se establecen las bases reguladoras para la concesión de subvenciones a las entidades locales para el funcionamiento de las Oficinas de Igualdad y Violencia de Género, la Orden de 8 de enero de 2019 por la se convocan las subvenciones a las entidades locales para el funcionamiento de las Oficinas de Igualdad y Violencia de Género, y la Resolución de 17 de diciembre de 2021, de la Secretaría General, por la que se establece la convocatoria de concesión de subvenciones a las entidades locales para el funcionamiento de las Oficinas de Igualdad y Violencia de Género.

78. Así, el Real Decreto-ley 32/2021, de 28 de diciembre, de medidas urgentes para la reforma laboral, la garantía de la estabilidad en el empleo y la transformación del mercado de trabajo, que suprime el contrato por obra y servicio, así como la Ley 20/2021, de 28 de diciembre, de medidas urgentes para la reducción de la temporalidad en el empleo público.

garantizada la continuidad de fondos[79]. Aunque la situación más grave de cierre temporal de recursos ya pudo ser solucionada, es imprescindible una solución al problema que impida que la situación se repita y las usuarias de los servicios vuelvan a quedarse sin ellos durante meses[80].

La propuesta que se sostiene es la de la contratación de este personal por parte de la Junta de Extremadura, adscrito al Instituto de la Mujer de Extremadura, con destino de puesto de trabajo en cada uno de los lugares del territorio. Se requeriría en este caso la cooperación con las entidades locales para la ubicación estable de los servicios, pero se conseguiría acabar con la precariedad e inestabilidad del mismo, además de asegurar una formación continua y actualizada.

Estos recursos en el territorio son enseña propia de Extremadura; profesionalizarlos y garantizarlos es una necesidad para la igualdad.

V. CONCLUSIONES

Esta aportación se concluye un 15 de octubre, Día Internacional de las Mujeres Rurales. Por ello, estas conclusiones deben iniciar con una reivindicación histórica del papel de las mujeres en los pueblos y de reclamar su agencia política y la necesidad de contar con sus voces y necesidades específicas a la hora de desarrollar políticas públicas que les afecten. No hay que trabajar por que las mujeres se queden en los pueblos con un objetivo natalista; hay que trabajar para que todas las personas tengan las oportunidades y la autonomía suficientes para poder decidir dónde establecer su residencia y que esta no implique una discriminación ni una falta de garantía de sus derechos. La cuestión es que actualmente no se cuenta con esas oportunidades ni autonomía y, además, esta carencia afecta en mayor medida a las mujeres, por lo que debe ser un elemento clave y específico en la lucha contra la despoblación.

Como se ha podido observar, el reto demográfico tiene género: las mujeres se van más de unos pueblos que ya se encuentran masculinizados. Si no atendemos a las razones que explican que esto sea así, la actuación continuará teniendo sesgos y perpetuando desigualdades. Por ello, se reivindica la necesidad de realizar diagnósticos y evaluaciones adecuadas en el marco de la legislación y las políticas públicas, que ayuden a detectar las medidas precisas de mejora de la situación. Para cumplir este objetivo será también imprescindible una formación adecuada, con entidad suficiente y en per-

79. Moral, Guadalupe. «Urgen fondos estables para los puntos de atención psicológica que atienden a víctimas de maltrato». *El Periódico de Extremadura*, 10 de marzo de 2022.
80. Redacción «Extremadura estudia un nuevo modelo de la Red de Oficinas de Igualdad y Violencia de Género para garantizar la eficacia». *Europa Press*, 5 de enero de 2022.

manente actualización del personal responsable del diseño, implementación y evaluación de las medidas oportunas.

Para el marco de las administraciones públicas de Extremadura se han recogido en este trabajo algunas propuestas de mejora de la situación a través de la reforma de las administraciones públicas implicadas. En primer lugar, la necesidad de contar con una responsabilidad en la Junta que garantice la transversalidad de las medidas relativas a la despoblación y la igualdad. Por otra parte, la necesidad de que los ayuntamientos revisen sus formas de actuación y el desarrollo de las tareas de representación política para facilitar la participación de las mujeres, así como revisar el diseño estereotipado de las concejalías. Finalmente, la reforma de la adscripción funcional del personal especializado en materia de igualdad y violencia de género que opera en el territorio y que realiza una labor fundamental y clave, con el objetivo de asegurar su estabilidad y especialización continua.

Finalizo con una cita con 23 años de antigüedad, pero que sigue siendo de gran actualidad: «No quiero finalizar esta reflexión sin señalar algo que me parece obvio, aunque a veces pueda olvidarse: cualquier iniciativa de desarrollo que olvide a las mujeres estará tarde o temprano destinada al fracaso. El futuro de eso que llamamos mundo rural pasa por implicar a las mujeres e implicarlas en condiciones de igualdad»[81].

BIBLIOGRAFÍA

Agra Romero, María Xosé. «Fraternidad (un concepto político a debate)». *Revista internacional de filosofía política*, 3 (1994): 143-166.

Albertí Rovira, Enoch. *Federalismo y cooperación en la República federal de Alemania*. Madrid: CEC, 1988.

Álvarez Muguruza, Iraide. «Indagaciones encarnadas sobre el deseo de irse de las mujeres rurales jóvenes». *Revista Iberoamericana de Estudios de Desarrollo*, 1 (2021): 288-308.

Balaguer Callejón, Francisco. *Fuentes del Derecho II. Ordenamiento General del Estado y ordenamientos autonómicos*. Madrid: Tecnos, 1992.

Barceló i Serramalera, Mercè y De Carreras Serra, Francesc. *Derechos y deberes constitucionales en el Estado Autonómico: un análisis sobre a relación entre la organización territorial del Estado y en regulación de los derechos y deberes constitucionales*. Barcelona: Civitas, 1991.

Barnes, Javier. *Problemas y perspectivas del artículo 149.1.1.ª CE*. Barcelona: Institut d'Estudis Autonòmics, 2004.

81. Sampedro Gallego, Rosario. *op. cit.* p. 90.

Barrère Unzueta, M.ª Ángeles. «La acción positiva: Análisis del concepto y propuestas de revisión». *Cuadernos electrónicos de filosofía del derecho,* 9 (2003).

Barrère Unzueta, María Ángeles. «Igualdad y discriminación positiva: Un esbozo de análisis teórico-conceptual». *Cuadernos electrónicos de filosofía del derecho,* 9 (2003).

Cabellos Espiérrez, Miguel Ángel. *Distribución competencial, derechos de los ciudadanos e incidencia del derecho comunitario.* Madrid: CEPC, 2001.

Camarero, Luis; Vicente-Mazariegos, J. Ignacio; Sampedro Gallego, Rosario. *Mujer y ruralidad. El círculo quebrado.* Madrid: Instituto de la Mujer, 1992.

Camarero, Luis y Sampedro Gallego, Rosario. «¿Por qué se van las mujeres? El "continuum" de movilidad como hipótesis explicativa de la masculinización rural». *REIS: Revista Española de Investigaciones Sociológicas,* 124 (2008): 73-106.

Chano Regaña, Lorena. «Igualdad real y efectiva en la actividad agraria: propuestas de mejora a partir del caso extremeño». En *Los derechos de las mujeres en las zonas rurales. Un estudio de caso,* coordinado por Silvia Soriano Moreno, 121-147. Pamplona: Thomson Reuters Aranzadi, 2022.

Cobo Bedia, Rosa. «La democracia moderna y la exclusión de las mujeres». *Cuadernos del Guincho,* 5-6 (1998): 184-195.

Corretja Torrens, Mercè. «El sistema competencial español a la luz de la eficiencia: indefinición, duplicidades, vulnerabilidad de las competencias autonómicas y conflictividad». *Cuadernos Manuel Giménez Abad,* 5 (2013): 35-44.

Costa, Malena. *Feminismos jurídicos.* Ciudad Autónoma de Buenos Aires: Ediciones Didot, 2016.

De Cabo Martín, Carlos. *Dialéctica del sujeto, dialéctica de la Constitución.* Madrid: Trotta, 2010.

Díaz Calvarro, Julia. «Análisis del sistema de cuidados en Extremadura. Propuestas en clave de género desde el Derecho Financiero y Tributario». En *Los derechos de las mujeres en las zonas rurales. Un estudio de caso,* coordinado por Silvia Soriano Moreno, 235-279. Pamplona: Thomson Reuters Aranzadi, 2022.

Díaz Méndez, Cecilia y Díaz Martínez, Capitolina. «De mujer a mujer: estrategias femeninas de huida del hogar familiar y del medio rural». *Agricultura y sociedad,* 76 (1995): 205-218.

Facio, Alda. *Cuando el género suena, cambios trae. Una metodología para el análisis de género del fenómeno legal.* San José de Costa Rica: ILANUD, 1991.

Freixas Farre, Anna. «Ministras y ministros, vínculos y cuidados». *El País,* 22 mayo 2004. https://elpais.com/diario/2004/05/22/espana/1085176826_850215.html

Instituto de Estadística de Extremadura, «Estadísticas de Género: 1.5. Variaciones residenciales», 2021. https://www.juntaex.es/ieex/informacion-sobre-genero.

Instituto de Estadística de Extremadura, «Estadísticas de Género: 1.1. Población», 2021. https://www.juntaex.es/ieex/informacion-sobre-genero.

Instituto de las Mujeres. «Mujeres en Cifras - Poder y Toma de Decisiones - Administración Local». https://www.inmujeres.gob.es/MujerCifras/PoderDecisiones/AdmonLocal.htm

Jaramillo, Isabel Cristina. «La crítica feminista al derecho, estudio preliminar». En *Género y teoría del derecho,* editado por Robin West, 27-66. Bogotá: Siglo de Hombres Editores y Ediciones Uníandes, Instituto Pensar, 2000.

Likadi. «Estudio Informes de impacto de género que acompañan a los proyectos normativos desde la aprobación de la Ley 20/2003». Ministerio de Sanidad, Servicios Sociales e Igualdad, 2016.

López Guerra, Luis. «Consideraciones sobre la regulación de las condiciones de vida básicas en el artículo 149.1.1 CE». En *Normativa básica en el ordenamiento jurídico español,* dirigido por Alberto Pérez Calvo, 79-94. Madrid: MAP, 1990.

Ministerio de Política Territorial y Función Pública, «Despoblación, reto demográfico e igualdad», 2017. Disponible en https://www.miteco.gob.es/content/dam/miteco/es/reto-demografico/temas/documentos-interes/despoblacion_igualdad_tcm30-517792.pdf

Ministerio de Política Territorial y Función Pública, «Directrices Generales Estrategia Nacional frente al Reto Demográfico», 2019. http://www.mptfp.es/portal/reto_demografico/Estrategia_Nacional.html

Ministerio de Política Territorial y Función Pública, Comisionado del Gobierno frente al Reto Demográfico, «Despoblación, reto demográfico e igualdad», 2019. https://www.mptfp.gob.es/dam/es/portal/reto_demografico/Documentos_interes/Despoblacion_Igualdad.pdf0.pdf

Ministerio para la Transición Ecológica y el Reto Demográfico, «Plan de Recuperación: 130 medidas ante el Reto Demográfico», 2021. https://

www.miteco.gob.es/es/reto-demografico/temas/medidas-reto-demografico/

Molina Ibáñez, Mercedes y Hernando Sanz, Felipe. «¿Por qué nos deben interesar los territorios despoblados y desfavorecidos de la España interior?». En *Leyendo el territorio. Homenaje a Miguel Ángel Troitiño*, coord. por Rogelio Martínez Cárdenas, Luis Felipe Cabrales Barajas, María García Hernández, Manuel De La Calle Vaquero, M.ª del Carmen Mínguez García, Libertad Troitiño Torralba, 440-454. Guadalajara: Universidad de Guadalajara, 2022.

Moral, Guadalupe. «Urgen fondos estables para los puntos de atención psicológica que atienden a víctimas de maltrato». *El Periódico de Extremadura*, 10 de marzo de 2022.

Parlamento Europeo, Resolución, de 4 de abril de 2017, sobre las mujeres y su papel en las zonas rurales (2016/2204(INI)). https://www.europarl.europa.eu/doceo/document/TA-8-2017-0099_ES.html

Pateman, Carole. *El contrato sexual*. Madrid: Ménades, 2019.

Peñacoba, Paula. «Nosotras limpiamos sus casas para que ellas rompan el techo de cristal». *Público*, 15 abril 2019. https://www.publico.es/sociedad/28-limpiamos-casas-rompan-techo-cristal.html

Redacción «Extremadura estudia un nuevo modelo de la Red de Oficinas de Igualdad y Violencia de Género para garantizar la eficacia». *Europa Press*, 5 de enero de 2022.

Regidor, Jesús G. «Desarrollo rural en España: una política de estado inaplazable». *Documentación Social. Revista de estudios sociales y de sociología aplicada*, 185 (2017): 103-119.

Sampedro Gallego, Rosario. «Mujeres jóvenes en el mundo rural». *Estudios de juventud*, 48 (2000): 83-90.

Sanz Larruga, Francisco Javier. «Instrumentos de evaluación y participación para la cohesión territorial y ante el reto demográfico». *Revista Española de la Función Consultiva*, 33 (2022): 69-92.

Soriano Moreno, Silvia. *Derechos e igualdad territorial en la evolución del Estado social autonómico*. Valencia: Tirant lo Blanch, 2020.

Soriano Moreno, Silvia. «La respuesta a la violencia de género en zonas rurales». En *Los derechos de las mujeres en las zonas rurales. Un estudio de caso*, coordinado por Silvia Soriano Moreno, 281-311. Pamplona: Thomson Reuters Aranzadi, 2022.

Soriano Moreno, Silvia et al, Informe «Igualdad de género en el entorno rural y municipal de Extremadura: diagnóstico y propuestas». Disponible en https://www.igualdadrural.es/informe/

Soriano Moreno, Silvia. «Metodologías jurídicas feministas para el abordaje del reto demográfico». *Journal of Feminist, Gender and Women Studies,* 13 (2022): 5-26.

Soriano Moreno, Silvia. *Violencia y acoso contra las mujeres en el ámbito político como límite a los derechos de participación*. Pamplona: Thomson Reuters Aranzadi, 2022.

Subirats, Joan et al, *Análisis y gestión de políticas públicas,* Barcelona: Ariel, 2012.

Tomás y Valiente, Francisco. *El reparto competencial en la jurisprudencia del Tribunal Constitucional*. Madrid: Tecnos, 1988.

Tudela Aranda, José. *Derechos constitucionales y autonomía política.* Madrid: Civitas, 1994.

Villaverde Menéndez, Ignacio. *La igualdad en la diversidad. Forma de Estado y derechos fundamentales*. Madrid: CEPC, 2012.

Viver i Pi-Sunyer, Carles. «La voluntad de transformación del estatuto de autonomía de Cataluña». En *Jornadas Evolución del Estado Autónomico: La autonomía aragonesa treinta años después,* 1-16. Zaragoza: Fundación Manuel Giménez Abad, 2012.

Especialización productiva y economías de aglomeraciones en el medio rural. Una visión de Extremadura y el Alentejo mediante organización supramunicipal[1]

JOSÉ FRANCISCO RANGEL PRECIADO
Universidad de Extremadura

FRANCISCO MANUEL PAREJO MORUNO
Universidad de Extremadura

ESTEBAN CRUZ HIDALGO
Universidad de Extremadura

SUMARIO: I. INTRODUCCIÓN. II. LAS ECONOMÍAS DE AGLOMERACIÓN Y LA CAPACIDAD DE DESARROLLO ENDÓGENO. DE LO URBANO A LO RURAL. III. ¿EXISTEN AGLOMERACIONES EMPRESARIALES EN EL MEDIO RURAL EXTREMEÑO Y ALENTEJANO?. IV. ¿POR QUÉ NO SE HAN INSTITUCIONALIZADO LOS DISTRITOS RURALES EXTREMEÑOS Y ALENTEJANOS PARA EL APROVECHAMIENTO DE LOS FONDOS DE DESARROLLO RURAL?. V. LOS SISTEMAS PRODUCTIVOS EN BASE COMARCAL ALENTEJANOS. VI. CONCLUSIONES. BIBLIOGRAFÍA.

1. Este trabajo se ha desarrollado en el marco del Proyecto regional I+D+i de investigación IB20117 «La necesaria reforma de las administraciones públicas y del modelo territorial español ante el reto demográfico en Extremadura» (IP: Gabriel Moreno González), cofinanciado por el Fondo Europeo de Desarrollo Regional y la Consejería de Economía, Ciencia y Agenda Digital de la Junta de Extremadura.

I. INTRODUCCIÓN

Dentro de sus líneas de actuación la Unión Europea se ocupa de dotar económicamente a las regiones menos desarrolladas para propiciar su acercamiento a las mejor posicionadas. Se trata de un claro ejercicio de solidaridad europea en el que todos los países aportan fondos para que estos sean repartidos entre sus regiones, de forma que aquellas que tienen una mayor diferencia negativa del Producto Interior Bruto (en adelante PIB) por habitante con respecto a la media de la Unión Europea sean las que más fondos reciben. Esta línea de actuación quizás sea la que más impacto tiene dentro las regiones que pretendemos abordar en este texto. En concreto, debemos dejar constancia que dentro del programa europeo de ayudas vigente en la actualidad se ha considerado, tanto a Extremadura en el caso de España como a Alentejo en el caso de Portugal, como regiones menos desarrolladas; es decir, regiones que presentan unos niveles de PIB per cápita inferiores al 75 por 100 de la media europea. De las tres categorías de catalogación, ésta incluye las regiones que presentan las peores cifras de PIB, y, por consiguiente, son aquellas en las que mayores líneas de fondos para el desarrollo rural deben invertirse[2].

En este sentido, también debemos hacer referencia a que estas regiones tienen una menor capacidad de generar renta y riqueza; esto es, de incrementar el PIB. También nos encontramos con que son las que poseen un mercado interno más pequeño, y, por tanto, las que presentan una mayor dispersión de la población y una menor densidad demográfica; en definitiva, se trata de las regiones más ruralizadas[3] de la Unión Europea[4], conjugándose en ellas dos problemas: i) la incapacidad de generar rentas y empleos al mismo ritmo que la media europea; y ii) un problema de despoblación. Ambos se retroalimentan.

2. Para el caso de Extremadura esta situación está perfectamente descrita para los períodos anteriores a la programación actual en el manual de Masa, Leopoldo, López, Elena, Sánchez, Isabel, Albano, Ismael y Rangel, José Francisco. *Fondos Europeos, Colección 1986-2009 Extremadura. Más de 20 años de progreso en Europa*, 5. Mérida: Junta de Extremadura, 2011.
3. Una excelente definición de rural, y también de cómo se organizan las políticas de desarrollo rural, se encuentra en la tesis doctoral Francisco Javier Castellano, por lo que no vamos a entrar en este aspecto. Véase Castellano, Francisco Javier. *La política de desarrollo rural de la Unión Europea y sus efectos en Extremadura durante la década de los años noventa. El estudio del caso de la comarca de La Vera*. Cáceres: Universidad de Extremadura, 2016.
4. En definitiva, a priori no se encuentran indicios de que puedan ser aprovechadas las economías de aglomeración que describe la teoría económica, si nos ceñimos únicamente a la definición de economías de aglomeración urbana.

En la actualidad se ha producido un movimiento, tanto desde el punto de vista de las instituciones como desde el mundo académico, para abordar el problema de despoblación presente en algunas zonas de España y Portugal. En ese sentido y antes de comenzar la valoración referente a las políticas de desarrollo rural, debemos advertir que las dos regiones que son objeto de estudio (Alentejo y Extremadura) presentan un proceso de despoblamiento rural[5], debido en gran parte a la incapacidad histórica que han tenido estas regiones para crear empleo y rentas que fijen población en el medio rural, y, por consiguiente, para lograr crear un proyecto de vida a las personas jóvenes. Es un hecho que la construcción de una estrategia de desarrollo rural solamente puede pasar por la fijación de población al medio rural, y esto solo se logrará a través de la creación de posibilidades de empleo y generación de rentas en el medio rural, a la vez que un apoyo institucional que permita igualar las condiciones de vida con el medio urbano, probablemente a través de la inversión en bienes y servicios básicos públicos de calidad (educación, sanidad, infraestructuras, etc.). Es por ello por lo que, de forma muy breve y esquemática, nos planteamos abordar la situación de la estrategia de desarrollo rural en la actualidad, de forma que se pueda vincular a la teoría económica[6], como ya se ha hecho de forma exitosa en otros países y otras regiones españolas.

Para lograr este objetivo se ha dividido este capítulo en seis apartados. En primer lugar, se encuentra esta introducción donde hemos planteado el problema objeto de estudio y el objetivo que nos marcamos. En segundo lugar, se presentan de manera muy breve las aglomeraciones empresariales, tal y como han sido descritas en la bibliografía. En tercer lugar, se analiza de manera muy superficial la existencia de aglomeraciones empresariales

5. Pérez, Antonio, y Leco, Felipe. «La despoblación: una amenaza para el medio rural extremeño». En *Informe. La agricultura y la ganadería extremeñas*, coordinado por José Miguel Coleto Martínez, Enrique de Muslera Pardo, Raquel González Blanco y Francisco Pulido García, 75-91. Badajoz: Fundación Caja de Badajoz, 2013; Pires, Maria Antonia. «O papel do poder local no combate ao despovoamento em Portugal». En *Península Ibérica no Mundo: problemas e desafios para uma intervenção ativa da Geografia*, coordenado por José Alberto Rio Fernandes, Jorge Olcina Cantos, Maria Lucinda Fonseca, Eduarda Marques da Costa, Ricardo Garcia, y Carlos Freitas, 1413-1421. Lisboa: Universidade de Lisboa, 2018.

6. Esta vinculación no es ni mucho menos una aportación novedosa. Ya Méndez o Juste enunciaron las potencialidades de determinadas realidades socioeconómicas para articular el desarrollo rural. Pero no apreciamos, al menos para el caso de Extremadura y Alentejo, que estas enseñanzas hayan sido puestas en práctica para articular el desarrollo rural de estas regiones. Méndez, Ricardo. «Sistemas Productivos Locales y Políticas de Desarrollo Rural». *Revista de Estudios Regionales*, 39 (1994):93-112; Juste, Juan José. «Industria agroalimentaria, desarrollo rural y sistemas productivos locales en Castilla y León». En *Sistemas productivos locales agroindustriales en España*, coordinado por José Ángel Aznar, 219-252. El Ejido (Almería): Fundación Cajamar.

de ciertos productos —o especializaciones productivas—, en determinados territorios de Extremadura y Portugal. En cuarto lugar, se analiza la posibilidad de adaptar estas enseñanzas teóricas a las características propias del medio rural en regiones con una baja densidad empresarial. En quinto lugar, se presenta la propuesta desarrollada en Rangel[7] para la detección e identificación de aglomeraciones empresariales a nivel comarcal. Y por último se exponen de manera muy sintética las conclusiones que se han extraído de esta línea de investigación.

II. LAS ECONOMÍAS DE AGLOMERACIÓN Y LA CAPACIDAD DE DESARROLLO ENDÓGENO. DE LO URBANO A LO RURAL

Las economías de aglomeración, definidas concretamente mediante el término de distrito industrial, fueron dadas a conocer a finales del siglo XIX por el economista inglés Alfred Marshall, quien detectó la coexistencia de diferentes formas de organización de la producción industrial inglesa de la época[8]. Por un lado, estaban las grandes empresas que aglomeran toda la producción y mano de obra en torno al sistema de fábrica, generando economías de escala internas a la empresa; y por el otro, los territorios que tenían la capacidad innata (capacidad de desarrollo endógeno) de aglomerar pequeños establecimientos fabriles, fundamentalmente artesanales, dedicados todos ellos a un mismo producto o rama productiva (cadena de valor de un producto concreto), y que generaban una serie de ventajas para las empresas allí aglomeradas. Este segundo grupo es lo que más tarde ha sido denominado como economías de escala externas a la empresa (pero internas a la aglomeración), concepto que tuvo difícil encaje en la lógica del pensamiento económico de la época, quedando prácticamente en desuso hasta que el economista italiano Giacomo Becattini[9] realizase una revisión completa de este concepto, tratándolo como una realidad o innovación socioeconómica fundamental[10]. Becattini describió las potencialidades del

7. Rangel, José Francisco. Los sistemas productivos locales en Extremadura: Aportaciones a la política de desarrollo industrial y rural. Badajoz: Universidad de Extremadura, 2018.
8. Marshall, Alfred. *Principios de economía. Un tratado de introducción*, Madrid: Aguilar (edición original en inglés. Principles of Economics, Londres: Macmillan and Co., 1890). 1963.
9. Becattini, Giacomo «Dal "settore industriale" al "distretto" industriale. Alcune considerazioni sull'unità d'indagine dell'economia industriale"». *Rivista di Economia e Politica Industriale*, 1 (1979), 7-21.
10. Becattini, Giacomo. «El distrito industrial marshalliano como concepto socioeconómico». En *Los distritos industriales y las pequeñas empresas. Distritos industriales y cooperación interempresarial en Italia*, coordinado por F. Pyke, G. Becattini y W. Sengenberger, 61-79, 1. Madrid: Ministerio de Trabajo y Seguridad Social. 1992.

distrito industrial a través del caso de Prato, en Italia[11], pasando a una concepción contemporánea de esta realidad[12], y logrando influir en el pensamiento económico[13]; pero también en la construcción de la política de desarrollo industrial desde un punto de vista local[14].

En la actualidad se dispone de una terminología diversa que permite describir distintos tipos de aglomeraciones empresariales dependiendo de las empresas que la componen, la tipología de estas, los sectores que la conforman, e incluso de si se producen en áreas urbanas o rurales. Esta terminología incluiría los siguientes conceptos:

- Distritos industriales: Pequeñas y medianas empresas y con una vinculación industrial[15].
- Clúster: Pequeñas, medianas y grandes empresas, con vinculación industrial o de servicios[16].
- Sistemas Productivos Locales: En la actualidad engloba a los anteriores[17].

---

11. Becattini, Giacomo. *La oruga y la mariposa. Un caso ejemplar de desarrollo en la Italia de los distritos industriales: Prato (1954-1993)*. (Traducción de Juste Carrión). Valladolid: Secretariado de Publicaciones e Intercambio Editorial. 2005.; Becattini, Giacomo. (2006). «Vicisitudes y potencialidades de un concepto: el distrito industrial». *Economía industrial,* 359 (2005): 21-28.
12. Becattini, Giacomo (2002). «Del distrito industrial marshalliano a la "teoría del distrito" contemporánea. Una breve reconstrucción crítica». *Investigaciones regionales,* 1 (2002): 19-32.
13. Trullén, Joan. «Giacomo Becattini and the Marshall's method». *Investigaciones Regionales - Journal of Regional Research,* 32 (2005): 43-60.
14. Ybarra, Josep Antoni. «Alfred Marshall en España desde su omisión hasta su restitución por la política industrial territorial». *Investigaciones regionales,* 19 (2011): 147-153.
15. Becattini, Giacomo. «El distrito industrial marshalliano como concepto socioeconómico». En *Los distritos industriales y las pequeñas empresas. Distritos industriales y cooperación interempresarial en Italia,* coordinado por F. Pyke, G. Becattini y W. Sengenberger, 61-79, 1. Madrid: Ministerio de Trabajo y Seguridad Social. 1992.
16. Los distritos industriales y los clúster han sido los principales conceptos utilizados en la Economía y sus diferencias conceptuales se encuentran magistralmente descritas en los estudios de Porter, M. E. *La ventaja competitiva de las naciones.* Barcelona: Plaza y Janés (ed. Original en inglés, The competitive Advantage of Nations, Londres, Macmillan, 1990). 1991; Sforzi, Fabio (2008). «Unas realidades ignoradas: de Marshall a Becattini». En *Los distritos industriales,* coordinado por Vicent Soler, 43-54, Mediterráneo Económico, 13 El Ejido (Almería): Fundación Cajamar; y Catalan, Jordi, Miranda, José Antonio, y Ramón-Muñoz, Ramón. *Distritos y clusters en la Europa del Sur.* Madrid: LID Editorial Empresarial. 2011.
17. Garofoli, Gioacchino. «Áreas de especialización productiva y pequeñas empresas en Europa». *Documents d'anàlisi geogràfica,* 8-9 (1986): 143-172.

- Sistemas Agroalimentarios Localizados: Pequeñas y medianas empresas con vinculación en actividades agroalimentarias desde su producción hasta la transformación[18].
- Distritos Agroalimentarios de Calidad: Pequeñas y medianas empresas especializadas en actividades industriales vinculadas a la alimentación y con una certificación de calidad[19].
- Distrito Rural: Pequeñas y medianas empresas con una cadena de valor ampliada de los productos con una especial prevalencia en las áreas rurales[20].

Siguiendo esta nomenclatura hemos podido comprobar que a lo largo del tiempo se ha ido construyendo una teoría económica que muestra cómo las pequeñas y medianas empresas, aglomeradas en torno a un territorio, e independientemente de su especialización productiva o tipología, pueden llegar a competir en los mercados internacionales, pudiendo ello servir de base para la construcción de una política de desarrollo rural. Es decir, se ha pasado de un enfoque industrial, más vinculado a zonas urbanas, a un enfoque también orientado a las características propias que tiene el medio rural.

Además, la literatura ya nos ha dejado evidencias del impacto positivo que tiene la articulación de las políticas de desarrollo industrial, local o rural. Por ejemplo, en el caso concreto de la región de Cataluña este tipo de realidades han sido detectadas y abordadas analíticamente[21]. Posteriormente se analizaron las políticas de impulso de este tipo de realidades[22], comprobándose el impacto positivo de las mismas en la competitividad de

---

18. Fournier, Stéphane, y Muchnik, José. «El enfoque "SIAL" (Sistemas Agroalimentarios Localizados) y la activación de recursos territoriales». *Agroalimentaria*, 18 (34) (2012): 133-144.
19. Toccaceli, Daniela. «Dai distretti alle eti. I distretti in agricultura nell'interpretazione delle Regioni e le prospettive verso il 2020. Gruppo di lavoro "Progettazione Integrata"». 2012. Disponible en https://www.reterurale.it/flex/cm/pages/ServeBLOB.php/L/IT/IDPagina/10221.
20. Toccaceli, Daniela. «Dai distretti alle eti. I...», *op. cit.*
21. Hernández, Joan Miquel, Fontrodona, Jordi, y Pezzi, Alberto. *Mapa de los sistemas productivos locales en Cataluña*, Barcelona: Secretari d'Indústria, Departament de Treball i gricultu, Generalitat de Catalunya. 2005.
22. Hernández, Joan Miquel, Pezzi, Alberto, Blanco, Raúl, y Fontrodona, Jordi. (2013). «Pasado, presente y futuro de la política de clústers: el caso de Cataluña y su encuadramiento europeo». *Economía Industrial*, 387 (2013): 147-158; Hernández, Joan Miquel., Pezzi, Alberto, y Soy, Antoni, (2010). *Cluster y competitividad: el caso de Cataluña (1993-2010)*. Barcelona: Observatori de prospectiva industrial, Universitats i Empresa, Departament d'Innovació, Generalitat de Catalunya.

la industria[23]. Pero donde realmente se han apreciado las ventajas de la aplicación de este tipo de políticas es en el caso italiano, donde incluso se le ha dotado de un marco legislativo que promueve su institucionalización y su potencialización.

Fijándonos en esta literatura reflexionamos sobre la existencia de estas realidades en entornos de baja densidad empresarial, como son los casos concretos de Extremadura y Alentejo.

III. ¿EXISTEN AGLOMERACIONES EMPRESARIALES EN EL MEDIO RURAL EXTREMEÑO Y ALENTEJANO?

La escasa densidad empresarial en la rama industrial que presentan las regiones objeto de estudio nos lleva a pensar que, en principio, pocas aglomeraciones empresariales pueden hallarse en estas. De hecho, si nos fijamos en los estudios de detección e identificación de aglomeraciones a nivel nacional que han sido realizados para España y Portugal, nos encontramos con muy poca incidencia de este tipo de realidades en Extremadura y Alentejo[24]. Esto es debido, principalmente, a que las aglomeraciones empresariales del tipo distrito industrial o clúster en estas zonas tienen unos niveles más bajos de empresas y empleos generados, si bien esto no quiere decir que su importancia en la economía regional sea menor que la experimentada en otras regiones.

En este sentido, si nos centramos a nivel local, el estudio realizado por Rangel muestra que la localidad de San Vicente de Alcántara cuenta con el mayor número de empleos y empresas dedicadas de forma directa a la industria corchera a nivel nacional[25]. El estudio de Castellano[26], centrándose en Almendralejo, también expone este municipio como una de las principales localidades por número de empresas y empleos en España para el caso con-

23. Blázquez, María Luisa. La importancia de los clusters en la competitividad en España: el caso específico de la región catalana. Madrid: Universidad Pontifica de Comillas. 2010.
24. Parejo, Francisco Manuel. Rangel, José Francisco, y Branco, Amelia. «Aglomeración industrial y desarrollo regional. Los sistemas productivos locales en Portugal». *Revista EURE - Revista De Estudios Urbano Regionales*, 45(134) (2019): 147-168; y Boix, Rafael, y Galletto, Victorio. «El nuevo mapa de los distritos industriales de España y su comparación con Italia y el Reino Unido». *Documentos de trabajo del Departament d'Economia Aplicada*, Universitat Autònoma de Barcelona. 14. URL: http://www.ecap.uab.es/RePEc/doc/wpdea0604.pdf 2005.
25. Rangel, José Francisco. La industria corchera extremeña en las últimas décadas. Un análisis desde la óptica de los distritos industriales, Colección Torre Isunza, 4. Don Benito: Grupo de Estudios de las Vegas Altas. 2013.
26. Castellano, Amalia. Exportación y competitividad en el mercado mundial. La industria española de aceituna de mesa. Universidad de Extremadura, Badajoz. 2013.

creto de la aceituna de mesa. Siendo ambos solo algunos ejemplos que se verifican en Extremadura. Centrándonos en el caso de Alentejo observamos que, para el año 2018, nueve de las quince localidades con mayor número de empresas en Silvicultura e exploração florestal son alentejanas (Santiago do Cacém, Alcácer do Sal, Odemira, Grândola, Ponte de Sor, Coruche, Vendas Novas, Montemor-o-Novo y Évora); o que esta región cuenta con tres de las seis localidades con mayor número de empresas de la categoría Outras indústrias extrativas (Rio Maior, Santarem, Vila Viçosa)[27]. Este hecho indica que puede que no nos encontremos con la detección a nivel nacional de este tipo de realidades en las regiones extremeñas y alentejanas, pero que sin duda sí existe en las mismas un efecto aglomeración en torno a ciertas actividades productivas; es decir, existen ciertos territorios con una capacidad de desarrollo endógeno que puede ser explotada.

Una vez que hemos comprobado que existen estas realidades en el medio rural extremeño y alentejano surge la siguiente cuestión: si estas regiones han dispuesto de fondos europeos para el desarrollo rural, ¿cómo no se han potenciado estas realidades socioeconómicas?

IV. ¿POR QUÉ NO SE HAN INSTITUCIONALIZADO LOS DISTRITOS RURALES EXTREMEÑOS Y ALENTEJANOS PARA EL APROVECHAMIENTO DE LOS FONDOS DE DESARROLLO RURAL?

El estudio de Toccaceli[28] señala que es posible la utilización del modelo de desarrollo rural (que la autora denomina como de distrito rural) dentro de la política europea de desarrollo rural. En este sentido debemos advertir que en la literatura española y portuguesa encontramos escasas referencias a este tipo de aglomeraciones, por lo que en principio su falta de estudio y análisis puede ser una de las variables que han influido en su implantación. No obstante, vamos a tratar de exponer cuáles son, a nuestro entendimiento, los motivos reales de esta omisión.

En primer lugar, continuando con el argumento anterior, tanto en España como en Portugal el estudio de estas realidades socioeconómicas ha venido derivado de la vertiente de las aglomeraciones empresariales, que, como ha sido dicho, tienen una base industrial; por tanto, la falta de cono-

27. Consulta realizada en la web del INE portugués.
28. Toccaceli, Daniela. «Dai distretti alle eti.I...», *op. cit.*; Para ver un caso concreto de desarrollo rural a través de la institucionalización del concepto de distrito rural se recomienda leer el libro de Pacciani, Alessandro. y Toccaceli, Daniela. *Le nuove frontiere dello sviluppo rurale. L'agricoltura grossetana tra filiere e territorio*. Italia: Franco Angeli. 2010.

cimiento de éstas impide su aprovechamiento y dinamización. En esta línea, y en gran medida, las herramientas para la localización de los distritos industriales parten desde una perspectiva nacional. Ello provoca que las localidades de las regiones que presentan una baja densidad empresarial queden fuera de la detección; coincidiendo, además, estas regiones, con las que mayores necesidades de políticas de desarrollo (rural) tienen, al ser coincidentes con aquellas que están catalogadas dentro de la Unión Europea como las *regiones menos desarrolladas*, teniendo, por consiguiente, una prioridad en el reparto de los fondos de desarrollo rural. En este punto debemos advertir que constituyen una agradable excepción algunas investigaciones que tienen su temática en la industria rural, como las llevadas a cabo sobre Castilla-La Mancha por Mecha[29], que muestran la evidencia del «desarrollo por aglomeración» también en el mundo rural[30].

Es por ello que, atendiendo a esta limitación, la utilización de la nomenclatura de distrito rural para el estudio de las aglomeraciones empresariales en regiones menos desarrolladas supone una adaptación de la teoría de las economías de aglomeración a las zonas rurales que tienen una capacidad de desarrollo endógeno; en las que, normalmente, se parte de una ventaja comparativa natural de dotación de algún tipo de materia prima, que explica la localización en estos territorios de, cuanto menos, las primeras fases de la cadena de valor de algunas actividades productivas.

En segundo lugar, debemos advertir también que la detección de los distritos industriales ha tendido a utilizar una base territorial propia, que normalmente ha sido denominada como *sistemas locales de trabajo*[31]. Estos son unidades funcionales en las que se producen los mayores desplazamientos trabajo-domicilio de la población residente en los territorios en que se encuentran. Esta situación, que puede ser una limitación a la hora de su aplicación práctica (puesto que esta unidad territorial no tiene un encaje administrativo o institucional claro y operativo siempre), no tiene además cabida en el ordenamiento jurídico nacional, ya sea español o portugués. Incluso en algunos

29. Mecha, Rosa. *Sistemas productivos locales e industrialización rural en Castilla-La Mancha*. Universidad Complutense de Madrid, Madrid. 2002; Mecha, Rosa. «Análisis comparativo de ocho estudios de caso de industria rural». *Anales de geografía de la Universidad Complutense*, 26 (2006): 195-225.

30. Hay que mencionar el estudio de Santacana, Guinjoan, Pellicer y Vázquez, donde se localizan áreas rurales extremeñas con capacidad de desarrollo endógeno, pero que, lamentablemente, nunca ha sido considerado para la construcción del desarrollo rural extremeño. Santacana, Francesc. Guinjoan, Modest. Pellicer, Pere. y Vázquez, Antonio. *Áreas rurales con capacidad de desarrollo endógeno*. Madrid: Ministerio de Obras Públicas y Urbanismo. 1987.

31. Boix, Rafael. y Galletto, Vitorio. *Identificación de los Sistemas Locales de Trabajo y los Distritos Industriales en España*. Madrid: Dirección General de Política de la Pequeña y Mediana Empresa. 2004.

casos podemos estar haciendo referencia a aglomeraciones empresariales que están compuestas por varias localidades en distintas regiones, lo que dificulta aún más la capacidad de constituir una estrategia institucional para desarrollar e impulsar este tipo de aglomeraciones[32].

Llegados a este punto entendemos que la forma más sencilla de articular actualmente el desarrollo rural es a través de los Grupos de Acción Local, pues así se puede utilizar la herramienta de que ya dispone la Unión Europea para articular el desarrollo rural. Además, ello permite, a la vez, homogeneizar el estudio de este tipo de realidades a nivel europeo. Como podemos observar en el Cuadro 1 todos los países europeos tienen desarrollados y en funcionamiento sus propios Grupos de Acción Local.

Cuadro 1. Grupos de Acción Local en Europa

País	N.ºGAL	País	N.ºGAL	País	N.ºGAL	País	N.ºGAL
Alemania	348	Eslova-quia	110	Hungría	103	Países Bajos	20
Austria	77	Eslovenia	37	Irlanda	36	Polonia	324
Bélgica	32	España	284	Italia	235	Portugal	74
Bulgaria	72	Estonia	34	Letonia	37	Reino Unido	145
Chipre	4	Finlandia	65	Lituania	56	R. Checa	180
Croacia	68	Francia	337	Luxem-burgo	5	Rumania	261
Dinamarca	32	Grecia	70	Malta	3	Suecia	50

Fuente: Elaboración propia.

32. Por ejemplo, en el estudio de los distritos industriales agroalimentarios estudiados por Seva se observa que se ubica en un área territorial que incluye localidades como Higuera la Real (Badajoz) junto a otras localidades limítrofes de la provincia de Huelva; dos provincias diferentes, de regiones diferentes. Con esto queremos hacer hincapié en que la base sobre la que se identifican y localizan los distritos industriales, o si se prefiere los sistemas locales de trabajo, son completamente diferentes a las limitaciones territoriales utilizadas por la administración pública. Seva, Pedro. *Distritos industriales y competitividad empresarial: Un análisis aplicado a los distritos industriales alimentarios (DIA) en España*. Alicante: Universidad de Alicante. 2019.

En este sentido, debemos también advertir que los estudios realizados por los investigadores Castillo y García[33] han puesto de manifiesto que los Grupos de Acción Local son una organización territorial idónea para el desarrollo de los Distritos Rurales, ya que, aunque han sido creados en base a una negociación y no a parámetros estadísticos, el análisis de los movimientos dentro de los mismos es similar al evidenciado en los Sistemas Locales de Trabajo. Es decir, estamos haciendo referencia a aglomeraciones que tienen una base territorial municipal o supramunicipal, pero cuya influencia de su actividad económica tiene un reflejo en toda la comarca funcional; esto es, en todo el Grupo de Acción Local (o territorio de influencia del GAL, mejor dicho), convirtiéndolo necesariamente en un eje prioritario dentro del mismo.

En tercer lugar, y a diferencia de lo que ha ocurrido en Italia, donde se ha dotado de una legislación específica que permite el desarrollo e institucionalización tanto de los distritos industriales como de los distritos rurales; en España y Portugal no se encuentran instrumentos jurídicos que permitan institucionalizar dichas realidades en el momento en el que son detectadas. Si nos centramos en el caso de España, en principio sí hay evidencia de que los distritos industriales han sido potenciados desde el Gobierno Central a través de los denominados *Clusters Innovadores,* o más específicamente como *Agrupaciones de Empresas Innovadoras*[34]. Esta legislación ha arrojado buenos resultados en aquellas zonas en las que existe una mayor detección y estudio de estas realidades. Pero en el caso de las regiones con una baja densidad empresarial, y sujeto al principio por el que debe haber un número suficiente de empresas (masa crítica), como es el caso concreto de Extremadura, se ha comprobado que los Clúster constituidos no partían de estas realidades socioeconómicas (ya sean distritos industriales o clústeres); motivo por el cual han tendido a generarse otras dos opciones que aparecen en esta legislación como son las actividades innovadoras o TICs. Esto ha

33. Castillo, Juan Sebastián. y García, María del Carmen. (2011a). «Del distrito industrial al distrito rural; implicaciones teóricas para el desarrollo territorial». *Revista de Economía Agraria y Recursos Naturales,* 11 (2) (2011a): 7-32; Castillo, Juan Sebastián. y García, María del Carmen. «Los distritos rurales: un nuevo concepto de desarrollo territorial. Modelos Centro-Periferia en Castilla-La Mancha». *Estudios de Economía Aplicada,* 29 (1) (2011b): 165-188.

34. Perfectamente descritas en los estudios de Trullén y Callejón, Ybarra y Doménech y Rivero. Trullén, Joan. y Callejón, María. «Las agrupaciones de empresas innovadoras (AEI)». En *Los distritos industriales,* coordinado por Vicent Soler, 409-431. Mediterráneo Económico, 13. El Ejido (Almería): Fundación Cajamar; Ybarra, Josep Antoni. y Doménech, Rafael. «Las Agrupaciones de Empresas Innovadoras y la política industrial española basada en el territorio». *Economía Industrial,* 380 (2011): 143-152; y Rivero, Pedro. *Redes empresariales y estrategia empresarial de la pyme. Análisis de oferta y demanda de servicios de las Agrupaciones de Empresas Innovadores (AEI) en España.* Universidad de Extremadura, Badajoz. 2013.

hecho que la región no haya podido sacar el máximo provecho a sus aglomeraciones empresariales. En definitiva, no se ha exprimido al máximo (ni siquiera al mínimo, podríamos decir) su capacidad de desarrollo endógeno en las zonas rurales. Todo esto lo podemos valorar cotejando la información de las dos columnas del Cuadro 2.

Cuadro 2. Aglomeraciones empresariales vs AEI catalogadas en Extremadura, 2013

Aglomeración (sector y localidad)	SPL y DI localizados	AEI (*)
Alimentación en Don Benito	*Sí*	*No*
Alimentación en Jaraíz de la Vera	*Sí*	*No*
Alimentación en Montijo	*Sí*	*No*
Alimentación en el Valle del Jerte	*Sí*	*No*
Cárnicas en Fregenal de la Sierra	*Sí*	*No*
Cárnicas en Higuera la Real	*Sí*	*No*
Corcho en San Vicente de Alcántara (**)	*Sí*	*No*
Embalaje en Mérida	*No*	*Sí*
Energía en Badajoz	*No*	*Sí*
Metal en Badajoz y Jerez de los Caballeros (***)	*Sí*	*Sí*
Salud en Cáceres	*No*	*Sí*
TIC en Cáceres	*No*	*Sí*
Turismo en Cáceres	*No*	*Sí*
Varios en Navalmoral de la Mata	Sí	No

Notas:

(*) En el programa de ayudas a las AEI de 2008 aparecía entre las agrupaciones beneficiarias la Federación Extremeña de Empresarios del Mueble y la madera (http://www.fedexmadera.com/es/.html), que en la actualidad no se encuentra reconocida como AEI. Lo mismo ocurre con el Clúster de Materiales Construcción de Extremadura, que en 2008 también recibió ayudas por su condición de AEI, que ya no posee.

(**) El Clúster del Corcho, con sede en San Vicente de Alcántara, fue beneficiario del programa de ayudas a las AEI de 2007. Sin embargo, perdió la condición de AEI posteriormente.

(***) La AEI del Metal explicita su sede en Badajoz. Se trata, no obstante, de la aglomeración industrial del metal localizada por Boix y Galletto[35] en Jerez de los Caballeros.

Fuente:Rangel, José Francisco. Los sistemas productivos locales.... *op. cit.* p. 66.

En cuarto lugar, la falta de localización y desarrollo de las aglomeraciones empresariales del tipo distrito industrial o distrito rural ha provocado que el desarrollo rural, enfocado desde una metodología LEADER,

35. Boix, Rafael, y Galletto, Victorio. «El nuevo mapa de los distritos industriales...», *op. cit.*

no haya dotado a los agentes locales, estatales y nacionales de las herramientas que permitan analizar cuál es el motor de desarrollo rural de cada municipio o comarca; o la capacidad de desarrollo endógeno de cada territorio. Esto ha provocado que las inversiones en desarrollo rural en Extremadura y Alentejo no hayan tenido como prioridad la capacidad de desarrollo endógeno, tal y como se puede observar en el Cuadro 3. Esta omisión ha provocado, como señalan Nieto y Alonso[36], que no se obtengan los resultados que *a priori* se esperaban de la utilización de esta metodología para el desarrollo rural en las pequeñas empresas. Es por ello que entendemos que, si la teoría económica está en lo cierto, en aquellas zonas donde se especializan en un determinado producto se genera una mayor creación de empresas por empleados que ya han trabajado en la misma. Por tanto, la utilización de los distritos rurales debe en principio corregir esta situación y mejorar la creación de empresas en la especialización productiva principal de la aglomeración o en innovaciones dependientes de la misma.

Cuadro 3. Aglomeraciones empresariales y proyectos singulares realizados por los Grupos de Acción Local (1995-2006)

Aglomeración (sector y GAL)	Coincidentes	No coincidentes
Alimentación ADEVAG	1	6
Alimentación ADICOVER	0	4
Alimentación ADECOM LACARA	0	2
Alimentación SOPRODEVAJE	2	2
Cárnicas y metal en ADESUR	0	3
Corcho Sierra de San Pedro-Los Baldíos	0	4

Notas:

- Solo se analizan los 101 proyectos singulares detallados en Mejías y García (2007) por lo que debe entenderse que este cuadro se basa en una muestra y no en el total de los proyectos.
- Solo se tienen en cuenta como actividades coincidentes aquellas que estén vinculadas a la fase elaboración, transformación o venta al por mayor.

36. Nieto, Ana. y Cárdenas, Gema. «The Rural Development Policy in Extremadura (SW Spain): Spatial Location Analysis of Leader Projects». *International Journal of Geo-Information*, 7 (76). 2018: doi:10.3390/ijgi7020076.

- Se excluye del análisis a Navalmoral de la Mata por no especificar el tipo de producto en la localización de la aglomeración.

Fuente: Elaboración propia con información de Mejías, F. y García, C. D. *Desarrollo en el medio rural. 101 proyectos singulares de los Grupos de Acción Local en Extremadura*. Badajoz: REDEX. 2007.

En definitiva, y aunque hay más motivos, hemos querido resaltar los más importantes; así como los que dejan evidencia de que, en principio, la utilización de herramientas ya utilizadas en Italia para el desarrollo rural es también extrapolable a regiones como Extremadura o Alentejo. Esto nos lleva a la última cuestión ¿Cómo adaptamos las metodologías de identificación y detección de distritos industriales o sistemas productivos locales para que incluyan a las características de regiones ruralizadas sin que se pierda de vista la capacidad de desarrollo endógeno que proclaman las teorías económicas?

V. LOS SISTEMAS PRODUCTIVOS EN BASE COMARCAL ALENTEJANOS

Como se ha podido comprobar a lo largo de todo este capítulo, entendemos que es necesario dotar a los Grupos de Acción Local y a las regiones de herramientas analíticas que les permitan utilizar las economías de aglomeración empresarial, adaptadas a la realidad rural, evitando que se pierdan las ventajas comparativas que esta capacidad de desarrollo endógeno ofrece. En definitiva, se trata de identificar aquellas actividades empresariales a nivel municipal o supramunicipal que tienen una capacidad de aglomeración y desarrollo endógeno, que incluso analizándolas a nivel comarcal muestren dicho efecto, y, por consiguiente, que dicha actividad pueda ser considerada como uno de los motores económicos que poseen las diferentes comarcas asociadas a los GAL existentes.

Al tratarse de regiones que presentan una densidad empresarial baja, se hace necesario detectar todos aquellos tipos de aglomeraciones empresariales posibles, ya se encuentren en un estado de desarrollo o simplemente en un estado incipiente; además de permitir la detección de distritos rurales que estén especializados en más de un producto, esto es, poliespecializados. Por último, al tratarse de distritos rurales, o aglomeraciones empresariales en el entorno rural, es importante que dentro de la localización tengamos en cuenta todos los eslabones de la cadena productiva, desde la materia prima al producto terminado, ya que muchas zonas rurales tienden a especializarse en la simple elaboración o venta de la materia prima y otras consiguen transformar la misma e incluso comercializar la manufactura. Al hilo de ello, pensamos que la inversión en la cadena productiva y en una integración hacia delante puede ser una estrategia de desarrollo rural exitosa para un determinado enclave, como es por ejemplo el caso del corcho en la localidad de San Vicente de Alcántara. En este municipio se ha desarrollado entre los agentes económicos que conforman la aglomeración (o el distrito, si se prefiere), la Universidad de Extremadura y las administraciones un *Plan estratégico para la especialización en la transformación de productos corcheros*[37], el cual habilita a un distrito rural especializado en la simple elaboración del corcho a avanzar hacia la total transformación y comercialización a nivel internacional, con el apoyo institucional necesario para ello. En definitiva, se ha conseguido mejorar el aprovechamiento de la ventaja comparativa y la actividad industrial ya existente para generar un mayor valor añadido en la región.

Llegados a este punto, conviene hablar de metodologías de identificación y detección de aglomeraciones empresariales. El estudio de Rangel[38] expone un análisis de todas las metodologías de detección de estas realidades que han sido aplicadas en España, sacando sus puntos fuertes y débiles para su aplicación en regiones de baja densidad empresarial, y también para su aplicación al enclave geográfico que definen los Grupos de Acción Local. Lamentablemente ninguna de ellas cumple todos los requisitos que, a nuestro criterio, serían necesarios para lograr la mayor eficiencia del proceso. No obstante, es posible construir una metodología a partir de ellas que se acerque a la deseada. Esta partiría de la aplicada para el caso de Cataluña por Hernández, Fontrodona y Pezzi[39], la cual se puede adaptar para permitir un mejor ajuste a la realidad extremeña. Por similitud del territorio e incluso de las características empresariales, esta metodología sería aplicable a cualquier región de las denominadas como de baja densidad empresarial; o, a efectos europeos, como regiones menos desarrolladas. Los criterios a seguir serían los siguientes:

Criterio 1. Integración de la cadena de valor de los productos: Agrupación de las empresas de cada territorio en quince grupos que agrupan la cadena de valor de productos similares desde la fase primaria, pasando por la elaboración y fabricación, hasta la venta al por mayor de dichos productos. Concretamente estas agrupaciones sugeridas son: 1. Industria alimentaria; 2. Silvicultura; 3. Químicas; 4. Metalúrgicas; 5. Minerales no metálicos; 6. Textil; 7. Piel, cuero y calzado; 8. Papel y artes gráficas; 9. Farmacéutico;

37. Aprobada de forma unánime una medida de impulso por la Asamblea de Extremadura. Rangel, José Francisco., Tejeda, Adrián, y Parejo, Francisco Manuel. *Plan estratégico para la especialización en la transformación de productos corcheros*. Badajoz: OCICEX. 2016.
38. Rangel, José Francisco. Los sistemas productivos locales en Extremadura… *op. cit.*
39. Hernández, Joan Miquel, Fontrodona, Jordi, y Pezzi, Alberto. *Mapa de los sistemas… op. cit.*

10. Informática y comunicaciones; 11. Maquinaria; 12. Automoción; 13. Productos de uso doméstico; 14. Otro tipo de industrias; 15. Suministros[40].

Criterio 2. Especialización y aglomeración de empresas: Aplicación de un índice de especialización del número de empresas de la comarca para cada una de las categorías descritas con respecto al total regional. Es decir, se seleccionan aquellas actividades productivas en que el número de empresas aglomeradas tiene una mayor incidencia a nivel comarcal que a nivel regional.

Criterio 3. Especialización y aglomeración de empleos: Aplicación de un índice de especialización del número de empleos generados a nivel comarcal para cada una de las categorías descritas. En este punto, al igual que en el criterio anterior, se seleccionan aquellas actividades que tienen una mayor incidencia en el volumen de empleo generado a nivel comarcal que a nivel regional.

Criterio 4. Concentración de las rentas: Análisis del peso relativo de los ingresos de explotación con respecto al total regional y con respecto a cada actividad productiva. La aglomeración de empresas tiene que generar un volumen de rentas significativo.

En este momento, tras aplicar los criterios anteriores, nos encontraríamos con aglomeraciones de empresas que se dedican a un mismo producto o rama de la actividad, en un entorno municipal o supramunicipal que tiene una incidencia significativa en término de empleo, empresas y rentas generadas respecto al total comarca, y que, por lo tanto, son susceptibles de convertirse en un motor económico a nivel comarcal.

Criterio 5. Mayor especialización: Aplicación de un número mínimo de empresas y empleos para ser considerada la aglomeración. La literatura económica tiende a situar dicho número en más de 6 empresas y en una cantidad superior a 200 empleos generados[41].

Criterio 6. Cooperación empresarial: Que las empresas tengan algún tipo de colaboración entre ellas o que participen de las mismas instituciones. En este punto se busca que haya capital social dentro de la aglomeración, entendido este en términos sociológicos /y no financieros). Esta existencia incita a pensar en la existencia de ventajas comparativas asociadas a la con-

40. Para ver la agrupación de la codificación de las empresas en cada uno de los grupos nos remitimos a Rangel, José Francisco. Los sistemas productivos locales en Extremadura... *op. cit.* p. 150.

41. Cifras expresadas por Lainé, F. *Agglomérations spécialisées d'établissements et systèmes localisés de production: une gricul statistique*, París: INSEE, Direction de la Diffusion et del'Action Regionale, Départament de l'Action Régionale, Division «Etudes Territoriales». 2000.

centración territorial de dichas empresas, derivadas de la existencia de redes sociales y empresariales, atmósfera industrial, entorno, etc.

Criterio 7: Competencia internacional: Que las empresas que componen la aglomeración estén presentes y sean capaces de competir en el mercado internacional, es decir, que las características propias de la aglomeración doten de la capacidad necesaria para que sus empresas tengan presencia en el comercio internacional.

Tras la aplicación de estos 7 criterios en Extremadura, el estudio de Rangel[42] ha contrastado la existencia de 22 especializaciones productivas en Extremadura distribuidas en un total de 14 comarcas o territorios de influencia de Grupos de Acción Local que poseen capacidad de desarrollo endógeno. Esto supone una información relevante a partir de la que se puede construir una estrategia de desarrollo rural basada en la potenciación de estas especializaciones, puesto que, como establece la evidencia y la literatura existente, las inversiones orientadas hacia ellas son las que mayor incidencia y eficacia van a tener en el tiempo tanto a nivel empresarial como de generación de empleo.

De modo más preciso, los Distritos Rurales identificados en Rangel (2018) son:

1. Distrito rural alimentario en la comarca de Lácara.
2. Distrito rural poliespecializado (cárnicas, metalurgia y bisutería) en la comarca de Sierra Suroeste.
3. Distrito rural poliespecilizado (alimentación, químicas y maquinaria agrícola) en la comarca de las Vegas Altas.
4. Distrito rural alimentario en productos de regadío en Miajadas-Trujillo.
5. Distrito rural poliepecialziado (alimentación y metalurgia) en Campo Arañuelo.
6. Distrito rural alimentario en La Vera.
7. Distrito rural de productos cárnicos en Tentudía.
8. Distrito rural de productos cárnicos en la Campiña Sur.
9. Distrito rural poliespecializado (cárnicas y su derivados, aceites y granito) en la Serena.

42. Rangel, José Francisco. Los sistemas productivos locales en Extremadura... *op. cit.*

10. Distrito rural cárnico en la Siberia.

11. Distrito rural poliespecilizado (vino, aceituna, ajos y metalúrgico) en Tierra de Barros.

12. Distrito rural poliespecilizado (alimentario y metalúrgico) en Zafra-Río Bodión.

13. Distrito rural corchero en la Sierra de San Pedro-Los Baldíos.

14. Distrito rural alimentario en el Valle del Jerte.

Estas aglomeraciones de empresas han sido analizadas de forma individualizada, y en el propio estudio de Rangel[43] se presentan las pautas para incluirlos en la política de desarrollo rural de cada Grupo de Acción Local. Por último, queremos mencionar que desde el Grupo de Estudios de Historia Económica de la Universidad de Extremadura nos encontramos analizando dichas aglomeraciones, constatando que la capacidad de desarrollo endógeno y los criterios de ventajas comparativas que ofrecen estas realidades se encuentran presentes en todas ellas[44].

VI. CONCLUSIONES

En este texto hemos tratado de sintetizar de forma muy genérica toda una línea de investigación llevada a cabo en el seno del Grupo de Estudios de Historia Económica de la Universidad de Extremadura. En este sentido, la evidencia que se ha generado de nuestras investigaciones nos lleva a afirmar que puede llegar a construirse una estrategia de desarrollo rural que parta de las teorías económicas de aglomeración empresarial también en aquellas zonas en las que se presenta una baja densidad empresarial, que normalmente cuentan con un tejido industrial y empresarial basado en la pequeña y mediana empresa de carácter familiar. Además, pensamos que la metodología aplicada y expuesta en este capítulo es completamente extrapolable a todas las regiones que están catalogadas por la Unión Europea como regiones menos desarrolladas, y, por tanto, puede constituir una herramienta útil en la necesidad de procurar políticas de desarrollo rural efectivas en estas, que hagan frente a los retos que afrontan dichas regiones.

43. Rangel, José Francisco. Los sistemas productivos locales en Extremadura... *op. cit.*

44. Este ejercicio de análisis de los Sistemas Productivos Locales en base rural para Extremadura se encuentra más desarrollado en Rangel, José Francisco. Parejo, Francisco Manuel. Cruz, Esteban. Castellano, Francisco Javier. «Rural Districts and Business Agglomerations in Low-Density Business Environments. The Case of Extremadura (Spain)». Land. 10(3) (2021):208. https://doi.org/10.3390/land10030280

Entendemos que a la hora de repasar las políticas de desarrollo rural en Extremadura y el Alentejo no conviene quedarse en la cuantificación de los fondos europeos que existen o que se han invertido, ni en cómo se reparten dichos fondos, puesto que la literatura existente al respecto tanto para Extremadura como para Alentejo ya es conocida y cubre perfectamente dichos objetivos. En nuestro caso nos hemos marcado como objetivo contrastar la herramienta propuesta con la construcción de una estrategia de desarrollo rural, partiendo de la evidencia de que este ejercicio ya ha sido realizado con éxito en otros países de la Unión Europea, como es el caso concreto de Italia.

En este punto debemos advertir que todas las aglomeraciones que hemos identificado en Extremadura cuentan con una ventaja competitiva natural, a saber, la tenencia histórica y endógena de un determinado producto o recurso, como puede ser el corcho, el granito o determinados productos agroalimentarios, cuya explotación ha permitido que las comarcas y municipios extremeños se especialicen, llegando incluso a integrar procesos de la cadena de producción de esos productos hacia delante, manufacturando y comercializando mercancías elaboradas. Si bien, es cierto que en la mayoría de los casos la integración vertical del negocio se ha quedado en la primera transformación o en la simple comercialización del producto como materia prima, siendo ello un rasgo distintivo de la industrialización (o desindustrialización, si se prefiere) extremeña. Siendo así, nuestra propuesta supone una estrategia común que implica a la administración pública y a los agentes que componen el negocio de estos productos de forma conjunta, y que sugiere aprovechar las ventajas competitivas y comparativas que se fundamentan en las capacidades de desarrollo endógeno que poseen las comarcas, con el objetivo de conseguir integrar toda la cadena de valor del producto, generando todo el valor añadido y permitiendo que el empleo y las rentas se queden en la región considerada, sea Alentejo o Extremadura. La experiencia extremeña concreta del corcho, aunque con muchos pasos y retos aun que afrontar, pone de manifiesto que el capital social en este tipo de aglomeraciones está presente, y que todos los agentes que componen la aglomeración se vuelcan en defender el producto característico de la localidad o comarca y en buscar soluciones para intentar mejorar el impacto económico que este tiene sobre el total de la población.

Cabe advertir, sin embargo, que las aglomeraciones empresariales susceptibles de ser fomentadas se comportan como un ser vivo, y como tales están sujetas a distintas fases del ciclo de vida. Esto, que está siendo abordado en investigaciones pioneras e incipientes en la actualidad, debe ser tenido en cuenta, pues difieren las medidas institucionales a adoptar cuando la aglomeración se encuentra en fase de crecimiento o en fase de madurez, y por supuesto también serán diferentes si la misma está aún incipiente o si, por el contrario, se encuentra ya en franco declive. En cualquier caso, las pesquisas que ya hemos realizado al respecto sobre el ciclo de vida de las aglomeraciones extremeñas, que tendrán que ser reforzadas en futuros trabajos, nos muestran que existen factores institucionales fácilmente replicables en aquellas comarcas en las que la aglomeración de empresas en torno a una actividad productiva o producto concreto se encuentran en una fase incipiente. Ello ofrece posibilidades de desarrollo endógeno enormes que, solo con voluntad política, pueden ser exploradas.

BIBLIOGRAFÍA

Becattini, Giacomo (2002). «Del distrito industrial marshalliano a la "teoría del distrito" contemporánea. Una breve reconstrucción crítica». *Investigaciones regionales*, 1 (2002): 19-32.

Becattini, Giacomo «Dal "settore" industriale al "distretto" industriale. Alcune considerazioni sull'unità d'indagine dell'economia industriale». *Rivista di Economia e Politica Industriale*, 1 (1979), 7-21.

Becattini, Giacomo. (2006). «Vicisitudes y potencialidades de un concepto: el distrito industrial». *Economía industrial*, 359 (2005): 21-28.

Becattini, Giacomo. «El distrito industrial marshalliano como concepto socioeconómico». En *Los distritos industriales y las pequeñas empresas. Distritos industriales y cooperación interempresarial en Italia*, coordinado por F. Pyke, G. Becattini y W. Sengenberger, 61-79, 1. Madrid: Ministerio de Trabajo y Seguridad Social. 1992.

Becattini, Giacomo. *La oruga y la mariposa. Un caso ejemplar de desarrollo en la Italia de los distritos industriales: Prato (1954-1993).* (Traducción de Juste Carrión). Valladolid: Secretariado de Publicaciones e Intercambio Editorial. 2005.

Boix, Rafael, y Galletto, Victorio. «El nuevo mapa de los distritos industriales de España y su comparación con Italia y el Reino Unido». *Documentos de trabajo del Departament d'Economia Aplicada*, Universitat Autònoma de Barcelona. 14. URL: http://www.ecap.uab.es/RePEc/doc/wpdea0604.pdf 2005.

Boix, Rafael. y Galletto, Vitorio. *Identificación de los Sistemas Locales de Trabajo y los Distritos Industriales en España*. Madrid: Dirección General de Política de la Pequeña y Mediana Empresa. 2004.

Castellano, Amalia. *Exportación y competitividad en el mercado mundial. La industria española de aceituna de mesa*. Universidad de Extremadura, Badajoz. 2013.

Castellano, Francisco Javier. *La política de desarrollo rural de la Unión Europea y sus efectos en Extremadura durante la década de los años noventa. El estudio del caso de la comarca de La Vera*. Cáceres: Universidad de Extremadura, 2016.

Castillo, Juan Sebastián. y García, María del Carmen. (2011a). «Del distrito industrial al distrito rural; implicaciones teóricas para el desarrollo territorial». *Revista de Economía Agraria y Recursos Naturales,* 11 (2) (2011a): 7-32.

Castillo, Juan Sebastián. y García, María del Carmen. «Los distritos rurales: un nuevo concepto de desarrollo territorial. Modelos Centro-Periferia en Castilla-La Mancha». *Estudios de Economía Aplicada,* 29 (1) (2011b): 165-188.

Catalan, Jordi, Miranda, José Antonio, y Ramón-Muñoz, Ramón. *Distritos y clusters en la Europa del Sur*. Madrid: LID Editorial Empresarial. 2011.

Fournier, Stéphane, y Muchnik, José. «El enfoque «SIAL» (Sistemas Agroalimentarios Localizados) y la activación de recursos territoriales». *Agroalimentaria,* 18 (34) (2012): 133-144.

Garofoli, Gioacchino. «Áreas de especialización productiva y pequeñas empresas en Europa». *Documents d'anàlisi geogràfica,* 8-9 (1986): 143-172.

Hernández, Joan Miquel, Fontrodona, Jordi, y Pezzi, Alberto. *Mapa de los sistemas productivos locales en Cataluña,* Barcelona: Secretari d'Indústria, Departament de Treball i gricultu, Generalitat de Catalunya. 2005.

Hernández, Joan Miquel, Pezzi, Alberto, Blanco, Raúl, y Fontrodona, Jordi. (2013). «Pasado, presente y futuro de la política de clústers: el caso de Cataluña y su encuadramiento europeo». *Economía Industrial,* 387 (2013): 147-158.

Hernández, Joan Miquel., Pezzi, Alberto, y Soy, Antoni (2010). *Cluster y competitividad: el caso de Cataluña (1993-2010).* Barcelona: Observatori de prospectiva industrial, Universitats i Empresa, Departament d'Innovació, Generalitat de Catalunya.

Juste, Juan José. «Industria agroalimentaria, desarrollo rural y sistemas productivos locales en Castilla y León». En *Sistemas productivos locales agroindustriales en España,* coordinado por José Ángel Aznar, 219-252. El Ejido (Almería): Fundación Cajamar.

Lainé, F. *Agglomérations spécialisées d'établissements et systèmes localisés de production: une gricul statistique*, París: INSEE, Direction de la Diffusion et del'Action Regionale, Départament de l'Action Régionale, Division «Etudes Territoriales». 2000.

Marshall, Alfred. *Principios de economía. Un tratado de introducción*, Madrid: Aguilar (edición original en inglés. Principles of Economics, Londres: Macmillan and Co., 1890). 1963.

Masa, Leopoldo, López, Elena, Sánchez, Isabel, Albano, Ismael y Rangel, José Francisco. *Fondos Europeos, Colección 1986-2009 Extremadura. Más de 20 años de progreso en Europa*, 5. Mérida: Junta de Extremadura, 2011.

Mecha, Rosa. «Análisis comparativo de ocho estudios de caso de industria rural». *Anales de geografía de la Universidad Complutense*, 26 (2006): 195-225.

Mecha, Rosa. *Sistemas productivos locales e industrialización rural en Castilla-La Mancha*. Universidad Complutense de Madrid, Madrid. 2002.

Mejías, F. y García, C. D. *Desarrollo en el medio rural. 101 proyectos singulares de los Grupos de Acción Local en Extremadura*. Badajoz: REDEX. 2007.

Méndez, Ricardo. «Sistemas Productivos Locales y Políticas de Desarrollo Rural». *Revista de Estudios Regionales*, 39 (1994): 93-112.

Nieto, Ana. y Cárdenas, Gema. «The Rural Development Policy in Extremadura (SW Spain): Spatial Location Analysis of Leader Projects». *International Journal of Geo-Information*, 7 (76). 2018: doi:10.3390/ijgi7020076.

Pacciani, Alessandro. y Toccaceli, Daniela. Le nuove frontiere dello sviluppo rurale. L'agricoltura grossetana tra filiere e territorio. Italia: Franco Angeli. 2010.

Parejo, Francisco Manuel. Rangel, José Francisco, y Branco, Amelia. «Aglomeración industrial y desarrollo regional. Los sistemas productivos locales en Portugal». *Revista EURE - Revista De Estudios Urbano Regionales*, 45(134) (2019): 147-168.

Pérez, Antonio, y Leco, Felipe. «La despoblación: una amenaza para el medio rural extremeño». En *Informe. La agricultura y la ganadería extremeñas*, coordinado por José Miguel Coleto Martínez, Enrique de Muslera Pardo, Raquel González Blanco y Francisco Pulido García, 75-91. Badajoz: Fundación Caja de Badajoz, 2013.

Pires, Maria Antonia. «O papel do poder local no combate ao despovoamento em Portugal». En *Península Ibérica no Mundo: problemas e desafios para uma intervenção ativa da Geografia*, coordenado por José Alberto Rio Fernandes, Jorge Olcina Cantos, Maria Lucinda Fonseca, Eduarda Marques da Costa, Ricardo Garcia, y Carlos Freitas, 1413-1421. Lisboa: Universidade de Lisboa, 2018.

Porter, M. E. *La ventaja competitiva de las naciones*. Barcelona: Plaza y Janés (ed. Original en inglés, The competitive Advantage of Nations, Londres, Macmillan, 1990). 1991.

Rangel, José Francisco. *La industria corchera extremeña en las últimas décadas. Un análisis desde la óptica de los distritos industriales*, Colección Torre Isunza, 4. Don Benito: Grupo de Estudios de las Vegas Altas. 2013.

Rangel, José Francisco. *Los sistemas productivos locales en Extremadura: Aportaciones a la política de desarrollo industrial y rural*. Badajoz: Universidad de Extremadura, 2018.

Rangel, José Francisco. Parejo, Francisco Manuel. Cruz, Esteban. Castellano, Francisco Javier. «Rural Districts and Business Agglomerations in Low-Density Business Environments. The Case of Extremadura (Spain)». Land. 10(3) (2021):208. https://doi.org/10.3390/land10030280

Rangel, José Francisco., Tejeda, Adrián, y Parejo, Francisco Manuel. *Plan estratégico para la especialización en la transformación de productos corcheros*. Badajoz: OCICEX. 2016.

Rivero, Pedro. *Redes empresariales y estrategia empresarial de la pyme. Análisis de oferta y demanda de servicios de las Agrupaciones de Empresas Innovadores (AEI) en España*. Universidad de Extremadura, Badajoz. 2013.

Santacana, Francesc. Guinjoan, Modest. Pellicer, Pere. y Vázquez, Antonio. *Áreas rurales con capacidad de desarrollo endógeno*. Madrid: Ministerio de Obras Públicas y Urbanismo. 1987.

Seva, Pedro. *Distritos industriales y competitividad empresarial: Un análisis aplicado a los distritos industriales alimentarios (DIA) en España*. Alicante: Universidad de Alicante. 2019.

Sforzi, Fabio (2008). «Unas realidades ignoradas: de Marshall a Becattini». En *Los distritos industriales*, coordinado por Vicent Soler, 43-54, Mediterráneo Económico, 13 El Ejido (Almería): Fundación Cajamar.

Toccaceli, Daniela. «Dai distretti alle eti. I distretti in agricultura nell'interpretazione delle Regioni e le prospettive verso il 2020. Gruppo di lavoro «Progettazione Integrata»». 2012. Disponible en https://www.reterurale.it/flex/cm/pages/ServeBLOB.php/L/IT/IDPagina/10221.

Trullén, Joan. «Giacomo Becattini and the Marshall's method». *Investigaciones Regionales - Journal of Regional Research*, 32 (2005): 43-60.

Trullén, Joan. y Callejón, María. «Las agrupaciones de empresas innovadoras (AEI)». En *Los distritos industriales,* coordinado por Vicent Soler, 409-431. Mediterráneo Económico, 13. El Ejido (Almería): Fundación Cajamar.

Ybarra, Josep Antoni. «Alfred Marshall en España desde su omisión hasta su restitución por la política industrial territorial». *Investigaciones regionales,* 19 (2011): 147-153.

Ybarra, Josep Antoni. y Doménech, Rafael. «Las Agrupaciones de Empresas Innovadoras y la política industrial española basada en el territorio». *Economía Industrial,* 380 (2011): 143-152.

Guía de uso

¡ENHORABUENA!

ACABAS DE ADQUIRIR UNA OBRA QUE **INCLUYE LA VERSIÓN ELECTRÓNICA.**
APROVÉCHATE DE TODAS LAS FUNCIONALIDADES.

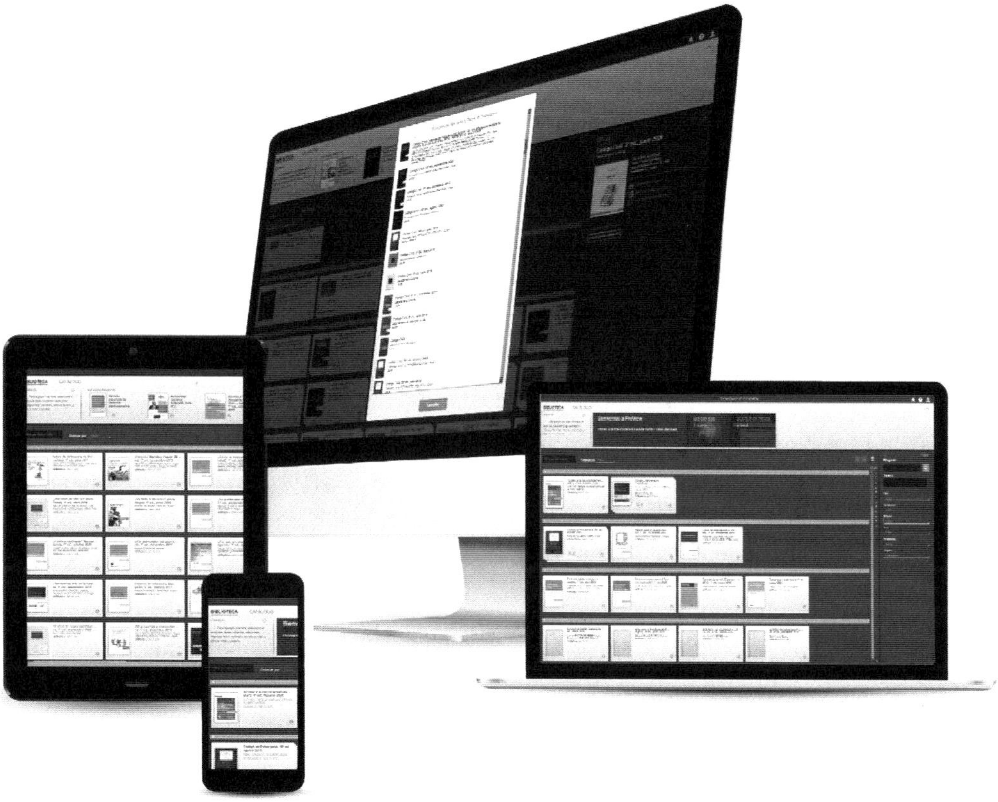

ACCESO INTERACTIVO A LOS MEJORES LIBROS JURÍDICOS

ARANZADI

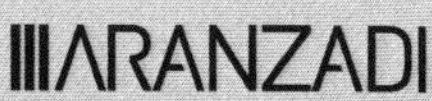

FUNCIONALIDADES

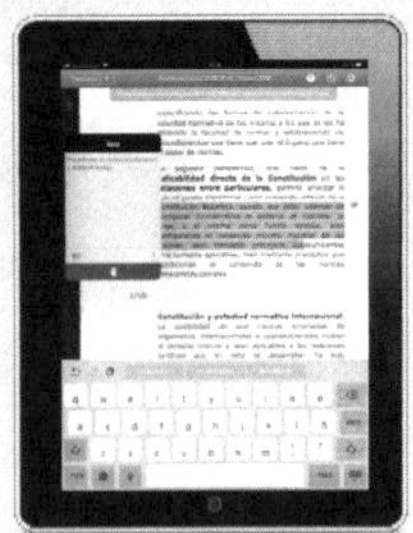

SELECCIONA Y DESTACA TEXTOS

Crea anotaciones y escoge los colores para organizar tus notas y subrayados.

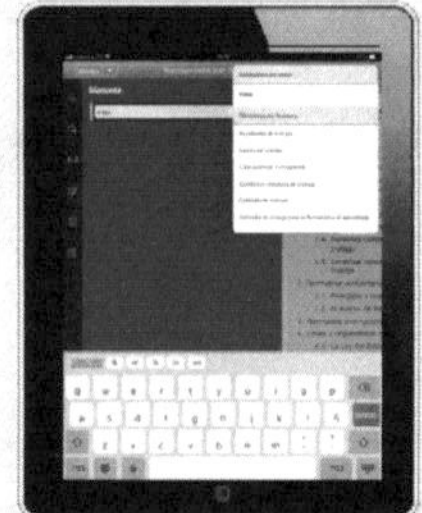

USA EL TESAURO PARA ENCONTRAR INFORMACIÓN

Al comenzar a escribir un término, aparecerán las distintas coincidencias del índice del Tesauro relacionadas con el término buscado.

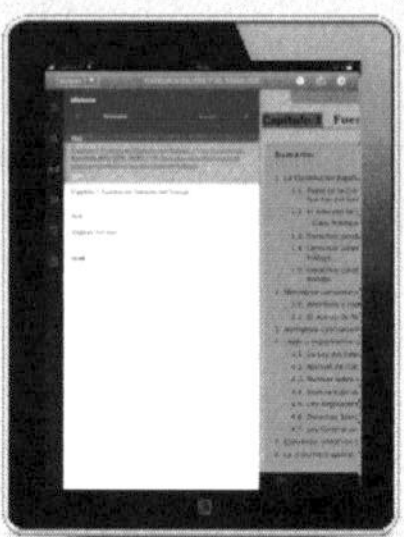

HISTÓRICO DE NAVEGACIÓN

Vuelve a las páginas por las que ya has navegado.

ORDENAR

Ordena tu biblioteca por:
Título (orden alfabético),
tipo (libros y revistas), editorial,
jurisdicción o área del Derecho.

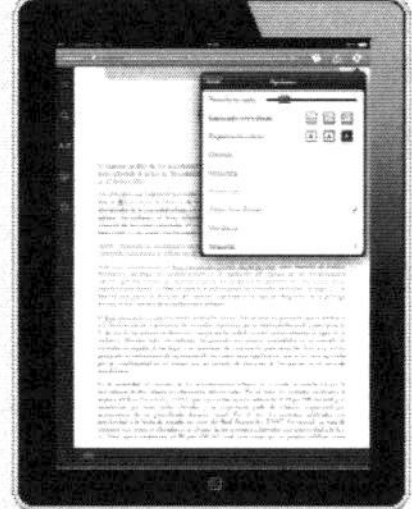

CONFIGURACIÓN Y PREFERENCIAS

Escoge la apariencia de tus libros y revistas cambiando la fuente del texto, el tamaño de los caracteres, el espaciado entre líneas o la relación de colores.

MARCADORES DE PÁGINA

Crea un marcador de página en el libro tocando en el icono de Marcador de página situado en el extremo superior derecho de la página.

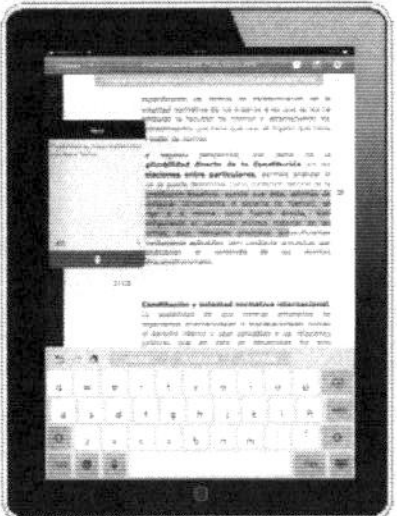

BÚSQUEDA EN LA BIBLIOTECA

Busca en todos tus libros y obtén resultados con los libros y revistas donde los términos fueron encontrados y las veces que aparecen en cada obra.

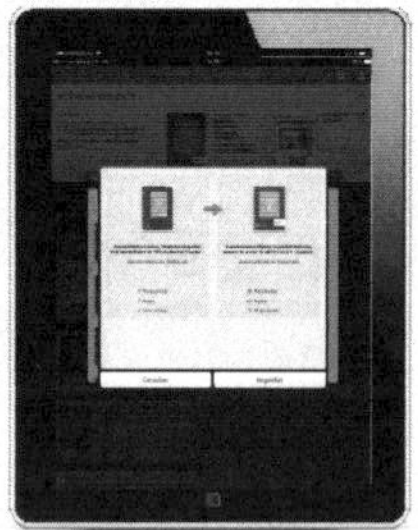

IMPORTACIÓN DE ANOTACIONES A UNA NUEVA EDICIÓN

Transfiere todas sus anotaciones y marcadores de manera automática a través de esta funcionalidad.

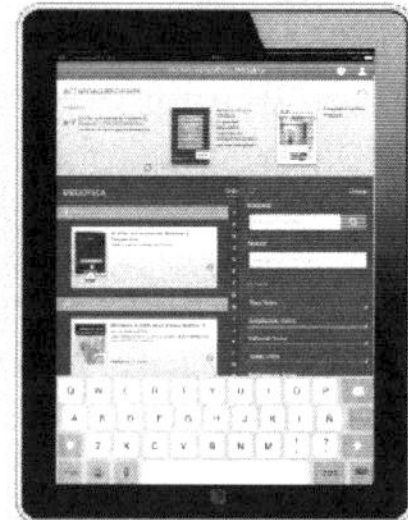

SUMARIO NAVEGABLE

Sumario con accesos directos al contenido.

INFORMACIÓN IMPORTANTE: Si has recibido previamente un correo electrónico deberás seguir los pasos que en él se detallan.

Estimado/a cliente/a,

Para acceder a la versión electrónica de este libro, por favor, accede a **http://onepass.aranzadi.es** Tras acceder a la página citada, introduce tu dirección de correo electrónico (*) y el código que encontrarás en el interior de la cubierta del libro.

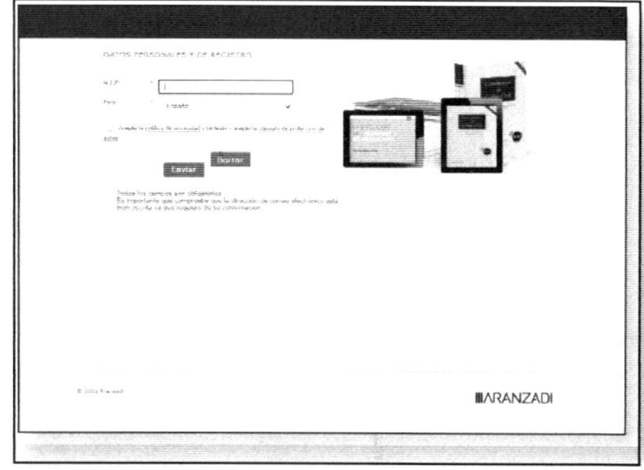

A continuación pulsa enviar.

Si te has registrado anteriormente en OnePass, en la siguiente pantalla se te pedirá que introduzcas el NIF asociado al correo electrónico.

Finalmente, te aparecerá un mensaje de confirmación y recibirás un correo electrónico confirmando la disponibilidad de la obra en tu biblioteca.

Si es la primera vez que te registras en **OnePass,** deberás cumplimentar los datos para crear tu cuenta y poder acceder a tu libro electrónico.

- Los campos **"Nombre de usuario"** y **"Contraseña"** son los datos que utilizarás para acceder a las obras que tienes disponibles a través del navegador en la ruta www.proview.thomsonreuters.com

Servicio de Atención al Cliente

Ante cualquier incidencia en el proceso de registro de la obra no dudes en ponerte en contacto con nuestro Servicio de Atención al Cliente. Para ello accede a nuestro Portal Corporativo y una vez allí en el apartado del Centro de Atención al Cliente selecciona la opción de Acceso a Soporte para no Suscriptores (compra de Publicaciones).